Horas extra

Jesús Blancornelas

Horas extra

Los nuevos tiempos del narcotráfico

PLAZA JANÉS

Horas extra. Los nuevos tiempos del narcotráfico

Primera edición: septiembre de 2003
Primera reimpresión: noviembre de 2003

© 2003, Jesús Blancornelas
© 2003, Editorial Grijalbo, S. A. de C. V.
   Av. Homero No. 544, Col. Chapultepec Morales,
   Deleg. Miguel Hidalgo, C. P. 11570, México, D. F.

© 2003, Random House Mondadori, S. L.
   Travessera de Gràcia, 47-49, 08021 Barcelona, España

www.randomhousemondadori.com.mx

ISBN 970-05-1656-3

Portada: Departamento de diseño
Formación de interiores: Dos puntos editores

Impreso en México/ *Printed in México*

Advertencia

Los textos que integran este libro fueron escritos entre 1998 y 2003, recopilados y editados especialmente para aparecer en esta publicación. Las citas textuales son como las recuerda el autor.

Foro de Derecho Penal sobre Narcotráfico

Señores de la Asociación de Criminología del Noroeste
y de la Facultad de Derecho-Mexicali:

Tan sorpresiva como amablemente, recibí la invitación del señor licenciado Rosendo Cervantes para participar en este Foro de Derecho Penal sobre Narcotráfico. En lo personal, me hubiera gustado mucho asistir, pero si el tema que originalmente fijaron para mí en el programa es "Los cárteles de la droga", también el impedimento para mi traslado a Mexicali son los cárteles de la droga.

Desde hace trece meses me encuentro bajo protección especial del ejército mexicano y de miembros de las Fuerzas Especiales del Ayuntamiento de Tijuana. Mis hijos, mi esposa y tres editores de nuestro semanario también son escoltados.

Me resulta difícil transportarme hasta Mexicali en lo que normalmente es la comitiva de mi casa al periódico y de regreso: diez elementos con armas largas y tres más con pistola. Todos repartidos en tres o cuatro vehículos, más el carro blindado que ocupo. Aparte, entre recorridos más largos tenga, a mayor riesgo estoy expuesto.

Por eso no es posible estar con ustedes. Me hubiera gustado hablar de los cárteles, cuya existencia no fuera posible si no hubiera existido, primero, la demanda del consumidor estadounidense y, luego, la complicidad de los funcionarios federales y estatales con los narcotraficantes, principalmente desde la década de los setenta.

En ese tiempo, Baja California en particular y el país en general se electrizaron con las noticias sobre la captura de Alberto Sicilia Falcón. Vivía, más que con elegancia, con fastuosidad en un fraccionamiento de alta categoría de Tijuana. Pero algo debió fallarle cuando un camión-pipa que transportaba cocaína fue descubierto por las autoridades estadounidenses en la garita internacional Tijuana-San Ysidro. Su organización era tan grande y efectiva como curiosamente desconocida. Jamás presumió su posición, ni asustó con la etiqueta de matón. Cuando lo capturaron, denunció que sus protectores eran importantes funcionarios de la Secretaría de Gobernación, pero en aquellos tiempos esta oficina era intocable. Por eso las noticias no trascendieron.

Yo lo supe porque en 1978 visité a Sicilia en uno de los reclusorios del Distrito Federal. Me impresionó no nada más su estampa casi de artista de cine, sino el gran dominio que tenía en el penal. Un gran número de reos le servía y protegía. Contaba con todas las comodidades a pesar de que meses antes se escapó de otra prisión cavando un túnel que lo llevó a la calle, aunque fue recapturado. Todavía sigue prisionero y casi nadie se acuerda de él.

Indudablemente, hay una gran historia detrás de este personaje. Está pendiente de escribirse, sobre todo por sus curiosos antecedentes: haber entrenado clandestinamente en Estados Unidos para participar en aquella fracasada operación para invadir Cuba entrando por Bahía de Cochinos. Total, ésa es la primera noción que tengo sobre una organización de narcotráfico en Baja California.

Luego, apareció una baraja de narcotraficantes que contrastaban con los refinados modales y la elegancia de Sicilia; entre ellos, Rafael Caro Quintero destacó. No eran personas que hubieran acumulado estudios o alcanzado relevantes posiciones, sino que surgieron de las clases menos pudientes con base en una gran audacia. Fueron, indudablemente, los precursores en sobornar desde al más modesto hasta al más encumbrado policía, e incluso a varios funcionarios. Por eso Caro Quintero en sus momentos más difíciles se salvó: exhibía la credencial extendida por la Dirección Federal de Seguridad o lo rescataban agentes federales.

El plantío de mariguana que tenía en los terrenos de El Búfalo, en Chihuahua —tan extenso como nunca nadie lo ha logrado en este país—, y la contratación de campesinos en centenares, trasladados por ferrocarril desde Sinaloa hasta esa zona del norte mexicano, fueron revelaciones espectaculares de este primer cártel, que en aquel tiempo no alcanzó tal denominación, sino simplemente la de una mafia o una banda.

Capturado en Costa Rica por el famoso detective mexicano Florentino Ventura, Caro Quintero está en el penal de Almoloya, mientras su más cercano colaborador, José Contreras Subías, se encuentra en la prisión estatal de La Mesa, en Tijuana, recién extraditado de Estados Unidos. La caída de Caro Quintero provocó el famoso efecto dominó. También capturaron a Ernesto "Don Neto" Fonseca y a Miguel Ángel Félix Gallardo, dos de las más importantes cabezas de las bandas en esa época, y a muchos de sus integrantes.

La denominación de cárteles aplicada a esas organizaciones no se dio hasta que la palabra fue popularizada por los medios de comunicación para identificar a los de Colombia, especialmente al del legendario Juan Pablo Escobar Gaviria, en la década de los ochenta.

Entonces, a la caída de Caro, Fonseca, Félix Gallardo y demás, adquirieron etiqueta y título de cárteles mexicanos los siguientes:

El de Ciudad Juárez con Amado Carrillo. Aunque 24 de

sus integrantes fueron capturados entre febrero de 1997 y julio de 1998, sigue funcionando después de la famosa desaparición de "El Señor de los Cielos", como le llamaban a Carrillo. Lo comandan ahora sus herederos: Vicente Carrillo Fuentes y Juan José Esparragoza, "El Azul".

El cártel de Colima, capitaneado por los hermanos Amezcua Contreras, que aun prisioneros manejan la marcha de esta organización.

El del Golfo, que dirigía Juan García Ábrego, capturado el 14 de enero de 1996 y entregado a Estados Unidos.

El cártel de Sinaloa, conducido por Joaquín "El Chapo" Guzmán, detenido en 1993.

El de Guadalajara, ligado al anterior, capitaneado por "El Güero" Palma Salazar, también prisionero.

Y el cártel más importante de todos y, también, el más importante en la historia: el de Tijuana, de los hermanos Arellano Félix.

Entre la verdad, la invención, la leyenda y la exageración, este cártel es el que ha logrado sobrevivir más que todos en la historia del narcotráfico mexicano.

En 1985, siendo apenas unos jovencitos, los Arellano Félix empezaron a ser conocidos en Tijuana. La primera referencia a ellos es de cuando se les mencionó durante un decomiso de droga realizado por el ejército en Tijuana, durante el sexenio del licenciado Xicoténcatl Leyva Mortera. Desde entonces, han estado en el poder tres presidentes: Miguel de la Madrid, Carlos Salinas de Gortari y Ernesto Zedillo Ponce de León; y en Baja California, cinco gobernadores: Xicoténcatl Leyva Mortera, Óscar Baylón, Ernesto Ruffo, Héctor Terán y Alejandro González Alcocer. Por lo menos una docena de procuradores generales de la República. Una cantidad igual de procuradores estatales. Otro número menor de titulares del Instituto Nacional del Combate a las Drogas. También del grupo federal contra el crimen organizado. Cientos de comandantes de la Policía Judicial Federal y miles de agentes, incluyendo los estatales.

Todos, en conjunto, no han podido con ellos. Pero, además, en los últimos veinte años han sido atrapados mafiosos de primera línea como Ernesto "Don Neto" Fonseca, Juan García Ábrego, "El Güero" Palma, Caro Quintero, Félix Gallardo, Joaquín "El Chapo" Guzmán y muchos más, mientras los Arellano permanecían libres. Ni siquiera dio resultado que Estados Unidos los incluyera en la lista de los hombres más buscados.

Este pequeño recuento nos da una idea no solamente de la capacidad que tienen los Arellano para eludir o comprar a la justicia, sino la inteligencia para operar sin ser atrapados. Su cártel estaba organizado de tal forma que invirtieron los papeles de sus antecesores que se dedicaban principalmente al cultivo de la mariguana. Supongo que los sembradíos fue el motivo principal para atraparlos. Por eso, creo que los Arellano, en lugar de productores, se convirtieron en compradores, intermediarios o distribuidores.

Es curioso: en 1993, México producía 6 280 toneladas métricas de mariguana; al paso de los años fue bajando: 5 540 en 1994, menos de 4 000 en 1995, 3 400 en 1996 y bajó hasta 2 500 en 1997. Éstas no son cuentas alegres del gobierno mexicano. Forman parte de un reporte nacional anual de Estados Unidos que incluye datos de varias dependencias. Esto deja ver con claridad cómo los cárteles cercanos a Estados Unidos dejaron paulatinamente el cultivo de lo más notable, la mariguana, para ser intermediarios.

Soy el menos indicado para decirlo, pero no me puedo alejar de la verdad: con los Arellano estamos indudablemente, y valga la expresión, ante la mejor organización en su ramo. Es a la vez el reto más grande para cualquier gobierno. Las raíces del cártel de Tijuana son tan profundas como su larga existencia. Una máxima dice que donde no hay corrupción, hay miedo. Y eso es lo que ha pasado en México.

Hace días, un importante funcionario federal me preguntó qué opinaba sobre los militares que están en los mandos de las delegaciones de la Procuraduría General de la República (PGR), y coincidió la pregunta con la declaración de unos abogados de Tijuana en el sentido de que el ejército no debe ocupar cargos que corresponden a civiles, pero visto de cerca este problema, y si la política como el combate al narcotráfico se mide por sus resultados, entonces considero que hasta el momento ha sido más fructífera la actuación de los militares que la de los civiles.

En las delegaciones de la PGR, los mandos son militares. Hay disciplina. Existe lealtad. Las comandancias y los cuerpos policiacos los ocupan también militares. El problema es cuando el asunto del narcotráfico entra en las agencias del ministerio público federal y en su personal correspondiente, donde en muchos casos existe filtración de información y, en consecuencia, desvío o fracaso en la lucha. A veces en una audiencia alguien declara que cierto narcotraficante traía mil kilos, y quien recoge esa declaración solamente le pone un kilo y sigue el proceso como si nada. Cuando el acta llega a las manos del juez, no tiene el sustento para el encarcelamiento. Es curioso, pero a veces las batallas ganadas en el terreno del narcotráfico se pierden en los juicios.

Pero no todos los militares son honestos, se han dado casos de corrupción; ni todos los civiles en las fiscalías son corruptos. Se requiere vencer a la corrupción o vencer el miedo.

El avance en la lucha contra el narcotráfico utilizando los mandos militares sería más rápido si hubiera una verdadera reestructuración en los ministerios públicos. Y al parejo, si hay mejores sueldos y profesionistas con la conciencia de que se está en una misión muy seria y no en un lugar para el fácil enriquecimiento.

O bien, se requiere realizar una transformación tal de la PGR en cuanto al personal, que estando a cargo de civiles en su totalidad, pero bien preparados, estén por lo menos más alejados de la tentación del soborno. No se puede ni se vale quebrantar la ley, si quien debe procurarla es el primero en hacerlo. Habrá quien diga que no es legal la presencia de los militares en la PGR, pero en la realidad es una necesidad. Como abogados, muchos de los presentes saben que en ocasiones no necesariamente es legal lo justo y viceversa.

Recientemente, el gobierno federal anunció una nueva lucha contra el narcotráfico mediante la coordinación entre la PGR y las secretarías de Gobernación, de la Defensa Nacional, de Hacienda y Crédito Público y de Marina. Nada más para nuestra región, incluidos los estados de Sonora y Baja California Sur, han dispuesto 6 515 hombres, equipados con 510 vehículos, 12 aviones, cinco buques y ocho helicópteros.

Es obvio que confiscarán muchos cargamentos en tránsito hacia el norte. Y mientras que su lucha consistirá en impedir el paso de la droga e ir sobre los jefes de los cárteles, éstos a su vez buscarán indudablemente otros caminos. Esta gran operación puede traer como resultado inmediato el encarecimiento de la droga y la multiplicación de las ejecuciones; las víctimas serán precisamente los mafiosos de menor calibre, los cuales sin duda buscarán surtir el mercado a precios más bajos que los cotizados por los grandes cárteles.

En fin, me hubiera gustado pronunciar personalmente muchas de estas referencias ante ustedes. Desgraciadamente, no me es posible. Si Dios, mi inolvidable escolta Luis Valero y los médicos me permitieron seguir viviendo después de un ataque simultáneo de diez narcotraficantes, espero tener la di-

cha algún día de estar con ustedes y tratar estos casos ampliamente.

Les envío un saludo, les ofrezco mis disculpas y les deseo
el éxito en este foro.

El presidente sabía

El presidente de la República, licenciado Miguel de la Madrid Hurtado, debió saber que asesinarían al periodista Manuel Buendía Tellezgirón. Y suponiendo sin conceder que no, sucedido el crimen, antes, durante o después del velorio, lógica y forzosamente le informaron al detalle quién, cómo y por qué. Los cuándo y dónde eran públicos. Pasados 18 años, estoy convencido: la ejecución de don Manuel no fue ordenada por narcotraficantes. El señor Buendía no dio motivos a los mafiosos. Y estos señores, sin existir una relación con el periodista, tampoco se la cobraron.

En 1984 todavía no se les llamaba capos ni eran identificadas las bandas como cárteles. Ernesto "Don Neto" Fonseca, Miguel Ángel Félix Gallardo y Rafael Caro Quintero eran simplemente los "jefes". Y entre ellos no había rivalidades personales ni competencia por compradores. Tampoco funcionaban las "leyes no escritas", creadas y respetadas por la mafia italiana. No había necesidad de ejecutar porque el mercado del narcotráfico se manejaba en sosiego. No alcanzaban tales personajes la etiqueta de mafiosos. Y entonces ni andaban pensando o mandando matar cristianos. Tenían otra preocupación más importante: retacar de billetes las carteras de los señores policías. No era novedad el soborno, pero se manejaba con discreción. Lo pusieron de moda "Don Neto", Miguel Ángel y Rafael cuando el negocio fue creciendo. Pero

15

los señores federales se avorazaron. Hay constancias: hubo casi desfiles de agentes para recibir el dinero maldito.

Los dólares fueron como aceite. Ya no rechinaron los portones de la Procuraduría General de la República. Adiós bisagras ruidosas. Como serpiente, el poderío del narco entró silenciosamente por los estacionamientos. Cuando menos se esperaba, inundó los sótanos. Se regodeaba en las recepciones, fiscalías y antesalas de los procuradores. Brincó para afianzarse a orillas y en el centro de la Dirección Federal de Seguridad. Y allí, a cambio de dólares y droga, hasta credenciales les dieron a los malandrines. Así pudieron navegar en la delincuencia sin problemas.

Por eso, el narcotráfico era silencioso. Tranquilo. Pocos pistoleros y muchos policías sobornados. La autoridad fue tapadera. No informaban sobre el transporte de la droga y no había inundación noticiosa como ahora. Entonces el narcotráfico no era tema agradable entre los directores de periódicos y revistas defeños, pero se popularizó por un hecho: la pestilente y trágica perversión capitaneada por el desaforado jefe policiaco Arturo "El Negro" Durazo y, a su lado, el tenebroso y degenerado comandante Francisco Sahagún Baca. Ambos derraparon en el cinismo hasta presumirlo. Eran incontenibles porque tenían el descarado cobijo del presidente José López Portillo.

Total, protegían a los narcos en todo. Mataron sudamericanos por montones cuando llegaron a México a ofrecer la cocaína. En tal libertinaje, violaron a muchas señoritas inocentes. Previa entrega de oro en monedas, permitían excesos a sus policías. Borracheras un día sí y otro también en las oficinas. Hasta desnudistas brincaban desde los escritorios hasta la humanidad de los funcionarios. Aquello era una bacanal. El resbalón llegó cuando le entraron duro a la cocaína. Se hundieron en el excremento. Ya no pudieron silenciar a la prensa. Ocuparon las primeras planas en diarios y revistas. Julio Scherer, en *Proceso*, renuente a tocar asuntos mafiosos, no tuvo más remedio y nos mostró el famoso "Partenón" de Durazo. Estupendas crónicas de cómo utilizaron policías en albañilería. La enorme colección de autos antiguos. Armas, ni se diga. Terrible extravagancia. Todo con dinero recibido del narcotráfico.

La desdicha de Durazo empezó cuando terminó el sexenio de López Portillo. Le confiscaron todo. Fue perseguido, capturado y motivo de reportajes novelescos y hasta libros pasándose de la raya. Estuvo encarcelado y luego murió. Sahagún Baca, corrupto vicioso, de cualquier forma era buen policía, por eso desapareció.

Luego vino la sorprendente aventura de Rafael Caro Quintero. Primero atrajo por enamorado. Fue como protagonista de telenovela. El plebeyo de infancia desarrapada, pero en las nubes que andaba, billetudo y poderoso, raptó a la escultural Sarita, del merito Guadalajara. Destacaba por su hermosura y prosapia. Casi todo México se estremeció con la acción del atrevido malandrín. Nadie le llamaba narcotraficante. Todos, simplemente: "Caro Quintero". Nunca le endilgaron el "capo" y menos "jefe del cártel".

Pero el rapto acarreó otra noticia: era el cabecilla de la más poderosa maquinaria del narco mexicano. Entonces no comerciaba cocaína y por eso no tenía tratos con colombianos o peruanos. Tampoco le ponía atención a las anfetaminas. Dominaba totalmente la producción, transportación y venta de mariguana. Así, tal combinación de origen humilde hasta llegar al poderío fue una historia atrayente para los periodistas. Con el ingrediente de aventurero, enamorado y adinerado, con más razón.

Una advertencia de los policías honrados es: "A los narcotraficantes siempre se les detiene por sus amores, la familia o el dinero". Eso le pasó a Caro Quintero. Se llevó a Sarita a Costa Rica. La puso en un palacete. Le dio todo. Pero cierto día la Interpol interceptó una llamada a Guadalajara. Y el legendario Florentino Ventura lo capturó. Supe de muchas mujeres comprando diarios y revistas no tanto para saber de las fechorías de Rafael, sino para verlo. Sin saberlo, le sobraban enamoradas.

Los periodistas se remitían a los hechos. Pero al escritorio, teléfono y correo de don Manuel Buendía llegaban informes sorprendentes. Lo redondeaba con dos factores importantes: primero, un completísimo archivo; segundo, sus informes provenientes de contactos dentro y fuera del gobierno. Por eso las revelaciones en su columna "Red Privada" eran sorprendentes y muchas veces censuradas. Alguien supuso que publicaría informaciones más graves todavía. Decidieron matarlo y no precisamente narcotraficantes. José Zorrilla, de la Dirección Federal de Seguridad (DFS), encabezó un grupo luego capturado, procesado, sentenciado y aún en prisión. Pero todo apunta: nada más fueron equipo de apoyo a un mando superior. Entre la realidad y la hipótesis, estos hombres no maniobraban sin orden de por medio. La fiscalía especial no entró hasta el fondo. Se quedó en la superficie.

Bajo el supuesto de ignorar los planes, el licenciado Miguel de la Madrid Hurtado debió saberlo todo luego de cometido el crimen, antes de ser llevado el periodista al campo santo. Nadie tan informado como el presidente, gracias a la misma Dirección Federal de Seguridad. Si el gobierno de Fox tuviera voluntad, el caso Buendía está más fácil para desenmarañar que lo de 1968 y 1971. Claro, sin tanto brinco.

Este pedazo de historia tiene mucho que ver con el asesinato de Manuel Buendía. Mientras él escribía en el Distrito Federal, estaba sucediendo lo sorprendente en Guadalajara: entre Bronco y Grand Marquis, el seductor narcotraficante

Rafael Caro Quintero compró 36, todos al contado, nada de cheques. Se quedó con dos que tres por si se le ofrecían. Regaló algunos a familiares, otros a Manuel Acuña y a un tal Paco. Los mandó hasta las oficinas de la DFS en Durango. Seguramente ni lo esperaban. Debieron sentirse muy lisonjeados. En Saltillo, Ramón Cossio, de la misma oficina, se sorprendió. Le avisaron que tenía un Grand Marquis perfectamente estacionado "a'i afuera". Rafael Aguilar fue otro afortunado. Se lo llevaron hasta Ciudad Juárez. También estaba en la Dirección Federal de Seguridad. Al comandante de la judicial federal, Gabriel González, le fue mejor: un millón de pesos en lugar de auto. Otra buena billetiza para Locheo, ex jefe de la judicial en Jalisco. Y a Toño Zárate, dos millones. Todos ellos eran cuatísimos del mafioso. No podía faltar el famoso Chao. Le protegían. A veces ni siquiera ocupaba escoltas.

Así era el estilo de Rafael Caro Quintero. Famoso en los años ochenta, nada de arrebatado, al contrario. Tenía contentos a todos los policías. No les daba oportunidad para pedir o insinuar un soborno. Era su costumbre regalarles más de lo que esperaban. Por eso tenía fama de dadivoso. Supe de un notable episodio en diciembre de 1984. Viajaba bien acompañado de Guadalajara a Culiacán. Se fue por carretera. Solamente un trío de gatilleros lo escoltaban en otro auto. Cuando llegó, le habló a uno de sus ayudantes y le pidió "tráeme diez millones de pesos". Le dio uno de propina cuando le llevó el dinero. Enseguida se trepó a un aeroplano y aterrizó en Ciudad Obregón, Sonora. Pasó la noche con la que llamaba "el único amor de mi vida". Al otro día se fueron a pasear solos. Sin guardaespaldas. Ni siquiera llevaba escopeta o ametralladora. De pronto, en la carretera aparecieron unos diez agentes de la Policía Judicial Federal. Todos apuntándole. Frenó. Con toda tranquilidad y desarmado, dejó a su enamorada y bajó del Grand Marquis. Le dijeron que era el principal sospechoso de secuestrar y asesinar a Enrique Camarena Salazar, el agente antidrogas de la DEA estadounidense acantonado en Guadalajara. Por eso lo iban a detener. No se agüitó. Tampoco discutió. Los trató sin rudeza. Les pidió "un momentito por favor". Fue a su auto. Regresó con una pequeña maleta y les regaló cinco millones de pesos diciéndoles: "No fui yo". Y a todos convenció asegurándoles: "Pronto se arreglará esto". Así los policías se fueron y Rafael siguió su romance.

Nadie en la historia de este país como él tan avispado. No utilizó la tierra ni la sierra sinaloense. Compró Los Juncos, un rancho en Coyame. Montecristo, El Búfalo, El Vaquero y El Pocito, en Ciudad Jiménez, Chihuahua. Al cuidado de los plantíos estaba Ignacio Araiza Zavala, hombre clave en la Dirección Federal de Seguridad. R-15 entre los brazos, le ayudaban Héctor Verdugo, Marco Jesús Romero y Salomón Gálvez.

La primera vez contrató a 200 hombres. Sembraron 170 kilos de semilla. Al cosechar, ya tenía empacadora y toda la cosa. Debió contratar más jornaleros. Tenía turnos de mil 500 cada ocho horas. Jesús Gil Peralta, policía también, se encargó de construir tres galerones para darles cobijo. A Francisco Rodríguez Ochoa, otro hombre de la DFS, le encomendaron alimentarlos. Todos los días sacrificaba vacas. Para eso, Andrés Valdés López la hacía de capataz. Marcial Fuentes contabilizaba salida de droga en peso, pesos y dólares. En fin, poco a poco fue armando Caro Quintero todo el aparato hasta llegar a una verdadera organización. Con la primera cosecha le fue de maravilla: 350 mil dólares la tonelada. Le compró todo Jaime Méndez en Chihuahua. Un hombre poco recordado y sin tanta importancia en los archivos del periodismo actual. Le acompañaba el solamente conocido como Henry.

Caro Quintero tenía un bodegón en Tijuana. Cerca de Playas y rumbo a Rosarito. Siempre con dos toneladas en existencia. Se lo manejaba su segundo de a bordo, José Contreras Subías. Naturalmente, cuidado por agentes de la Dirección Federal de Seguridad, el comandante Hirachi al mando. Para todo tenía solución. Era el clásico narcotraficante que busca arreglo y negocio en lugar de pleito y muerte. Tan seguro en su forma de ser que a veces ni escolta traía. Tampoco manejaba el negocio a punta de terror ni ejecutando competidores. Se movía con demasiada inteligencia. Por eso se dedicó al cultivo mariguanero en grande. Fue su forma de hacer las cosas como quería, sin estar al capricho de otros. Rafael jamás quiso tener tratos con los mafiosos de Estados Unidos. Siempre sus ventas fueron a través de mexicanos. Por eso no lo han extraditado. Y hasta el momento no hay claridad ni seguridad sobre su autoría en el crimen de Camarena Salazar.

Durante 1983, 1984 y meses de 1985, hizo todo lo que quiso, siempre con ayuda bien pagada de agentes federales. Por eso, es imposible que el entonces director Federal de Seguridad y sus comandantes no supieran nada. Allí eran ojos y oídos de la Secretaría de Gobernación para la Presidencia de la República. Estaban enterados de todo. Hasta de segundos frentes y tendencias sexuales de funcionarios y particulares. Aparte es seguro que: en aquel tiempo, militares destacados en Chihuahua, Durango y Culiacán lo sabían y permitían la producción de hierba. No actuaban.

Pero todos traicionaron a Caro Quintero y se lavaron las manos. Lo detuvieron con el pretexto del gigantesco plantío mariguanero en Chihuahua. De los muchos favorecidos con autos y dinero casi no hubo detenidos. Y sus nombres no los inventé. Aparecen claramente en el parte informativo de Juventino Ventura Gutiérrez, que entonces era comandante del Grupo de Investigaciones e Información de la Policía Judicial Federal. Su reporte fue transcrito en el acuerdo número 3231, dictado en el Poder Judicial el 30 de noviembre de 2001, sobre la resolución de amparo directo en favor de otro hombre leyenda del narcotráfico: Ernesto Rafael Fonseca Carrillo. Para más señas: Toca 310/98. Juicio 2746/99. Años después, Juventino fue ejecutado al salir de su casa, según eso por cosas de amor y desamor. Sigo pensando en la venganza.

Entre esta maraña de la Dirección Federal de Seguridad y militares del norte ya fuera de servicio y hasta finados, desemboca la clave en el asesinato de Manuel Buendía. Parece un episodio surrealista pero no. Tengo la impresión de que Zorrilla, jefe de la DFS y amigo de Buendía, confió todo al periodista, indudablemente aconsejado por superiores. Dejaron al columnista enterarse y, naturalmente, se decidió a publicar. Pero no lo dejaron. Fue ejecutado. Lo que raramente hacían los mafiosos de la época. Así, "desde arriba" culparon a Zorrilla de matar al periodista, y a Caro Quintero le cargaron lo de Camarena. Se colgaron la medalla del descubrimiento y destrucción del superplantío. Y de paso quedaron bien con Estados Unidos. Aquí sí cabe el dicho: "Que se haga la justicia en los bueyes de mi compadre".

Narcoterrorismo

Los narcotraficantes son católicos por naturaleza. Estoy seguro de que quisieran ir a misa todos los domingos; sin embargo, por perseguidos o célebres, se quedan en casa, distanciados del chismorreo y sin correr el riesgo de ser detenidos al entrar o salir de la iglesia. Pero los parientes, sobre todo sus madres, sí son puntuales. Cuando yo podía ir a misa las vi de cerca. Con devoción humilde y discretamente vestidas, sin rayar en la elegancia. Siempre con el rosario entre sus dedos. Me fijaba a propósito en sus limosnas y eran modestas. Llegaban y se iban a pie. A veces solas y otras acompañadas por algún pariente. Pero jamás con cuidandero empistolado ni carro blindado.

Las que sí deslumbraban eran las esposas de los capos. No todas. Pero viendo a unas tuve la impresión de poco fervor y mucha vanidad. Desgraciadamente, algunas vestidas con exageración, hasta caer en lo fachendista. Me imaginaba: como no podían lucirse en bailes y comelitonas de la sociedad, aprovechaban la iglesia. Y ésas sí desembolsaban caridad billetuda.

La ficción en la gran trilogía peliculesca de *El Padrino* empata en ciertos tramos con la realidad mafiosa mexicana. Bodas deslumbrantes. Misas quinceañeras de ensueño, o muy tristes de cuerpo presente. Bautizos pomposos con capos renunciando de palabra a Satanás, pero en los hechos yendo contra la doctrina y matando.

En el drama aparecen los grandes negocios de la mafia con el banco de El Vaticano rayando en la estafa. En la realidad tijuanense, con la falsificación de registros bautismales. Hasta el cierre de iglesia para el exclusivo recibimiento de capos. Hechos como rieles de tren. Siempre cercanos, pero nunca solos por inservibles.

Mike Corleone, el hijo de "El Padrino" Vito, llegó al conmovedor arrepentimiento de sus pecados mortales. Llorando, los confesó a un cardenal amigo de otro mafioso. Todo en aquel hermoso patio, fuente al centro, enjardinado y rematado por arcos de cantera. Tanta angustia desbordó Corleone que su diabetes se trastornó. Jugo de naranja y chocolates los devoró en busca de nivelar el organismo. En la vida real, doloridos y lagrimosos, exculpándose ante el representante de Su Santidad en la elegante casona de la Nunciatura Apostólica. Hasta allí llegaron los mafiosos implorando la intercesión de la Iglesia para lograr la clemencia terrenal y divina.

Amado Carrillo Fuentes, "El Señor de los Cielos", fue videograbado bajo bóveda y cerca de pilares en una iglesia católica. Trajeado fue a una boda sin monserga policiaca. Siguió el ritual. Luego se conocieron las fotos cuando andaba en procesión y muy devoto por tierras de Jerusalén. Otras gráficas son harto conocidas: Ramón Arellano bautizando. La familia toda después de un matrimonio religioso. Siempre codeándose con la Iglesia. Algo así como mantenerse a flote en medio del mar, bien prendido a un salvavidas.

Recuerdo cuando capturaron a Benjamín. Le tenía provisional altarcito con todo y veladoras a su amado padre con todo y foto. Allí estaba la del suicidado compañero pistolero: Fabián Martínez, "El Tiburón". Ambos entre imágenes de santos. Después de ver todo eso, no encuentro la cuadratura al círculo entre crimen y culto.

Los narcotraficantes de Sinaloa son demasiado queridos

en sus pueblos de origen. Ayudan a quien lo necesita sin conocerlos. Por eso, cuando son perseguidos, tienen protección y bendición populares. Pero los mafiosos del norte son todo lo contrario. No se acercan a los desamparados ni ayudan para nada. Se dan la gran vida. Visten caro y, por eso, fino y elegante. Abandonaron en casi todo sus orígenes. Ofreciendo más poder que dinero, entraron en las familias pudientes y hasta se enredaron con damitas de prosapia. Pero, eso sí, son tan devotos como los demás.

Dicen en Sinaloa que por las noches se aparece "el alma bendita de Jesús Malverde". Le llaman "el santo patrono de los narcotraficantes". Pero unos más taimados rectifican: "Santo no. Todavía no. Nada más y por lo pronto ánima bendita". Discutida, negada o aceptada la existencia de Malverde, desemboca en una realidad: los mafiosos y aspirantes van a rezarle pidiendo ayuda. Y cuando les va bien, regresan a su capilla dejando limosnas generosas. Y como tradición, se reparte entre los necesitados. Eso aumenta gratitud y creencia populares. Ya existen capillitas de Malverde en San Luis Río Colorado, Sonora. Entre Tijuana y Tecate, Baja California. En Badiguarato, Sinaloa, y hasta en Cali, Colombia.

Últimamente me han preguntado si hay o está a punto de surgir el narcoterrorismo en México. Eso dicen en Washington, pero no lo prueban ni dan nombres. Versiones fantásticas de valores entendidos. Y luego, me choca que nuestro gobierno se quede callado. No porque otorgue, sino por ser una mentira.

Tengo más de 20 años viendo los detalles del narcotráfico mexicano, particularmente. Para mí, los capos del norte, del Pacífico y del Golfo no son de izquierda o derecha. Están lejos del radicalismo y cerca del catolicismo, ni siquiera tienen ideología. Su lucha es por el territorio y lo defienden a punta de balazos, encomendándose a San Judas o a la Santa Muerte.

Les importa muy poco si nuestros gobiernos son del PAN, PRI o PRD. Solamente quieren saber quiénes serán los procuradores o comandantes para entenderse. Pocas veces buscan a los políticos, pero no se niegan a recibirlos. Y si piden ayuda, no regatean ni les hace falta poner condiciones.

Los narcotraficantes del norte viven con lujo. Cada vez visten mejor y fino. Gustan de buenos autos. Grandes residencias en su pueblo y otras ciudades, hermosas mujeres, joyas. Viajan en primera clase. Ocupan pisos enteros de hoteles caros. Son dueños de grandes negocios. Tienen corporaciones. Manejan hábilmente más dinero que algunos estados del país. Se asocian con extranjeros. Les gusta mucho comprar terrenos y construir para habilitar empresas. Jamás los he visto vistiendo camisetas con la figura del "Che" Guevara o Sandino, nunca indumentaria militar, tampoco encapuchados o embozados, ni firmando desplegados o manifiestos contra el gobierno. Montañas y sierras las conocen en calendarios o películas. No tienen escondites en la selva.

Dicen los gringos: "Los Arellano Félix tratan con los guerrilleros de las FARC" (Fuerzas Armadas Revolucionarias de Colombia). Bueno, eso no es un secreto. Estos señores controlan la producción de cocaína. Ya me imagino a los miles y miles de consumidores estadounidenses. Si no fueran surtidos por los narcos mexicanos, obligadamente comprarían droga a los guerrilleros. Y no por eso serían terroristas.

El soborno

Puente Grande no era un convento. Con tanto pecador no alcanzaba la escala del infierno; simplemente purgatorio terrenal. El desbarajuste no se notaba tanto. La corrupción por lo menos se escondía como gastos de candidato presidencial. Navegaba la disciplina entre comillas. Se quebrantaba el reglamento menos que más. No había muchos privilegios para los reos. Ya estaba allí Jesús Héctor "El Güero" Palma, mafioso de corazón. También su camarada Antonio Martínez, "El Texas". No tan famoso, aunque su hoja de servicios como operador de cocaína luce muy bien.

En 1997 llegó Joaquín "El Chapo" Guzmán a Puente Grande. Provocó admiración, miedo y respeto, pero se portaba bien. Además, los primeros días se le vio alegre, seguramente por el traslado luego de cuatro años en Almoloya. Con ese cambio de ambiente, podía manejar su mafia a control remoto con la facilidad que no tenía en Almoloya. El alambre para conectarse a Tepic, Colima y Sinaloa fue Marcelo Peña García, cuñado leal.

Sucedió entonces lo que nadie esperaba. A fines de los noventa, llegó otro hombre a dirigir el penal: Leonardo Beltrán Santana. Inmediatamente actuó sin distinciones. Nada de tratos con los grandes ni maltratos a los chicos. Pero "El Chapo", que es muy trucha en el arte de negociar, no le hizo un ofrecimiento directo. Mandó a su cuñado Peña García al Palacio de Gobierno en Guadalajara. Habló con un importante funcionario. Este señor llamó al nuevo director. Y a los pocos días lo que "El Chapo" propuso, "El Chapo" dispuso.

Primero, visitas a cualquier hora. Amigos, abogados y sobre todo hermosas damas. Luego, esos favores se extendieron para Jesús Héctor "El Güero" Palma y Antonio "El Texas" Martínez. El soborno se extendió a los custodios. A unos los utilizaban para comprar buena comida en pomadosos restaurantes. Se las servían en sus celdas. A otros les entregaban mensajes escritos, la mayoría para ser entregados personalmente a Arturo "El Pollo" Guzmán, hermano de "El Chapo". Otros, a sus primos Héctor y Arturo Beltrán. También a Juan José Esparragoza, "El Azul". Todos a Sinaloa, Campostela y Tepic. En Nayarit los principales receptores eran Julián Venegas e Ignacio "El Nacho" Coronel. Los mensajes de "El Güero" eran remitidos a su hermano "El Vale" Valerio, Ramón "El Colo" Leija, Jorge "El Cholo" Navarrete y "El Chalo" Araujo. La mayoría en Tepic.

Tales referencias están en el expediente fechado el 22 de junio de 2001 y archivado en la PGR. Copié y transcribo la declaración de Marcelo Peña García, cuñado de Joaquín Guzmán Loera: "por otro lado, sé que Joaquín a través de su hermano Arturo Guzmán Loera seguía de alguna manera manejando el negocio del narcotráfico, ya que las facilidades que proporcionaba el director de este penal hacían que esto fuera posible. Así mismo, sé que todos los pagos, tanto al director como a los comandantes, los realizaba el licenciado Bonifacio Bustos Cárdenas. Así mismo, me di cuenta de que al director se le daba mensualmente por estos favores la cantidad de cincuenta mil dólares, que aportaban entre Joaquín, 'El Güero' y 'El Texas'".

Una rápida operación aritmética permite saber que el señor director del penal se embolsaba 12 500 dólares cada semana. Y que durante un año, al tipo de cambio vigente, aumentó su fortuna con seis millones 360 mil pesos. Si esta cantidad era para el jefe del penal, imagínese cuánto recibían o reciben cada delegado de la PGR o funcionarios de más alta escala. Naturalmente, algo les tocaba a los policías estatales y municipales. Así, las cifras exhiben la riqueza que desde aquellos tiempos mueven "El Chapo" y "El Güero". Claro, sin contar los pagos a sus pandillas, ni los lujos de sus respectivas familias.

Supe y publiqué en su momento sobre la operación encubierta del Centro de Inteligencia y Seguridad Nacional (CISEN) en Puente Grande. Expliqué cuáles oficinas ocupaban y confirmé la nómina. Ahora me queda muy claro: de nada servía allí una célula del CISEN. Unas muestras: Guzmán ordenó a su cuñado reunirse con Arturo Beltrán Leyva para que le enviara 200 kilos de cocaína. Entraron fácil al penal. Entre 1997 y 1998, "El Chapo" y Palma manejaron desde la penitenciaría un cargamento de 13 toneladas de cocaína. Tuvieron completa libertad para la maniobra. Mensajeros, telefonistas, pruebas de la droga contrabandeada, visitas de remitentes y transportadores.

En tal ocasión enviaron parte de la cocaína en una pipa gasera para ser descubierta intencionalmente. Así permitían que policías mexicanos se "adornaran". Eso sucedió en San Fernando, Tamaulipas. Mientras, acarreaban la mayor cantidad en otros vehículos. Mucha droga fue internada a Estados Unidos por la garita Ciudad Juárez-El Paso. En esas condiciones, "El Chapo" y "El Güero" operaban sin problemas ni riesgo. El gobierno presumía tenerlos encerrados y ellos no presumían de su encierro.

Palma tenía su método y le funcionaba. Acreditó oficialmente para visitas y como defensor a Manuel López Ortiz. Pero este señor no era abogado ni se llamaba así. Manuel

Tinoco era su nombre real. Una declaración oficial lo dibujó: "en realidad, los motivos por los cuales visita a Jesús Héctor Palma es con el fin de mantenerlo informado de todos los movimientos relacionados con los cargamentos de cocaína que él ordena y realizan los integrantes de la organización".

Óscar Conrado Mendivil también fue inscrito como abogado de Palma. Tampoco era licenciado. Su misión: vigilar en secreto a todos sus asociados y, lo principal, evitar que alguien metiera mano en la cocaína para su provecho personal. A Óscar le apodan "El Tobi". Siempre estuvo presente cuando se hacían los desembarcos colombianos en las costas de Nayarit. También hacía las veces de administrador. Eso incluía "gratificar" a los policías y asociados y que no le faltara nada a la familia.

Los verdaderos abogados de Palma eran Felipe de Jesús Rodríguez Martínez, que despachaba en Guadalajara, y José Otoniel Sañudo Vázquez, de Culiacán. De pronto y sin explicación, "El Güero" los dejó fuera. No hay constancias sobre el motivo del rompimiento. Pero Gabriel Villa Beltrán, de Guadalajara, "se encargó de los asuntos más graves, complicados y delicados". El testimonio oficial señala: "Sobornaba a la autoridad con esto para Palma".

Dos puntos: el primero es un misterio con olor a billetes. La PGR jamás investigó la importancia de todas estas declaraciones. A pesar de tener tantos nombres y pistas seguras para capturar mafiosos y decomisar droga, nunca lo hizo. Y segundo, "El Güero" Palma necesitará algo más que abogados para dejar la prisión y repetir la escapatoria de Joaquín Guzmán Loera. Es posible.

Posadas y Colosio: las versiones del narcotráfico

En el aeropuerto Miguel Hidalgo, de Guadalajara, aterrizan tantas versiones como aviones sobre el asesinato del cardenal Juan Jesús Posadas y Ocampo. "Lo mataron en desgraciada confusión", dicen. "Fue durante un fuego cruzado", tantean otros. "Los disparos son directísimos", según el peritaje del Servicio de Ciencias Forenses de Guadalajara. "Fue un crimen de Estado", terquea el cardenal Juan Sandoval Íñiguez. De vez en cuando lo pronuncia envalentonado. Echado pa' delante. Por eso ha pleiteado, y cuantas veces puede desde hace diez años, con el ex procurador general de la República, doctor Jorge Carpizo McGregor. Hasta derraparon en los tribunales. El abogado le acusó penalmente. El religioso "se enfermó". Por eso no acudió a la cita judicial. Tampoco respondió a su opositor. El ex fiscal escribió, y se vendió mucho, el libro *La muerte del cardenal*. "Son puras mentiras", dijo Sandoval. Reviraron con otra publicación prologada por el religioso, sin éxito. Tozudo alegó y sigue: alguien con mucho poder citó a los cárteles de "El Chapo" y los Arellano Félix en el aeropuerto. Fue para encubrir el crimen con terrible encuentro a balazos.

Otra versión: "Se desapareció el maletín que llevaba el cardenal" y, según eso, algo valioso contenía. Algunos resultaron más atrevidos: "Allí traía nombres de mafiosos". "Eran de conocidos políticos en problemas." También abundó la su-

31

posición muchas veces impresa en diarios y revistas: "Monseñor Posadas sabía mucho del narcotráfico". Le agregaron: "Por eso los mafiosos amenazaron matarlo". Otros resbalaron en el extremo, sin pruebas: "Fue orden de Salinas". Reporteros italianos escribieron: "Dejó una carta en la Nunciatura Apostólica en la ciudad de México". Algunos reviraron: "No. La envió directamente al Papa, comentándole que lo iban a matar". Humberto Rodríguez Bañuelos, "La Rana", asociado del cártel Arellano Félix, respondió más o menos así en la prisión de Puente Grande: "¿De veras quieren saber quién lo mató?... Si les digo se atienen a las consecuencias". Y entonces nadie quiso escucharle.

Fuera de prisión, la insistencia: "Lo confundieron con 'El Chapo', que traía un auto igual". Hubo respuesta inmediata: "¿A poco no iban a ver que el señor cardenal traía su alzacuellos y pectoral?". Y remacharon: "Para nada se parecía el narcotraficante el señor Posadas". La señora madre de los Arellano Félix visitó a don Juan Sandoval Íñiguez en su casa. Le entregó una carta, seguramente exculpándolos. Sus hijos mejor se apersonaron con el nuncio apostólico. Le pidieron a un sacerdote en Tijuana guiarlos hasta el Distrito Federal. "Nosotros no fuimos". El religioso los oyó. Urgentemente pidió hablar con el presidente de la República. "Ellos no son culpables", le dijo y no fue creído.

Otros preguntaron: "¿Por qué si ya tiene más de un año en la cárcel no interrogan a Benjamín Arellano?". Se desataron las versiones por eso, pero nada en firme. Igual cuando el cardenal visitó en la prisión al narcotraficante Humberto Rodríguez Bañuelos. A falta de información, imaginación: "Le dijo que no confesara nada." También: "ofreció la salvación de su alma a cambio del silencio". Una más: "Lo instruccionó para decir quién fue".

Aparte: hace tres semanas capturaron en Tijuana a Marco

Antonio Jiménez. Le dicen "El Pato". Según los investigadores, estuvo en el aeropuerto de Guadalajara el día del asesinato. "¿Pero por qué no ha sido interrogado?" También está el juicio de amparo solicitado por Francisco Javier Arcllano Félix, "El Tigrillo". Acusado formalmente de participar en el tiroteo, se defiende. Pero Humberto Rodríguez Bañuelos ya aclaró. Lo sacó de allí para esconderlo. Nace entonces la versión: "También disparó". Total, por versiones y suposiciones no queda. La última me recuerda al cuate imaginario aquel que, cuando oía una burrada, decía: "No hallo qué hacer. Si cantar, ponerme a tocar la guitarra o ir al baño". Es que el señor diputado tapatío Fernando Guzmán Pérez salió ahora con otra versión: José Córdoba Montoya amenazó al cardenal en Los Pinos. Le ordenó silencio por la prostitución y narcotráfico en el corredor Tijuana-Guadalajara.

Las versiones en los crímenes de personajes nacen, crecen y se multiplican. Recuerdo el del licenciado Luis Donaldo Colosio. "Fue víctima de un complot", dijeron. "No —respondieron—. Solamente un asesino solitario. Nada de eso. Había dos Aburto". Otros dicen: "Falso. Eran cinco". Entonces "Manlio Fabio se lo llevó a la playa para torturarlo". "No es cierto. Se escondió bajo un puente camino al aeropuerto. Lo amenazó." Y cuando le cortaron pelo y bigote en Almoloya, se abrió la puerta a la especulación: "Era otro en Lomas Taurinas... fue cambiado". Alguien dijo: "El que lo mató, despuesto de disparar, terminó asesinado cuando fue a esconderse a un taller mecánico". Se escucha por otra parte que "lo mató la mafia". Y hasta le agregan: "Es que Colosio no quiso arreglo con ellos". No faltan quienes aseguran: "Nada, nada, Salinas lo mandó asesinar". Hasta metieron en el lío a Manuel Camacho Solís. Y como en el caso Posadas, a José Córdoba Montoya. Entre tanto y desde hace nueve años, el papá de Colosio sigue pensando en "un crimen de Estado". Luego:

tres presidentes le ofrecieron solución y ninguno le ha cumplido: Carlos Salinas de Gortari, Ernesto Zedillo Ponce de León y Vicente Fox Quesada.

Me da la impresión de que algo parecido está sucediendo con el narcotráfico. "Siete cárteles se reparten el país", publicó *El Universal*. Declaraciones de José Luis Santiago Vasconcelos, el jefe de la Unidad Especializada en Delincuencia Organizada. Y detalla cuántas bandas participan en cada estado de la República. Días antes, *Reforma* publicó algo diferente. Nueve, no siete cárteles. Pero sin operar en todo el país. Sólo 13 estados. Jorge Fernández Menéndez publicó en la revista *Milenio*: siete organizaciones: Arellano Félix, Carrillo Fuentes, Joaquín "El Chapo" Guzmán y Héctor "Güero" Palma, Osiel Cárdenas, Amezcua, Díaz Parada y Valencia. *Proceso* informó: "El Tigre" Juan Diego Espinosa es colombiano y opera en Colima, Jalisco y Sonora. "Es capaz de mover en una sola operación la cuarta parte de las 24 toneladas que la Armada de México confiscó del 1 de diciembre de 2002 al 23 de enero de 2003." Siguió *Reforma*: "Aparece en el narco la Reina del Pacífico". La identifica en una foto que precisamente publicó *Proceso* para anotar a "El Tigre". Se llama Sandra Ávila Beltrán. Unos publicaron que nació en Baja California. Otros, en Sinaloa y hasta en Sonora. Amante que fue, amiga que sigue siendo, de tres mafiosos: "El Mayo", Ignacio "Nacho" Coronel y "El Chapo" Guzmán.

Creo que "El Tigre" no es como lo pintan. Ningún narcotraficante mexicano permitiría la entrada de un colombiano a manejar su cártel. Lo aceptarían como asociado. Pocos negociarían con él para entrar en territorio de otros. Corren el peligro de ser ejecutados. Y si Sandra tuviera el poder referido, no le hubieran secuestrado a un hijo. Los capos respetan a sus esposas, pero son muy querendones con las jóvenes. Les gustan güeras. Si son de pelo negro, que se lo pinten. Anchas de caderas y pechos. Guapas. Y nunca amores habrán de tener con las que ya fueron de otros.

Los Valencia son una gavilla que combina la venganza familiar con el narcotráfico, pero no llega a escala de cártel; igual Díaz Parada. Tampoco hay ciudades donde se comparta la plaza entre casi todos los cárteles. Se paga derecho de piso, o los ejecutan. Hay un caso clarísimo: nadie entra en el territorio de los Arellano. Todos están peleados con ellos a muerte. O al contrario. Pero no hay un tratadito de libre comercio. El que se sale de la ley no escrita termina encobijado, sin vida y tirado en algún llano o calle solitaria.

Siguen sólidos los Arellano. Vicente Carrillo Fuentes puede convertirse en el más poderoso del narcotráfico mexicano. Si acaba con los osielitas, dominará desde Tamaulipas hasta San Luis Río Colorado, Sonora. Lo que nadie ha hecho: casi toda la frontera. No entrará en Baja California. Tiene el apoyo de "Mayo" Zambada, "Azul" Esparragoza, "Chapo" Guzmán y "Güero" Palma. Les conviene a todos tener amistad con Carrillo para utilizar la entrada a Estados Unidos. Y por lo menos en Baja California, ninguno de éstos ha intentado suplir a los Arellano. Muerto Ramón y encarcelado Benjamín, cambiaron. De cártel a corporación. Manejan el narcotráfico como negocio, sin violencia. Bueno, todo es simplemente mi opinión. Respeto las demás.

La única duda: detienen a los del Golfo. También a uno de los Arellano. Pero nunca a los de Sinaloa. Como dicen por ahí: bueno, simplemente es pregunta.

Viajero frecuente

No tiene tarjeta del Club Premier de Aeroméxico. Tampoco la de Clase Ejecutiva en Mexicana de Aviación. Ni está inscrito en el Plan Autrus-Aerocalifornia. Pero es un viajero frecuente. Por tierra, no ha parado en los últimos meses. Bajita la mano lleva miles de kilómetros recorridos. Hasta parece *jet* comercial. Un día aparece en Puebla. Otro en Mochis. Lo han visto varias veces en Jala, Nayarit. Pasó como rayo por Boca del Río. A paso más lento llegó a comer en un paradero del Centro Otomí. Se dejó ver en Campostela. Y hasta un día domingo se la pasó en Guadalajara. Y por lo menos supe de tres ocasiones, estuvo de pisa y corre en la ciudad de México.

Así es Joaquín "El Chapo" Guzmán. La compañía General Motors bien haría contratándolo para su publicidad. No hablaría mal de la blindada Suburban. En ésa viaja muy cómodo. Cero fallas, nunca lo ha dejado a medio camino y por ello bilioso, rápido encendido en urgencias, como yegua en terracería, casi alfombra voladora en carretera. Funciona excelente el aire acondicionado en los calorones sinaloenses. Y no se diga la calefacción durante el invierno. Además la pasa de maravilla con su hermosa compañera. Ocupan el asiento trasero y se la pasan de maravilla.

Joaquín "El Chapo" Guzmán desde que se fugó, en enero de 2001, viaja sin problemas. Al día siguiente de su increíble escapatoria, se refugió en el rancho jitomatero de don Julián

Venegas Guzmán, tierras nayaritas, a tres kilómetros de Campostela. Las bodegas fueron su escondite con todas las comodidades posibles. Después, repuesto y sin aceleres, viajó a donde menos se esperaba: Guadalajara. A pocos kilómetros del penal de Puente Grande, de donde escapó. Los policías que lo buscaban se hicieron un poquito desentendidos. Estuvo con su abogado el señor Bustos, quien por cierto le entregó 20 mil dólares. De allí siguió al Distrito Federal. Me imagino que visitó la basílica, pero lo miraron pasar por Mazaryk. No tardó y enfiló a Puebla. Allí durmió. Quién sabe si le entró al mole o saboreó camotes.

Continuó rumbo a Veracruz. Fue huésped de Albino Quintero Meraz, "El Beto". Y como no lo conocía, le trató como si estuvieran donde hacen su nidito las olas del mar, y a lucirse tomando café en La Parroquia. Allí estuvo unos días descansando. Según eso, traía "destanteados" a los policías. Lo "buscaban" en el norte tamaulipeco. Pensaban en una reunión con Osiel Cárdenas Guillén. Pero no, era tanto como querer comerse el queso de la trampa ratonera. Volvió al Distrito Federal. Me dijeron y no lo dudo: algunos federales le abrieron paso. Fue informado sobre "su persecución" y, naturalmente, le sobraron protectores.

Para todos esos movimientos, "El Chapo" utilizó unos 40 hombres armados. La mayoría en autos blindados. Unos tanteando carreteras y consiguiendo donde dormir o albergarse de momento, pero seguros. Otros echando los dos ojos en las ciudades. Y me imagino a los más inteligentes: fisgoneando por si los seguían o esperaban los matarifes de sus rivales arellanescos.

Los 40 fulanos, autos, camionetas y armas originalmente servían al grupo de Jesús Héctor "El Güero" Palma. Y no le hace que estuviera prisionero. De todos modos los controlaba y bien a través de su cuñado Ramón Leija, "El Colo". Este hombre soltó la dolariza y órdenes para cuidar a "El Chapo". Nunca le han fallado a Joaquín. Leí referencias oficiales cuando un día estaba en Jala, Nayarit. Llegó su cuñado con la mala nueva. "¡A'i vienen los federales!" El "pitazo" salió de la mismísima Procuraduría General de la República. Lo recibieron por *bipper* y naturalmente en clave. Un comando localizó la ubicación de Guzmán y estaban por llegarle. Inmediatamente, "El Colo" tomó el mando de la caravana y se llevó a Joaquín quién sabe a dónde. Por eso cuando los hombres de la PGR llegaron, no había ni olor a la loción que usa Guzmán Loera.

De todas formas, algunos de los mafiosos regresaron a Jala tres días después. Y en vías de mientras, Joaquín recibió de refuerzo a "El Barbarino", pistolero de los Carrillo Fuentes. No lo conozco ni en foto, pero las referencias lo pintan tan malo en su carácter como bueno para disparar. También hubo relevo de casi toda la comitiva protectora. Así acostumbran los capos. Evitan ser reconocidos los guardaespaldas, pero sobre todo buscan que no vayan a cantar mejor que Luis Miguel.

Ese movimiento obligó a Guzmán Loera a regresar al Distrito Federal. Entonces trianguló la comunicación. Su hermano Arturo fue el intermediario para recibir en secreto las visitas. Muy contados personajes podían llamar a su celular, el 920 81 28 de Movil Acces. Supe de uno al que esperaron en Naucalpan y luego se lo llevaron para el rumbo del Centro Otomí. Y en un lugar cercano esperaba Joaquín. Quietecito, en la Suburban. Varios "guaruras" rodeando el vehículo. Parecían despreocupados, pero tenían la mirada abierta y la pistola escondida.

Hay constancias de por lo menos tres o cuatro encuentros de Joaquín y "El Mayo" Zambada en el Distrito Federal, pero sin el cuñado de por medio. Existen dos versiones. Una, fue en cierto sitio hasta hoy desconocido. Dos, en la *suite* de algún lujoso hotel en el Paseo de la Reforma. Otro que le visitó fue Manuel Tinoco, "El Tino" o "El Tinoco". Viajaba desde su residencia en Lagos de Moreno, Jalisco. También Martín Aranda, "El Pelón". En aquel tiempo vivía en San Diego, California. Pero fue de los más leales. Nunca le falló durante y después de su encarcelamiento. A otros allegados a "El Chapo" les dio por utilizar teléfonos satelitales. Según eso, con tales aparatos no podían interferirles sus llamadas. Por lo menos ésa era su creencia.

Recuerdo cómo, a fines de 2001 y principios de 2002, Benjamín Arellano Félix estuvo residiendo en el Distrito Federal. Hay pruebas de la presencia de sus asociados en la capital. Manuel Martínez González, "La Mojarra", y Juan Carlos Bayo Díaz, "El Mónago". Actuaban despreocupados. Auxiliaban a Benjamín en la ciudad de México y a la esposa en Puebla, pero tan desentendidos hasta el punto de ser descubiertos por los servicios de inteligencia militar. Por eso le cayeron fácilmente al líder del cártel Arellano Félix. Bastaron tres meses desde el desenmascaramiento hasta la captura. El trío reside ahora en La Palma.

Todo esto coloca a "El Chapo" en una escala más alta de habilidad. Por lo menos hasta hoy no ha sido capturado. La diferencia es que Benjamín confió más en sus jóvenes asociados y menos en los veteranos agentes federales. Joaquín, al contrario. Así, el mejor ataque de Guzmán fue la defensa de la PGR.

Todo lo aquí narrado está en los expedientes sobre la fuga de "El Chapo". Archivados, naturalmente, en la PGR y el Poder Judicial... desde 2001.

"La Nacha"

Los años veinte. Ni siquiera había televisión. Tampoco los llamados periódicos nacionales. Y más valedero aquello de "fuera de México todo es Cuautitlán". Ya los chinos metían opio a escondidas en Baja California. No estaban "apalabrados" con la raquítica policía, pero tampoco los tenían como enemigos. Entonces la Federación olvidó ingratamente al gobernador y coronel Esteban Cantú. No le mandaban para el sostenimiento de su administración. Ni "raya" para la burocracia. Le faltaba dinero. Y eso le sobraba a los chinos. Nada tarados, se apersonaron en Palacio para hablar con el militar. Lo sedujeron ofreciéndole cinco mil dólares. Con eso podía salir de sus angustias. Nada más le pidieron un pequeño favorcito: recibir, transportar, vender y consumir opio en Mexicali. Naturalmente, sin policiacas intervenciones. Fue el primer trato gobierno-narcos.

Supe que cuando llegaron a Mexicali, abrieron restaurantes, aún famosos, y comercios. Pero a su alrededor oí una versión cientos de ocasiones: en los sótanos de esos negocios se fumaba opio y jugaban apuestas. Ocupan desde aquellos tiempos una céntrica zona llamada "La Chinesca". Pero el tiempo les cambió la vida. Abandonaron el opio, refinaron construcción y comida en los restaurantes. Se convirtieron en empresarios, accionistas de bancos. La descendencia es respetable y ajena a la práctica de los antecesores. Los jóvenes unieron su sangre con las y los mexicanos, una nueva generación de brillantes profesionistas. Todo lo demás quedó en leyenda.

Por esos tiempos, los chinos también negociaban en grande con el famoso opio en Ciudad Juárez. Una estimada amiga encontró en Internet y me retransmitió un excelente artículo: "La leyenda negra". Lo escribió con precisión Adriana Linares. Explica la llegada de los chinos. Estaban en San Francisco, pero el terrible terremoto de 1906 los asustó. Emigraron a la frontera mexicana.

Cuando los chinos llegaron, instalaron cafeterías y lavanderías. Eran pura fachada para cubrir el juego de apuesta y la prostitución, combinados con la venta del opio. Igualito a Mexicali con los misteriosos sótanos, acá abrieron un enredijo de pasadizos para escapar en caso de ocasionales apuros entre ellos. Algo como en Tepito. Así, los chinos fueron el "ábrete-sésamo" de la droga. Tanto como para comprar y consumir con naturalidad opio, cocaína y mariguana. Todo mundo sabía quiénes eran los dueños de aquellos grandes burdeles de libre fumadero, especialmente los estadounidenses. Cruzaban desde El Paso, Texas, y consumían lo imposible en su tierra.

Pero aquel comercio rayó en el descaro. La policía los protegía. Por eso la Guarnición Militar recibió y ejecutó la orden de un juez federal: detener a los principales. Los nombres fueron rescatados por Adriana Linares: Rafael L. Molina, Carlos Moy, Manuel Chon, Manuel Sing y Sam Lee. Eso ni esperanzas de que sucediera en Mexicali.

Pero en la frontera de Juárez-El Paso, de la nada se plantó un matrimonio en el mercado mariguanero. Aparentaban calmosidad. En el fondo eran de lo peorcito: Ignacia Jasso y Pablo González. A ella le motejaron "La Nacha". Su marido era popular como "El Pablote". Un fulano conocido como "El Veracruz" agarró desprevenidos a los chinos. Mató a once. De lo más pomadoso en el tráfico.

"Se inició así la larga historia de ejecuciones asociadas al narcotráfico en esta ciudad", escribió Adriana. Y también se inauguró la impunidad. Jamás capturaron al sicario de apodo jarocho. Pero de todos fue conocido: recibieron orden y pago de "La Nacha" y "El Pablote". Después de aquella multiejecución, Ignacia creó fama. Nadie más se le puso por enfrente en el mercado. Por eso pudo desarrollarlo sin problemas. Su fuerte era la venta de mariguana. Entonces la cultivaban en Juárez, "en la gran manzana que tenía entonces Manuel Azcárate Montoya, entre las calles que hoy conocemos como Melchor Ocampo y María Martínez". Contrabandeaba heroína de Torreón para enviarla a El Paso, Texas. Y según Adriana, todo lo comerciaba en el actual Callejón Victoria y la Calle Mariscal, sector que llegó a conocerse como "La Esquina Alegre".

Transcribo dos párrafos clave del documento elaborado por Adriana:

Las autoridades nunca hicieron esfuerzo por contener este tráfico de estupefacientes, además, doña Ignacia se distinguió por ser una persona caritativa y altruista. "El Pablote" murió en una riña de cantina. Provocó y terminó en un duelo a tiros. Así acabó la vida del primer capo de la droga en Juárez. Los funerales se hicieron con todo lujo pero con gran discreción. A doña Ignacia le fue difícil continuar con su comercio ilícito después de la muerte de su marido, pero ya estaba consolidada la fortuna familiar; sin embargo, ella prosiguió practicando esa actividad. Luego fue acusada y aprehendida por la venta y posesión de droga, incluso se supo que lo hacía en su propio domicilio, Degollado 218. Se decía que pagaba altas multas a las autoridades y que gozaba de grandes influencias.

En una ocasión fueron detenidos ocho de sus principales vendedores y éstos en su declaración inicial se autonombraron vendedores de "La Nacha". Sin embargo, a ella no se le pudo comprobar nada, ya que en posteriores declaraciones los detenidos se retractaron de lo que habían dicho y por falta de pruebas del Juez de Distrito, el Tribunal de Circuito revocó el auto de formal prisión para Ignacia Jasso viuda de González.

Más de 50 años han pasado de todos esos argüendes; desde entonces continúa el asqueroso trato traficantes-gobierno, las ejecuciones al por mayor, el disimulo de las autoridades, la relación de narcotraficantes con adinerados, la obligada presencia del ejército para capturar a los mafiosos y el pútrido trato en los tribunales para obtener la libertad. Casi nada ha cambiado, solamente nombres; pero, al contrario de los años veinte, las actividades del narcotráfico se conocen inmediatamente por la magia de la comunicación. Es triste. El narcotráfico se agiganta y la policía se achica. "La Nacha" sería famosa si existiera y actuara como en aquellos tiempos. Pero entonces no había televisión. Tampoco los llamados diarios nacionales.

Intocables

Estaban en La Paz. 1997, cerquita del mar Bermejo. Ni al gobernador del estado de Baja California Sur lo guarecían tanto. Las "Villas de La Paz" parecían asiento de encuentro presidencial. Al frente, atrás y en los lados estaban armados y avizorando agentes de la Procuraduría General de la República. Se codeaban no muy a gusto con los del estado. Conociéndolos, se les arrimó José Luis Esparza López. Me imagino su pregunta para adentro: "¿y ora qué?". Entonces se atrevió y se puso frente a un empistolado. Y le pidió por favor llamar a Julio Salinas o Sigfrido Valverde. Nada más pronunciarlos, el par de nombres fue como "ábrete-sésamo" para los cuidadores. Entraron en la villa y regresaron con un trío de hombrones: "El Salitre", José Luis Chan y Sigfrido Valverde. A todos los conocía. El visitante recibió a los visitados con cuatro palabras y una sonrisa: "Inviten a la fiesta", para rematar con "¡no sean gachos!".

Me figuro a los tres acercándose muy serios a Esparza. La referencia oficial que tengo es que Chan fue el primero en desenmarañar las preguntas: en aquel momento, nada de fiesta. Y aclaró, muy serio: simplemente reunión importante de negocios, de trabajo. José Luis los escuchó. No le estaban descubriendo a Rudolph Guiliani. Entendió con claridad absoluta y debió pensar que en las villas había "camaradas de mucha estatura".

Hay constancias sobre la plática. Chan ordenó con una mirada a los guardaespaldas algo así como "vamos a pasar". Y el grupo se encaminó al patio para llegar a una tentadora alberca. En lugar de bellezas embikinadas había muchos fulanos ametralladora en mano. Parecía exhibición de armas. R-15, una que otra Uzi y abundaban los "cuernos de chivo". No lo dudo. Más de una de las tales armas escupió balas para acabar con la vida de varios cristianos. En fin. Si la guaruriza afuera era síntoma de importancia, la de adentro se lo confirmó a José Luis Esparza López.

Chan simplemente le dijo: "Ya sabes, adentro está la clave privada de Tijuana". Con tal referencia no necesitaba volver a preguntar. En alguna habitación, pero no sabía en cuál, se hallarían Ramón o Benjamín. Tal vez Francisco Javier. Pero eso sí, uno o dos, mas no los tres. De ello era sabedor por lo vivido, visto y oído acerca de la familia. Solamente se reunían cuando se trataba de visitar a su señora madre o más parentela. Nunca los Arellano estaban juntos. Como dicen por allí: "No hay que poner todos los huevos en una canasta".

Al rato vio y saludó a su camarada Ismael Higuera, "El Mayel". Salió de un departamento en la villa. Al lado, el hermano Gil, "El Gilillo". Par de respeto y admiración en el narconegocio. Uno en La Palma y el otro libre, nadie los ha podido igualar. Versados "bajadores". Así les dicen a los encargados de acondicionar "pistas" de aterrizaje. Seleccionar el lugar alejado de ciudades pero cercano a carreteras. Comprar a la policía y su silencio. Apoyarse en tantos hombres como vehículos sean necesarios. Lealtad en unos y buen funcionamiento con otros. Traspasar sin alto los retenes, tapizándolos antes de verde endolarizado. Y tener a los más expertos "cruzadores" para pasar la frontera, relacionados naturalmente con la policía estadounidense.

Catorce de noviembre, señalaba el calendario. Por la noche esperaban un *jet* colombiano retacado de cocaína. Planearon el aterrizaje en el meritito aeropuerto internacional. Pero de pronto aparecieron soldados por todas partes y con ellos no hubo arreglo. Por eso decidieron bajar la nave en Loreto, al norte de La Paz. Paraíso turístico apacible.

"El Mayel" organizó todo inmediatamente. Le avisaron de la llegada de un "jefe de jefes" colombiano. Por eso se esmeró. Entonces formó con efectividad tres "cordones de seguridad". Para no fallar, en el primero, en el exterior, colocó al comandante de la policía Chavira. En el segundo círculo, a otro comandante, Armas Durán, con lo mejor de su equipo. La vigilancia más cerrada y clave la dirigió "El Mayel". Inmediatamente tenía tres camiones de caja cerrada, "como de cinco toneladas cada uno". *Pick-up* Dodge Ram "azul gris de modelo reciente", rodeada de hombres ametralladora entre los brazos. Los capitaneaba el comandante de la judicial federal Castro de Sosa y el agente Marco Antonio Nájera. También estaban José Luis Chan, Julio y José Luis Salas. Aparte, Mauricio Valderráin, Sigfrigo Valverde y destacaban dos hombres pegados contra espalda a las puertas de la Ram. Adentro estaba Benjamín.

De repente y en las alturas encendieron las fuertes luces del *jet*. Era un DC9. Indudablemente, pilotado por expertos. Bajó preciso en poco terreno y entre el "callejón" luminoso de los vehículos llevados por "El Mayel". Rápidamente los camiones fueron acercados a la nave. Bajaron silenciosos entre 25 a 30 hombres. Nada más abrieron la puerta de la nave y tres se subieron. Empezaron a lanzar los grandes paquetes. En tierra, eran "cachados" mano en mano hasta llegar a los camiones. Todo el movimiento duró unos 45 minutos. Tal vez una hora. "El Mayel" y su hermano "Gilillo" estuvieron dirigiendo la maniobra. Desde la Ram, Benjamín observó sin platicar. Me imagino la satisfacción al saber que bajaban el último bulto.

El primer camión cargado fue conducido con rapidez pero mucha seguridad. Llegó a la carretera y el chofer "agarró" para el norte. Igual pasó con el segundo y los demás. Descargado el *jet*, sucedió lo increíble. Retumbó e iluminó un flamazo la cabina del *jet*. Para fortuna de los mafiosos, no pasó de allí. Solamente alguna chamusquina a piloto, copiloto y otra persona. Un agente de la PGR y otro estatal sudcaliforniano escucharon la orden de "El Mayel" y obedecieron: rescatar a los heridos y llevarlos a un hospital. Dicho y hecho.

"Que la palomilla se regrese y a ver cómo arreglan el avión", fue otro mandamiento de Higuera. Nada más lo pronunció, se subió a la Ram. Quién sabe qué hablaría con Benjamín. Fueron los últimos en dejar el lugar y regresaron a Villas de la Paz. Pasaron allí dos que tres días. Unos asociados se quedaron a cuidarlos. Otros viajaron a Guaymas, más al norte. Según copia del acta judicial que tengo, los vehículos fueron escondidos en "Las Barras" y otros "por Belisario Domínguez y Saldívar".

En total, y desde Colombia, en aquella ocasión recibieron 10 toneladas de cocaína. Hubo más policías ayudando y menos mafiosos. Oficialmente nadie se dio cuenta. Es para no creerse pero sucedió. Pero me sorprende: todo fue declarado oficialmente por José Luis Esparza López. Y nunca hubo acción oficial contra los comandantes y agentes federales o estatales. Intocables por obra y gracia de la mafia.

Los nuevos tiempos del narco

Se cuentan y publican muchas historias del narcotráfico. Hay mexicanos ajenos a las mafias, pero saben mucho de ellas y no les hacen caso. Las etiquetan de mentiras, exageraciones o versiones fantásticas. Pero tampoco falta quien farolea de tanto saber como para agregar, corregir o descalificar las publicaciones serias.

Muchos conocen a vecinos o personajes relacionados con el narcotráfico. Presumen, suponen y hasta se imaginan la operación de cárteles. He sabido del soponcio sufrido por algunas personas cuando me visitan o llaman telefónicamente. No sabían que frente a su casa "o aquí cerquita" vive la familia de un narco. Comentan azorados: siempre los vieron como personas modestas. No tenían autos nuevos. La señora con uno sencillo para ir de compras y llevar a los niños a la escuela. Otro regular del señor. Iba y venía a su empleo.

Pero de pronto le agregaron piso a su casa. Compraron el lote de al lado. La remodelaron muy elegante. Hasta portón eléctrico en la cochera. En el frente, uno o dos jóvenes, casi pelones pero fortachones, normalmente vestidos de negro y con lentes oscuros. El clásico "guarura". El señor de la casa estrenó Crown Victoria. La señora una camioneta Durango del año. Y los niños fueron inscritos en colegio particular. Abandonaron la escuela de gobierno.

Me atrajo el mensaje electrónico enviado por un amigo de

Ciudad Juárez. Recordó que, cuando niño, oía entre la parentela más o menos: "si quieren empezar por frenar el narcotráfico, hay que 'fregar' primero a los comandantes de la policía. Esos güeyes siempre están enterados de todo". Mi remitente escribió enseguida. "En ese entonces me mostraba incrédulo."

Fue creciendo y ligó amistades en la preparatoria. Terminó sus estudios. Hace poco se reunió con ex compañeros. "Estábamos recordando tiempos de estudiantes" y salió a la plática el nombre de un camarada del salón. "Me lo encontraba muy seguido y tenía rato de no verlo." Alguien dijo que "se metió de agente a la policía del estado". Hasta dio detalles: cuando era efectivo, ejecutó a un narcotraficante en el fraccionamiento Los Lagos. Por eso huyó a Estados Unidos. Seguramente obedeció a mafiosos con o sin aprobación de sus jefes. Otro amigo dijo que el ex compañero esperó hasta cuando el olvido envolvió la ejecución. Pero también supo de su regreso a Ciudad Juárez. Entonces se dedicó a hacer reparaciones en residencias particulares. Nadie lo molestó a pesar de ser muy conocido.

La sorpresa entre los amigos reunidos fue otra referencia: "estaba haciendo el mismo trámite que yo: ¡una carta de no antecedentes penales!", precisamente "en las instalaciones de gobierno donde se encuentran las oficinas de la policía judicial". Terminada la diligencia, salieron del edificio, pasaron frente a varios agentes armados en posición de vigilancia. Entonces desapareció casi volando. Ahora el famoso amigo ni lo buscan pero tampoco se les aparece. Me contó otra experiencia. Cierta noche andaba por el fraccionamiento Los Nogales: de repente oyó un tiroteo estruendoso, le asustó. "Tronaba" un "cuerno de chivo". Lo impresionó. Igual a ese asesinato sucedieron tres más por el mismo rumbo: avenidas de la Raza y Adolfo de la Huerta.

En una de ésas pudieron ver cuando los matones subieron

a su camioneta blanca y por dónde huyeron. Recordó: cinco minutos después llegó la policía. Rápidamente examinaron al ejecutado. Una dama se acercó para decirle cómo, en qué y por dónde se fueron los asesinos. "Sí, señora... sí, señora", pero no se movilizó. De plano ignoró a la buena mujer. "Lo que más me extrañó y lo comenté después con mis amigos es que ninguna autoridad llegó por la calle donde se habían escapado los asesinos. A los 20 o 25 minutos fue cuando se apareció una patrulla. El primer policía que se bajó ni siquiera se tomó la molestia de levantar la radio y avisar por dónde se les vio escapar."

Naturalmente me reservo y reservaré el nombre de mi remitente y la fecha de su correo electrónico. Le agradezco su confianza, pero su caso es el de muchos, cientos, miles de jóvenes en este país. También de víctimas, asesinos y policía tapadera.

Recuerdo 1996 y 1997, cuando en Tijuana y por oleadas había ejecuciones. El cártel Arellano Félix tenía dos cómplices especiales en la Policía Judicial del Estado, encabezada por Baldomero Juvera. No tan lentos como en Ciudad Juárez, llegaban al sitio de las tragedias antes que o empatados con periodistas y Cruz Roja, enseguida, agentes del ministerio público y forenses. Ordenaban llevarse los cadáveres pronto. Luego, muy ceremoniosos, rodeados de micrófonos y grabadoras, declaraban que "indudablemente fulano de tal es el principal sospechoso", nombre precisamente de un enemigo del cártel Arellano Félix. Decirlo era su misión. Desorientar a los periodistas con sus "declaraciones". Y de paso "darles línea" a los policías. Bien servían a la mafia.

En 1997 exageraron achacándome ordenar una doble ejecución. Publicaron tal mentira, muy destacada, particularmente la prensa manejada por el ingeniero Jorge Hank Rhon. Engatusaron a Televisa. Pero Manuel Alonso, que entonces trabajaba allí, ordenó amplia aclaración que sigo agradeciendo. Lo notable de aquel episodio fue que nunca me investigaron, interrogaron ni citaron a declarar formalmente. Pero eso sí, todos los días informaron a la prensa que yo era el sospechoso. El chiste fue desprestigiar y desorientar. Pero al fin los mismos policías cayeron en contradicciones y disimulo. Estaban encabezados por el procurador general de Justicia, licenciado José Luis Anaya Bautista. Fracasó en su maniobra para zambutirme en el asunto. Finalmente, la famosa doble ejecución se hundió en la amnesia convenenciera. Era lo que deseaban los verdaderos autores para no ser acusados. Igual que en Ciudad Juárez.

Pero ahora empiezan a ser otros tiempos. En las procuradurías estatales deben seguir el camino marcado por el secretario de la Defensa Nacional y el procurador general de la República: encarcelar funcionarios y policías embarcados con la mafia. Si lo hacen, recobraría su validez la frase famosa: según el Artículo Primero, Fracción A, de la Ley de Hilados y Tejidos, el hilo se revienta siempre por lo más delgado.

Chihuahua: poca recompensa para mucho delito

Allá por los noventa fueron atornillados a postes anuncios laminados azul y blanco muy bien hechos. Tan atractivos como resistentes. Con leyendas en español-inglés. Quienes cruzaban la línea internacional los veían por fuerza. Franca advertencia del gobierno estadounidense para obligación de todos. Cualquier persona debía declarar si entraba a o salía de Estados Unidos con más de cinco mil dólares. Lo mismo cheques, acciones, pagarés y demás.

Mexicanos y estadounidenses se escamaron. Estaban acostumbrados a ir y venir hasta con millones. Por eso les explicaron. No se trataba de cobrar impuestos como la mayoría malició. Simplemente taponar el lavado al mugriento narcotráfico. Y fue aclarado: cualquier ciudadano podía cruzar la frontera con cinco mil o más dólares, pero debía decírselo a los oficiales cuando pasaran. Y estos señores entregaban, y siguen haciéndolo, la forma MCIR. En este papelito debe escribir de dónde salieron los billetes. Así, cumplido el requisito a satisfacción de la autoridad, cero dificultad.

Tiempo después subió la cifra: diez mil en lugar de cinco mil. Como siempre, el ingenio mexicano apareció. Empezaron a pasar cuatro mil 999 dólares. Luego, en un vehículo dos pasajeros con la cantidad tope. Es que el aviso decía "por persona". O también, cierto individuo andaba de uno a otro lado todo el día cargando billetiza. El problema es cuando no se reporta y son descubiertos. Simplemente les quitan el dinero y el pasaporte. Funcionarios de Estados Unidos me informaron: muchos abandonan sus vehículos antes de cruzar la frontera. Dejan dinerales en el asiento o la cajuela. Segurito les entró "mieditis".

En los bancos estadounidenses hicieron segunda a los anuncios fronterizos. El cuentahabiente debe llenar una forma testimoniando el origen del dinero, naturalmente, si deposita o retira más de diez mil dólares. Ahora también se estila eso en los desmexicanizados bancos.

Luego empotraron otro aviso en los postes-tope de las garitas. Todo ciudadano debe explicar a los oficiales si el vehículo donde viaja recién se lo prestaron. Esto, como advertencia a la sobada maniobra de "llévate por favor mi auto al otro lado. Déjalo en el estacionamiento fulano. Yo voy más tarde". Había inocentes amigos haciéndolo. Sin saber, les zambutían mariguana y cocaína en cajuela, defensa o piso de doble fondo. Por eso eran apresados y procesados. También hay perversos por montón a punto de cruzar la frontera y se bajan del vehículo para escapar. Los atraganta la angustia.

Hace dos o tres años montaron otros anuncios laminados. Fondo blanco, marco rojo, letras negras, ofreciendo recompensa de dos millones de dólares. Los darían sin discusión a quien informara dónde estaban varios narcotraficantes. Sus fotos estampadas: Ramón y Benjamín Arellano Félix y algunos colaboradores. La instalación de avisos provocó sorpresa y por eso notas periodísticas. Jamás en la frontera Tijuana-San Ysidro se ofreció tal cantidad.

Luego, un importante funcionario antidrogas de Estados Unidos (DEA) me dijo: "Aparte de los dos millones de dólares, ofrecemos residencia oficial en Estados Unidos con todo y familia". Si la cantidad es mucha y por eso deseada, más la migración con todo y prole. Así como para irse a vivir muy lejos. Son 20 millones de pesos. Suficientes para una casa modesta y no trabajar el resto de la vida.

Pero nunca se proclamó legalmente si alguien reportó. Estoy seguro: muchos sabían dónde andaban los Arellano. Cualquiera les veía en San Diego o Tijuana. Pero la verdad, todos tenían miedo de descubrirlos. Debieron imaginarse: "Algún día sabrán que yo los 'balconié' y me matarán". Cierta ocasión, un amigo dijo: "Imagínate. ¿Qué tal si alguien denuncia? No tiene seguridad. La misma policía puede avisarle a los narcotraficantes. Y entonces por eso se ganarán sus buenos billetes. Entonces al cristiano que de buena fe informó se lo 'van a tronar' pero facilito".

Asesinado Ramón y encarcelado Benjamín, los estadounidenses imprimieron un letrero rojo sobre su foto. "Muerto", uno. "Cárcel", otro. También tacharon a Jesús "Chuy" Labra, el padrino de los hermanos y prisionero en La Palma. A Everardo "Kitty" Páez, cerebro financiero del cártel, apañado por militares y extraditado. Ismael "El Mayel" Higuera, otro arresto del ejército mexicano. Agregaron a Francisco Javier Arellano, "El Tigrillo", Gilberto Higuera, "El Gilillo", Manuel Aguirre Galindo, "El Caballo", y Gustavo Rivera Martínez. Pero después de un año nadie los denuncia. Como reza la vieja conseja: "No es miedo, es precaución".

Un viernes por la tarde vi la página en Internet de *Reforma*. La reportera Marisela Ortega firmó una nota originada en Texas informando que "el Gobierno de Chihuahua ofrece una recompensa de 500 mil pesos o su equivalente en dólares a las personas responsables de proveer información que lleve al arresto y condena de los responsables de los crímenes de mujeres en Ciudad Juárez".

La verdad se me hace muy poco dinero para tan importante asunto. Demasiada pichicatería de la autoridad norteña. Gastaron más billetes en proteger al gobernador Patricio

Martínez después de tiroteado. Fue una millonada. Pagan los 500 mil pesos por un anuncio publicado en varios periódicos contra Vicente Fox. Han desembolsado más para fiscalías especiales en traer y llevar personas expertas que investigaron y nada descubrieron.

Pero fíjese. Estados Unidos ofrece dos millones de dólares por un narcotraficante. Y el gobierno de Chihuahua siete veces menos para saber quién asesinó a 300 y pico de mujeres. Hay gran desproporción entre quien contrabandea droga y se arriesga a morir como Ramón Arellano. Muy diferente de, seguramente, los asesinos de las damitas. Lo hicieron sin apuro. Siguen ventajosamente para no ser descubiertos. Quinientos mil pesos es nadería para ellos. Eso y más tienen para sobornar si se les acerca la sospecha. La condición del gobierno chihuahuense para soltar los 500 mil pesos como recompensa patina en la exageración, según la nota de Marisol Ortega: "a las personas responsables de proveer información que lleve al arresto y condena de los responsables". Esto ya es pedirla con moños. Lógicamente se detiene para investigar y no para sentenciar. Tal acción corresponde al ministerio público y a juzgadores, no a civiles.

Normalmente las recompensas son de película. Disfraz para conocer denunciantes. Casi nunca para capturar. Al contrario: protección. Y regularmente síndrome de inútiles. Ni con anuncios laminados en las garitas internacionales. No hay confianza en las policías.

Sin vestirse de mujer

Estaba lloviendo. Miércoles 18 de agosto de 1971. Seis de la tarde con 25 minutos. Dos hombres salieron al patio. Corrieron pegaditos al muro. Se pararon frente a la cancha de basquetbol número uno. Enseguida escucharon un ronroneo y vieron el punto negro volando entre nubarrones. Bajó hasta frente a sus ojos. Era un helicóptero pintado como si fuera del gobierno. Ni siquiera tocó el encementado deportivo. Los hombres corrieron agachados para treparse. El más fornido y moreno levantó fácil a su compañero. Por esquelético no fue problema lanzarlo adentro de la nave que traía las puertas abiertas. Luego trepó él.

Como en las películas, el zumbido del helicóptero aumentó. Levantó vuelo y, por lo lluvioso, ni siquiera terregal. George, el piloto estadounidense, no dijo nada. Maniobró preciso y pasó sobre las murallas limpiamente, como un atleta olímpico volando vallas. Fue la primera fuga con helicóptero en el penal Santa Marta Acatitla del Distrito Federal. Desde la torre de control, los custodios no pudieron ver la maniobra en el campo basquetbolero. Les tapaba el edificio de dormitorios. Quienes planearon el penal jamás se dieron cuenta de tal torpeza en la construcción. Y ese defecto fue lo primero que vieron los hombres que organizaron la fuga con helicóptero.

Joel Kaplan era el prisionero esquelético. Ya no soportaba el encierro. Estaba descolorido y ojeroso. Parecía cuerpo

57

salido del Servicio Médico Forense. A unos les daba lástima. Otros se estremecían al verlo. Era estadounidense. Su camarada: venezolano, piloto, atlético, bien parecido, alegre y, como todo buen latino, enamoradazo. Carlos Contreras era su nombre.

Patty, hermana de Kaplan, fue días antes al penal. Llevó tantos dólares como para sobornar a cada custodio. Días después le acompañó George, el hombre del helicóptero. Fue a reconocer personalmente el punto de aterrizaje. Entró en la prisión y vio cuanto quiso. Llevaba una credencial falsa del FBI. La penúltima visita fue de un hombre apellidado Coulos. No entró en la cancha ni a las celdas. Nada más cruzó la aduana. Apoderado de la familia Kaplan, representaba particularmente a un tío de Joel que trabajaba como tesorero de la CIA, agencia de espionaje estadounidense. La "supervisión" final estuvo a cargo de un tal Víctor. Indudablemente detective de esa oficina.

Casi todas las fugas en los penales han tenido la complicidad de funcionarios o custodios. He sabido de muchas. La más folclórica y socorrida: el prisionero vestido de mujer saliendo ante la mirada de los vigilantes. Por mi quehacer fui enterado de tal forma en varias ciudades. Leí crónicas de igual forma en otros países. Como en las películas, hubo quienes dejaron la cárcel encaramándose en la tapia cual "Hombre Araña" auxiliado de cuerdas. El clásico brinco afortunado a la libertad. Y algunos fueron cazados. Con el rayo de luz encima y tiroteado todo el cuerpo.

El afamado narcotraficante Alberto Sicilia Falcón abrió un túnel también en Santa Marta y se fue. Para su desgracia, lo apañaron a los pocos días. El año pasado, una decena de sentenciados abandonaron la prisión en Mexicali. Como culebras se arrastraron por un estrecho subterráneo para alcanzar la calle. No les ganó la desesperación ni la mala suerte. El túnel estaba a pocos centímetros bajo tierra de una calle transitada. Venturosamente no hubo derrumbes.

En cambio, las huidas a punta de arma no han sido del todo exitosas. Siempre termina alguien herido o varios muertos. Es forma indebida. Contrariamente, resultan muy arriesgadas las solitarias y sin casi nadie saberlo. Es histórica la de Papillon, ladronzuelo francés molacho y tullido. Dejó la Isla del Diablo como nadie. Tan sorprendente que dramatizaron una exitosa película. Además, el pillo se embolsó muchos dólares escribiendo un libro. Fue traducido no a todos, pero sí a los principales idiomas.

Pero fíjense, desde que se inventaron los arraigos es muy curioso. Los adinerados escaparon en Monterrey y mafiosos como Osiel Cárdenas en el Distrito Federal. Fácil. En cambio a los desamparados y acusados falsamente por la fuga de Puente Grande no los dejaban ni ver a sus familiares. Joaquín "El Chapo" Guzmán planeó fugarse en Almoloya desde que lo internaron en 1993. Debió ser lo primero que pensó. El plan empezó a caminar cuando pidió como visita regular a su primo Juan Guzmán. Cumplieron todos los requisitos y por lo menos iba a verlo una vez por semana. "El Chapo" quería salir "limpiecito". Sin disparos ni violencia. Por eso empezó a tratar con un custodio. Al mismo, su pariente lo veía afuera del penal. Entre los dos le convencieron. Se llevaron un mes, pero al fin les aceptó medio millón de dólares.

La tirada era clara. El primo iría de visita. Cambiaría de ropa con "El Chapo". Lo suplantaría. Se quedaría en el calabozo y Joaquín caminaría a la salida. Sería acompañado por el custodio. Lo sacaría salvando todas las revisiones para evitar problemas. Se fijó fecha y hora. Llegado el momento, los Guzmán estaban puestos. Pero el señor custodio no fue a trabajar. Presentó su renuncia y desapareció. Todavía no se sabe a dónde paró. Como el mayate, se fue con todo y hebra.

Joaquín no perdió el tiempo en mover a su gente para buscarlo. No quiso venganzas. Me imagino su tanteada: de nada serviría matar al custodio o denunciarlo. Con la ejecución, se ligarían y conocerían sus intenciones. Entonces sería más vigilado en la prisión. Mejor se puso a trabajar para salir de Almoloya. Su abogado, Gabriel Villa, litigó limpiamente. Sin sobornos. Logró trasladar a Guzmán Loera a Puente Grande. Alegó que la acusación a "El Chapo" fue por el asesinato del cardenal Juan Jesús Posadas y Ocampo, hecho registrado en Jalisco y no en el Estado de México.

Ya en la prisión tapatía fue defendido por los abogados Juan Pablo Badilla Soto, Gabriel Villa y Asociados, de Monterrey; César Garza y Asociados, de Culiacán. Los Pérez y Asociados ocupaban una residencia en Tecamachalco, rentada por Arturo Guzmán Loera, "El Pollo". Con todo y con ese equipo, "El Chapo" avanzó legalmente hasta tener cercana la libertad. Pero cuando vio que le torcieron la justicia, se fugó. Solamente le ayudó José Luis Camberos, "El Chito". Lo sacó en un carrito de lavandería. Los demás acusados son inocentes. Pobres desdichados, los agarraron como tapadera de la torpeza oficial en Puente Grande. Joaquín se salió "limpiecito", como quería en Almoloya.

Cuentan que cuando se supo de la fuga en Badiraguato, Sinaloa, no faltó el comentario: "¡Qué bueno! ¡No se vistió de mujer!"

Lo que pudo haber sido y no fue

No encuentran por lo menos una prueba. Ya repasaron los videos del sistema de seguridad y nada. Ninguna imagen matrera o de ladinos movilizándose. Todas aparecen sin novedad y como muchas anteriores. También fiscalizaron centímetro a centímetro el alambrado eléctrico de la prisión entera: conexiones, enchufes, circuitos, transformadores. Cero desorden, ni accidental ni premeditado. A don Efraín Tibón le encomendaron un trabajo pericial completo. Lo hizo correctamente. Examinó desde lo elemental hasta lo complicado. Su reporte fue claro, al menos hasta la semana pasada: ausencia de evidencia sobre el intento de fuga en el penal de Puente Grande, cerca de Guadalajara. Entonces no se puede comprobar con hechos: Jesús Héctor "El Güero" Palma ni siquiera ensayó escaparse. Pero las autoridades carcelarias están amachadas. Seguirán las investigaciones, en gran parte a cargo de don Juan Francisco Álvarez Cisneros, delegado de la Procuraduría General de la República en Jalisco.

Recuerdo al señor licenciado don Alejandro Gertz Manero. Me sorprendió. Era 17 de diciembre de 2002. De pronto, Joaquín López Dóriga nos anunció en su telenocturno: "tenemos en la línea telefónica al señor secretario de Seguridad Pública". Mostró la imagen del caballero y le escuchamos: muy a tiempo descubrieron las intenciones de "El Güero" Palma. Impidieron su fuga. Quiso y no pudo escaparse. Así lo relató el funcionario. Refirió movimientos sospechosos de custodios y visitas prolongadas al encarcelado. Y lo más importante: reveló "raras" fallas eléctricas al abrir y cerrar las puertas, provocadoras de harta inseguridad. Todo esto se lo enjaretó a una hipótesis: anunciaron a Palma su extradición y desesperado buscó la fuga. Naturalmente, el caballeroso licenciado Gertz Manero no estaba en el lugar de los hechos. Recibió informes. Me inclino a considerarlos infundados, y de buena fe aceptados por el señor secretario.

Naturalmente, la noticia provocó alboroto. Se dio a entender que "por poquito 'El Güero' la hacía" igual que Joaquín "El Chapo" Guzmán. La noticia rebotó en primera plana de los diarios. Casi exactamente dibujada como si fuera laurel olímpico. Pero los datos oficiales no convencieron. Rápidamente aparecieron recelos, bajó el volumen noticioso y empezó a desmirriarse la teoría sobre la extradición. Es que para llegar a tal punto debe recorrerse engorroso camino encasquetado de papelería y burocracia. Por eso hasta la fecha ni siquiera han movido el caso en sus puntos clave legales. Tampoco hay evidencia de seducción a custodios, o por lo menos cierta excavación de túnel, o rastros de escalar tapias. Ni bis en forma y fondo sobre cómo huyó "El Chapo". Personal del penal fue interrogado por los investigadores, así como reos conocidos o cercanos de "El Güero" y nada. Ni pizca.

El caso se va olvidando poco a poco. No valieron esfuerzos oficiales para convencer a los periodistas desconfiados. Por eso se achaparró la versión "intento de fuga". A cambio, "El Güero" Palma salió ganando. Le colocaron en el terreno legal donde sus abogados están acostumbrados al éxito. Para empezar, reclamaron oficialmente: las autoridades de Puente Grande desobedecieron un amparo a su favor. No debieron aislarlo. Al contrario, debieron respetar su estancia con la mayoría de los reos. Pero pretextaron que es un hombre peligroso y desoyeron al juez. Aparte, revelaron cómo fue martirizado cuando lo arrumbaron solitario: no podía dormir, los guardias pegaban con las macanas cerca de sus oídos, se estremecía a cada rato y terminaba asustado. No le dejaban en paz. Por eso los abogados solicitaron un amparo y lo ganaron, pero no fue respetado. Ahora Palma promovió un incidente de inejecución, foliado 01/2003. Por igual motivo hay otra queja oficial, contra el Consejo Técnico Interdisciplinario del penal. Probaron con hechos el aislamiento, a pesar de la orden federal en contrario.

Además, los abogados de "El Güero" se apersonaron en el Juzgado Primero de Distrito en Materia Penal y solicitaron otro amparo: contra actos que por la investigación de fuga pudieran afectar a Palma. Se inició entonces el expediente 06/2003. De "pilón", denunciaron en el ministerio público federal al entonces director del penal. Por sus pistolas y contra las reglas los mantuvo en el interior de la prisión, precisamente luego de alertarse el supuesto intento de fuga.

Los abogados han ganado numerosos juicios desde que encarcelaron a Palma. Llegaron al punto de no tener nada pendiente y casi liberarlo. Pero entonces le achacaron otros delitos y debió permanecer encarcelado. Sabedores de que la mejor defensa es el ataque, los licenciados contratados por Palma se colocaron en esa posición. Legalmente, "El Güero" Palma y sus abogados deberán esperar tres meses. Entonces conocerán los fallos sobre sus amparos en los tribunales. Obligadamente una u otra parte apelará a la revisión. Así se prolongará la estancia de Jesús Héctor en Puente Grande.

Algunos compañeros periodistas encadenaron el intento de fuga con el medio para un fin: reducir horario de visitas a prisioneros en Almoloya. Cierto o no, el resultado es favorable a los encarcelados: retiraron a los directores de Puente

Grande y La Palma. A uno por el supuesto intento de fuga; a otro por reducir los horarios. Finalmente, el tiempo para ver a los encarcelados no fue como se pretendió. Salieron ganando los prisioneros. Perdieron los funcionarios.

Ahora el cacareado intento de fuga de Palma ya causó un revoltijo en los tribunales. Papeleo y más papeleo, nuevos expedientes y el valioso tiempo de los señores juzgadores. Nada gratuito, todo con cargo al presupuesto del Poder Judicial de la Federación. Pero lo más peligroso: si trampean a Palma, la venganza se dará desde el interior o fuera del penal. Las víctimas serían desde empleados de la cárcel, funcionarios, juzgadores, hasta agentes del ministerio público o secretarios. Ya sucedió en Mazatlán y por eso nunca se aclaró: dos juzgadores fueron ejecutados. Fue un secreto a voces que hubo evidente incumplimiento, forzoso o no, para zafar de un delito a Francisco Arellano Félix. Por eso el intento de fuga ya no es una noticia alborotadora. De nada servirá "ahogarla". Ahora en los tribunales es un serio problema, con dos ingredientes: rencor y venganza.

González Calderoni: las ruinas que él mismo hizo

Por la tarde, fue despuesito de las cuatro, cuando lo ejecutaron. Alguien le citó en un centro comercial; iba manejando elegante Ford Crown Victoria sin placas; estaba empistolado; llevaba dos celulares entre las piernas y otro sobre el asiento cercano; un par de botes de Slim Fast en el soporte especial pegado al tablero. Cuando llegó hasta su conocido, no apagó el motor. Puso la palanca de velocidades en "neutral", pero de todos modos apretó el pedal del freno. Traía un veliz encajuelado porque más tarde viajaría al Distrito Federal; esa orden recibió de la superioridad.

Empezó a platicar con su conocido. No se dio cuenta de que nada más lo estaba distrayendo. Cayó en la trampa. Dos matarifes fueron acercándose por atrás, lado izquierdo del vehículo, sin colocarse donde los reflejara el espejo retrovisor, en eso que llaman "punto muerto visual". Le dispararon 15 veces. Uno alcanzó ocho. Traían pistola calibre .45. Y así fue como ejecutaron en Mexicali al licenciado Rubén Castillo Conde, comandante de la Agencia Federal de Investigación (AFI). Falleció sin agonía; por eso no cerró los párpados.

Sus familiares acusaron de forma desusada a través de una esquela: "Participamos la muerte del licenciado Rubén Castillo Conde, perpetrada por compañeros corruptos. Rogamos su eterno descanso y que su muerte no quede impune". Fue publicada el 24 de enero en diarios defeños.

La hipótesis: debió estar relacionado con un reciente decomiso de cocaína: 300 kilos y pico. Y de allí las dos posibilidades más cercanas a la realidad: una, venganza mafiosa por incautación. Sin querer queriendo desbarató el negocio de sus compañeros; y dos: se arregló antes para dejar pasar la droga y la detuvo. Naturalmente con eso no se juega. Tratos son tratos.

Guillermo González Calderoni debió conocerlo, pero no andaba en esos pasos. Podía hacerlo, pero no debía. Indudablemente sabía cuán delicado es tal manejo en Estados Unidos. Pero más: su situación jurídica de arraigo no se lo permitía, inconveniente por la naturaleza de los juicios donde era protagonista y también por ese origen pestilente en las desprestigiadas policía y procuraduría mexicanas.

Me imagino cómo le vigilaban en Texas: cualquier comunicación verificada en silencio; nota tomada sobre toda reunión. No fue la policía estadounidense su sombra ni le anduvo pisando los tacones de cada zapato, pero sabía sus pisadas. Y por el quehacer que tuvo en México, González Calderoni hasta debió oler desde muy lejos a sus cuidanderos o vigilantes. De haber tenido conexión con las mafias o mafiosos mexicanos, la interrumpió. Tampoco estos grupos o señores debieron buscarlo; sería tanto como ir a estampar huellas en el precinto policiaco. Su trato familiar a la distancia fue visto de cerca, y desde lejecitos las reuniones íntimas.

González Calderoni sabía por las que pasaría en Estados Unidos sin ir y venir a México. No podía andar armado o con "guaruras" como en el pasado; nada de "charolazo", ni siquiera pasarse el "alto" del semáforo por sus pistolas o distracción. Localizable en todo momento para la autoridad. Nada de que "no contesto el teléfono" o "me voy a ir donde nadie me moleste". Tampoco salir de la ciudad cuando se le antojara.

Estoy seguro de una cosa: ni en serio y menos de broma pensó o comentó "mejor me suicido". Si lo hizo Mario Ruiz Massieu cuando también estaba arraigado, "yo de tarugo". Es que González Calderoni tenía menos miedo y más experiencia tiempo en Estados Unidos. Me lo imagino. Esperaba ganar el juicio de extradición, avecindarse en Estados Unidos y, si no le querían allí, pues tomaba rumbo para otro país y punto. Eso sí, cerquita de México. No estaría en sus tanteos recular al Distrito Federal o a Tamaulipas. Ya no encajaba en el hueco que abandonó, desencanchado en los movimientos de la mafia, y ni por chiripa reclamaría o atacaría a su acusador, el doctor Jorge Carpizo. No dudo que lo odiaba, pero no era tan tarado como para comprometerse causándole daño.

Por lo pronto, se la pasaba en McAllen, Texas, sin neurosis. Los años vividos le daban confianza. Lejos de la pólvora mafiosa, secuestros o balas perdidas. Seguramente pensó: "Nadie se atreverá a hacerme algo mientras viva en Estados Unidos". En eso sí se equivocó. Debió recordar que cuando es necesario, nada ni nadie impide una ejecución.

Alberto González Ortega era un joven de buena familia en Tijuana. Por desventura, se enredó con los gruesos hilos de la mafia. Entró en 1996 al catálogo de los narcojuniors tijuanenses. Para investigarlo, fue detenido en diciembre de 1997 por la Procuraduría General de la República. Al poco tiempo sus parientes pudieron liberarlo. Decidieron enviarlo lejos. Le treparon al avión nada más cruzando la frontera México-Estados Unidos por Tijuana-San Ysidro. El aparato aterrizó en Providence, Rhode Island; cuando se bajó, un fulano se acercó, sacó y puso su pistola cercana a la cabeza de Alberto, disparó, mató y huyó. Todavía no se sabe quién fue.

Fernando Gutiérrez Barrón andaba en la misma frecuencia. Hijo de un respetado empresario tijuanense, amigueaba con el hermano del entonces gobernador Ernesto Ruffo Appel.

Un día iba en su auto rumbo a la lujosa zona de Coronado en territorio estadounidense, la cuna del *jet-set* del sur californiano, allí donde a inicios del siglo pasado se amaron sin desenfreno el príncipe Eduardo y Wallis. Total, Fernando Gutiérrez no llegó a tal sitio: fue tiroteado y muerto. Indudable ejecución. Y como en el caso de Alberto, jamás la policía descubrió al criminal. Estos dos hechos me pusieron en su momento frente a la vitrina de la impunidad sin fronteras.

González Calderoni debió hablar y mal del pasado, pésimo sobre alguien o algunos de tal tiempo, oficialmente o en secreto. Ése fue su pecado. Más todavía si amenazó. Por eso me imagino que lo ejecutaron. Durante el día, a la hora de mucho tráfico, cuando hay bastantes personas caminando, tras salir de un bufete y trepar a su auto. Dicen que un negro. Buena coartada para disfrazar la orden desde México. No encaja eso de que "el que a hierro mata, a hierro muere". Simplemente la veo como una venganza y nada más. Cuando la boca está cerrada, la pistola no es disparada. El ex jefe policiaco olvidó que no pueden removerse las ruinas que él mismo hizo. Sólo cenizas halló, y mortales.

1998-2000: 12 mil ejecutados por el narcotráfico en México

Vi muchas recién cometidas y supe de más ejecuciones. En casi todas, los matarifes utilizaron AK-47, la famosa ametralladora "cuerno de chivo", no tanto Uzi. Hubo personas que recibieron desde 20 hasta 80 disparos, casi siempre cuando iban manejando. Con otro vehículo les taparon el paso, aprovecharon un "alto" o de carro a carro les tirotearon. Otros fueron sacrificados balazo a la cara, sien o nuca, pistolas 38 milímetros mayormente y no tantas 45.

Sé de asesinos que no apretaron el gatillo, pero sí el cogote y con alambre. Otros no gastaron ni en eso; nada más con un bate deshicieron la cabeza de sus víctimas. Hay quienes acostumbran actuar como en las películas: meten los cuerpos tiroteados en un tambo y lo rellenan de cemento. O luego de balaceados y asfixiados, son enterrados en el patio de alguna casona, aprovechando preferentemente alguna en construcción. He visto las fotos de bomberos destruyendo la loza de una residencia para rescatar cuerpos podridos, o de albañiles que al escarbar para construir muros se toparon con un cuerpo.

Desalmados hasta el asco fueron los asesinos en el rancho ensenadense "El Rodeo". A medianoche sacaron de sus camas a toda la familia, eran 22. Los formaron en el patio y les dispararon con ametralladora. La sangre escurría hasta la calle. Ésa y la matanza en "El Limoncito" sinaloense fueron terribles.

Recuerdo a mafiosos de José Contreras Subías. Le pegaron un tiro a cierto agente federal que los traicionó. Su carro fue lanzado desde un enorme cantil a un lugar que siempre se veía pero nunca se pisaba. Dos más fueron torturados, les pasaron sobre el pecho su propio automóvil y luego los desbarrancaron en lo dificultosamente hondo.

Desde hace años, sé de personas desaparecidas. En un sucio rancho cercano a Tijuana deshacían cadáveres en gran tinaja repleta de ácidos. A muchos los secuestraron, fueron llevados a "casas de seguridad", los interrogaron y torturaron. Si dijeron o no la verdad, de todas formas los mataron. Luego fueron tirados lejos del martirio. A veces les cubrieron la cabeza con una bolsa de plástico. O los "enteiparon", toda la cara a unos; ojos, boca y pies a otros.

Encobijar cadáveres es muy de mafiosos. A la mayoría los tiran como desperdicio a orillas de la ciudad o en basureros. Muchos quedaron abandonados en autos lujosos robados o en los vehículos de los sacrificados. Los dejaron como si estuvieran durmiendo frente al volante o zambutidos en la cajuela. Otras ocasiones incendiaron los autos y quemaron los cuerpos, por eso se dificultó identificarlos.

Nunca en la historia de este país mataron tanto por motivo del narcotráfico. La semana pasada me asombró. Estaba muy acostumbrado a saber de ejecuciones, pero con ayuda de mis compañeros contamos y descubrimos: nada más entre 1997 y el fin de julio reciente, 2 094 personas fueron ejecutadas en Baja California. Y como no hay un recuento oficial, calculé por lo menos en cuatro mil los asesinatos desde 1989. Sin incluir crímenes pasionales, por imprudencia, accidente o planeados. Sólo narcotráfico.

Ese promedio de ejecuciones es muy parecido al de Sinaloa, por eso sumé hasta ocho mil. En Ciudad Juárez el número no es tan elevado, tampoco en Nuevo Laredo, Monterrey,

Guadalajara y Distrito Federal, pero sumando no es exagerado anotar: de 10 a 12 mil personas ejecutadas desde 1989. En esa nómina fatal hay policías municipales, estatales y federales. A unos se los llevó la desgracia por traicionar a la mafia; estaban sirviéndoles y recibiendo muchos dólares, pero los mataron por bocasueltas. Otros terminaron en el panteón al cumplir realmente con su misión, lo que ya es mucho; investigaron transas y pasos de los carteleros y lograron saber cómo, cuándo y dónde operaban. Lo más dramático es que muchas veces fueron acribillados por sus propios compañeros.

El narcotráfico en México crece sin límite. Las mafias no distinguen logotipos políticos. Siendo menos, los más en el gobierno ni siquiera tienen una estrategia para frenarlos. Así como pasa el tiempo, disminuyen sus efectos y crece el poder de los capos. La Procuraduría General de la República se degeneró en su funcionamiento. La burocracia abortó la Unidad Especializada de la Delincuencia Organizada (UEDO), la Fiscalía Especial para la Atención a Delitos contra la Salud (FEADS), luego la Policía Federal Preventiva (PFP) y la Agencia Federal de Investigaciones (AFI). Sumándolos, son miles de agentes. Pero todas las corporaciones están sobornadas por el narcotráfico. Aparte, hay muchos mandos, poca coordinación y pobres resultados.

Releo en el libro de Darío Vasconcelos: en 1967, hubo una reunión en el restaurante Maxim's del Distrito Federal. Sus amigos invitaron al licenciado Carlos Alberto Madrazo. Fue para recordar que dos años antes salió de la dirección del PRI nacional. El inolvidable político fue significativo en su discurso de agradecimiento. Ilustró la desorganización del gobierno con un pasaje:

En la batalla de Torreón, el dominio del cerro de la Pila es importante. La acción indecisa. Los nidos de ametralladoras de José Refugio Velasco barren la ladera con huracán de muerte. Francisco Villa da una orden tajante: "General del Toro, coja usted cinco mil hombres y tome el cerro de la Pila". Pancho del Toro, ranchero de siempre, se cuadra y dice a Villa con sencillez conmovedora: "Con perdón de usted, mi general. Deme nomás 500 hombres, porque con más 'me hago bolas'. Y con 500 hombres Pancho del Toro toma el cerro de la Pila.

En la PGR, UEDO, FEADS, PFP y AFI no hay generales ni jefes como Del Toro. Tampoco en las procuradurías estatales. Contrario al legendario militar, obedecen sabiendo que van a equivocarse. Se tropiezan, burocratizan, empapelan, pero, eso sí, tienen deslumbrantes despachos y secretarias al mayoreo. Sus agentes reciben o reclaman soborno de las mafias. Este año han sido ejecutados varios jefes en el Distrito Federal y ni con cinco mil policías de todas las corporaciones son capaces de capturar a los matones. Saben sus nombres y ubicación, pero les pagan para no decirlo ni señalarlo, o por miedo se retiran de la investigación. De cualquier forma, no funcionan ni siquiera por solidaridad.

Recuerdo al general Pancho del Toro con un hecho: más de mil policías federales preventivos llegaron a Baja California el año pasado: "Vamos a capturar a los Arellano". Fracasaron y se fueron. Meses después, a tres mil kilómetros de distancia, veintitantos hombres del Grupo Aeromóvil de Fuerzas Especiales (GAFE) del ejército mexicano descubrieron y detuvieron a Benjamín Arellano en Puebla. Ni lo cacarearon ni "se hicieron bolas".

"El Chaky"

"¿Cuándo crees que matarán a "El Chaky" Hernández?" La pregunta me tambaleó. Estaba tomando una Perrier y la derramé. "Acuérdate, fue policía y en La Palma hay muchos que fregó." Mi amigo siguió: "a unos los detuvo cuando era agente federal". Y me recordó las referencias de este pistolero estelar del cártel de Juárez. Era el agente federal consentido del difuntito González Calderoni, le venía la apoyatura desde la meritita Procuraduría General de la República esquina con Los Pinos y el transmisor fue el licenciado Javier Coello Trejo. Se reunían muy seguido: octavo piso en cierto hotel, Paseo de la Reforma.

"El Chaky" y su jefe Carrillo Fuentes no se parecen en nada a James Bond, pero sí tenían licencia para matar. En sus tiempos con Calderoni, eran como monedas: dos caras. Una actuando como ley y otra de forajidos. A veces como que estaban actuando en películas, asaltaban sin ton ni son, torturaban en casas abandonadas, zambutían a inocentes en hediondos calabozos. Entonces no temían ni respetaban al narcotráfico. Cuentan cómo Miguel Ángel Félix Gallardo fue traicionado por González Calderoni y "El Chaky". Les dio su lugar, tuvieron trato de barones, no de varones, y no le correspondieron.

En La Palma está Félix Gallardo. No le saludará si lo ve. Pero tampoco se me hace como que quiera ir sobre el desquite, no le conviene. Rencor le sobra, pero seguramente "El Chaky" no querrá verlo ni encontrarse de casualidad con él. Allí está encarcelado también Osiel Cárdenas Guillén, su tan enemigo hasta querer matarlo. Este hombre sí está muy resentido, fresca la intención de venganza. Aparte de Miguel Ángel y Osiel, hay asociados de otros cárteles, pero muy resentidos con "El Chaky", amigos de ejecutados o que fueron encarcelados a la mala.

"El Chaky" estará peor en La Palma comparado con Mario Aburto y sus primeros meses de prisión. El asesino de Colosio no peligraba, pero los custodios sí tenían temor del suicidio: le vigilaban día y noche. A Benjamín Arellano Félix no lo dejaron tranquilo luego de ser encarcelado: harto rondín, escuchas y cámaras indiscretas de circuito cerrado. Por eso se quejó públicamente su esposa Ruth. No era tanto el temor de una escapatoria, no había las condiciones que tuvo "El Chapo" en Puente Grande. Se me hizo más el afán de jeringarlo, como para que repelara, atormentarlo, hartarlo. Pero en comparación con el "El Chaky", Benjamín no tiene problema, nadie quiere matarle.

Arturo está metido en las chanclas que nadie quisiera, casi como entre fuego cruzado. Ni el perverso Caletri o el malvado "Mocha-orejas". Si alguien quiere despacharse a uno o al par de secuestradores, anda fuera de La Palma. Y a los mafiosos les importa muy poco la existencia y destino de tales hombres. Están en otra sintonía, ni en el mundo los hacen; si acaso, son etiquetados de cobardes, comodines y poca cosa.

A propósito del maloso "Chaky", recuerdo lo sucedido no hace mucho. Antonio Guiffré fue detenido en Italia, abril 2002. Mafioso desde hace 40 años, calificado por *El País*, de España, como "hombre de honor de viejo cuño", sorprendió a la policía. Nada más lo encarcelaron y "cantó" mejor que Luciano Pavarotti. Para empezar, no renegó de ex camaradas;

tampoco rechazó sus orígenes: perdió fachada de rudo, pocas-pulgas y maloso. Simplemente volvió a ser el campesino anal-fabeta y nada sonriente, y lo más sorprendente: contó a los policías italianos y estadounidenses bastantes secretos.

Uno peliculesco. Los capos de Nueva York envían a sus "soldados" para recibir la enseñanza que nadie les puede dar en Estados Unidos. Fue durante muchos años un ir y venir tan constante de malosos como incontable. Luego acabó con el mito creado por el famoso escritor Mario Puzo: Corleone no es la cuna mafiosa tal y como se dramatizó en *El Padrino*. La Cosa Nostra está asentada en Castellmmare; allí se adoctrina certeramente sobre los valores de la *honorata societá*. El viejo mafioso encarcelado confesó todo eso. Explicó largamente cómo se mantiene intacto cada principio del crimen organiza-do, sus viejos ritos con dos puntos clave que valoran: respeto y discreción.

En Castellmmare nació Joe Bonano. Padrino superior de la mafia neoyoquina. Este hombre ideó el envío de sus discí-pulos italoamericanos. Y fue tan inteligente como para reti-rarse del crimen organizado sin ser perseguido por otros ma-fiosos ni tener cuentas pendientes con la policía. Murió en Tucson, Arizona, en 2001 a los 92 años.

El albañil metido a la Cosa Nostra confesó aparte: italia-nos decidieron la división de territorios mafiosos en Estados Unidos. Esto desembocó en lo desconocido. Capos en Nueva York cooperaron para ejecutar en Sicilia a los jueces Giovanni Falcone y Paolo Bersolini en 1992. Estos señores encarcelaron a cientos de malandrines descubiertos por otro "arrepentido".

Giuffré fue más allá. Confirmó cómo el siete veces primer ministro de Italia y ahora senador vitalicio Guilio Andreotti era el achichincle de la mafia. De 84 años y líder democristia-no una larga temporada, anteriormente ligado al crimen del popularmente querido Aldo Moro, pidió ese favor a la mafia.

Cierto periodista descubrió sus alcahueterías y otra vez le suplicó a los capos eliminarlo. Giuffré lo confirmó. Explicó todos los favores mutuos entre el senador y la mafia. Un capo, Michel Greco, se mostró satisfecho porque le llegaron respuestas positivas del senador y, por si fuera poco, detalló un recuento de las relaciones con la policía italiana. Giuffré "destapó" al senador Marcelo dell'Utti; tuvo harto trato con la Cosa Nostra, pero lo más explosivo: refirió con detalle encuentros entre el capo Stefano Bondate y el actual primer ministro de Italia, Silvio Berlusconi, potentado de prensa y televisión.

No en todos los casos, pero la cárcel doblega. El miedo a ser asesinado vuelve temeroso al más temible. "El Chaky" podrá no tener miedo, pero no se quita de encima la amenaza. Tiene el recurso de verse en el espejo de Giuffré. Decir lo no conocido le ayudará. Sabe nombres de políticos protectores, gobernantes que apoyaron a la mafia, personajes, motivos de crímenes, tal vez hasta de las muertas de Juárez. Si habla, saldrá más pronto de prisión, le alejarán de las venganzas; pero si Arturo se queda callado, tiene dos peligros: pasarse el resto de su vida amenazado y encarcelado, o que cualquier día, sin poder meter las manos, maten a sus familiares.

Operación Tigre Blanco

No sé ni nadie me ha dicho quién la tomó, pero la fotografía es muy famosa, publicada y repetida en la primera página de casi todos los periódicos y revistas, no se diga exhibida en telediarios. Supe que fue lueguito de casarse Benjamín Arellano Félix. Se ve un festejo modesto, nada de finura. Madre, hermanos y cuñados se ven sonrientes, algunos copa en mano, listos para brindar; el novio alegre, con riguroso adorno floral sobre el reborde del traje. Jamás me enteré qué cámara utilizaron ni dónde. Debió de ser en casa de la señora madre doña María o del recién casado, entre familia, lo íntimo.

Pero dejó de ser un recuerdo de su vida privada para convertirse en una muestra pública. Fue encontrada quién sabe dónde por policías federales. La Procuraduría General de la República ordenó copias y oficialmente entregó tales estampas a varios periódicos. Luego se reprodujo tanto hasta etiquetarla de clásica en el narcotráfico mexicano. La fotografía fue impresa en diarios y revistas de muchos países, sirvió periodísticamente para reproducir rostros o cuerpos enteros individualmente. Seguramente habrá más publicaciones de tan famosa gráfica.

Esta referencia es un ejemplo de cuando cierta autoridad retira la privacidad de un acto familiar para volverlo público. No se me hace un delito, al contrario, lo establece. En aquellos momentos el propósito fue identificar a prófugos y cómplices. Diarios y revistas jamás obtuvieron la fotografía por otra vía que no fuera el gobierno y, dadas las condiciones de los protagonistas, era lógico publicarla. No se estaba trastocando la vida privada.

Alguna ocasión me entregaron fotos de las niñas Arellano, hijas de Benjamín. Seguramente las encontraron en Monterrey. Tal vez cierto álbum abandonado en la casa que ocupó y abandonó la familia del ahora prisionero, o tal vez en algún fichero escolar. Total, el gobierno las distribuyó. En el paquete estaban dos que tres más con la mamá. Preferí archivarlas, nada de publicarlas. No por miedo, lo consideré injusto. Las pequeñas no tenían ni tienen culpa y, estoy seguro: tampoco saben sobre las ocupaciones de su padre. Hubo algunas revistas defeñas que sí las imprimieron a toda plana. El de las pequeñas no era el caso de quienes acompañaron al recién casado. Todos sabían dónde y cómo sacaba tanto poder y dinero.

La señora esposa de Benjamín apareció en otras fotos logradas por la autoridad en Puebla. Caminaba por las calles de Puebla, le seguían los pasos para conocer su domicilio. Acompañada de sus hijas, fue una gráfica presentada como prueba de la persecución. Captada a lo lejos y con telefoto no se aprecian bien. La publiqué de tal forma que no se vieran bien los rostros de la dama y su hija. Cuando capturaron al capo, algunos periodistas recibimos estampas de la esposa: de pie, frente y perfil, se le veía perfectamente su rostro. No autoricé la impresión. Naturalmente sabía en qué negocios andaba su esposo, pero oficialmente no cargaba ningún delito. Por eso la dejaron libre.

En otra ocasión tomé y publiqué escenas de la televisión estadounidense, con Carlos Montejo Favela como figura principal. Ex alcalde panista de Tijuana, estuvo en una fiesta familiar de mafiosos, hasta se retrató con ellos. Catorce años pasaron hasta que apareció en pantalla, pero aquel hecho dejó de ser privado, el reportaje lo convirtió en público. El alcalde alegó no conocerlo, pero desde aquel 1989 el retrato de Benjamín era muy publicado. Bastantes personas le vieron en Tijuana, era imposible que no lo identificara el señor alcalde, o que sus ayudantes no le previnieran a dónde iba. La escena por sí sola era y es punto de referencia periodístico.

Las "filtraciones" son famosas. Es una práctica de presidentes, hombres y mujeres del gabinete, gobernadores, jueces, agentes del ministerio público, alcaldes, diputados, senadores, regidores y todo lo que signifique relación con la burocracia. Normalmente entregan en lo oscurito documentos de uso gubernamental. Pero la acción de entregarlos a periodistas simplemente los confirma públicos porque no son privados. Además, el contenido no debe ser secreto, todos tenemos derecho a estar informados de qué y cómo hace nuestra autoridad. La culpa no es del periodista; encuentra en el documento la noticia. Allí están los casos "Pemexgate" y "Los Amigos de Fox". La "filtración" es su acta de nacimiento periodístico. No son privados.

En cambio, no tengo por qué averiguar los gastos de don Carlos Slim. Alquiló *jets* para transportar invitados a Ixtapa, los convocó porque le nació y consideró necesario; no fue un evento de orígenes gubernamentales, ni utilizó dinero público. Tampoco hay evidencias de que "cierto funcionario le sopló al oído". Pero sí me interesa saber si, como dicen y no he comprobado, los narcotraficantes entregan dinero a la Iglesia. Es un acto privado, pero el origen del dinero es delictuoso y por ello público.

Dolia Estévez es corresponsal en Washington del defeño *El Financiero*. El profesor Donald Schulz le entregó valioso informe confidencial. La periodista no le torció el brazo para obligarlo, ni se lo escamoteó. Obviamente, sabía que lo publicaría; conozco a Dolia como profesional; si el señor le hubiera dicho "solamente es para tu conocimiento, nada de nota", indudablemente lo respetaría. Pero no fue así. Por voluntad propia lo puso en manos de la periodista. El documento fue preparado por el Centro Nacional de Inteligencia Antinarcóticos. Estévez escribió y publicó; *The Washington Post* le siguió, también las revistas *Insight* y *El Andar*, *Dallas Morning News* lo destacó y mi compañero José Martínez lo refirió en su libro *Las enseñanzas del profesor*.

En San Diego, California, iniciaron la elaboración del documento. Se le llamó Operación Tigre Blanco. Participaron: aduanas, el escuadrón antidrogas DEA, el IRS, la oficina de impuestos, el FBI, funcionarios estatales de California y del Condado de San Diego. El título tiene su razón: Jorge Hank Rhon traía en su automóvil un tigre, cachorrito siberiano. Se le hizo fácil transportarlo sin permiso de San Diego a Tijuana. La policía le detuvo y decomisó al animalito. Jorge le llamaba "Negra"; nunca se lo regresaron. El valioso ejemplar fue enviado al zoológico. Le llaman "Blanca" y es una atracción.

Terminaba 1997 cuando los investigadores de las varias dependencias escribieron en el reporte: Carlos Hank González y sus hijos Carlos y Jorge fueron investigados sobre soborno, lavado de dinero y crimen organizado. Por eso Dolia y los otros compañeros periodistas publicaron tal referencia basada en el documento. Carlos hijo demandó al profesor Schulz y a la corresponsal de *El Financiero*. Fue una larga escaramuza legal ganada por la periodista. Pero los Hank no se aquietaron: lanzaron toda su fuerza legal contra el catedrático; le reclamaron millones de dólares.

Schulz decidió no subir al ring: al estilo gringo, transó. Ofreció disculpas públicas "por haber causado daño involuntariamente" a los Hank y se comprometió con ellos para desenmarañar por qué Dolia y sus colegas estadounidenses actuaron "sin escrúpulos". Por eso, ahora demandaron nuevamente a la corresponsal de *El Financiero*. Durante el primer juicio se alegó que el documento era un borrador, pero oficialmente nadie se encargó de corregirlo, confirmarlo o desmentirlo. El informe Operación Tigre Blanco es una realidad, fue elaborado por funcionarios y entregado voluntariamente a la periodista. Schulz convirtió en público lo que era privado. Igual la PGR con la foto de los Arellano. La ley en México y en Estados Unidos es diferente, pero causa y efecto son lo mismo; libertad de expresión también. Dolia nunca pudo saber nada de la Operación Tigre Blanco si el gobierno estadounidense no lo hubiera elaborado. Ni modo que lo inventara. Pero ni modo. Es un engorro para los Hank. Sigue en pie el documento sobre la sospecha y, aunque es borrador, nadie lo ha desmentido.

Más caro el caldo…

Ley no escrita del narcotráfico: jamás un prisionero por tan pestilente delito es abandonado. No le falta defensa legal. Normalmente abogados con harta capacidad, bien pagados, de renombrado bufete, alimentación y vestido. Cumplidores, los capos envían ayuda total a familiares del encarcelado. Y engatusando a custodios de penales, les organizan visitas a la hora y el día que se les antoje. Por eso cuando los mafiosillos o mafiosones dejan la cárcel, están comprometidos a retomar inmediatamente el quehacer narco.

Pero sucede todo lo contrario si el encarcelado, después de capturado o sentenciado, no aguanta y suelta la boca. La autoridad se entera quién le ordenaba y cuánto le pagaban. El riesgo inmediato es que algún desconocido lo asesine en la prisión. También les va muy mal cuando cambian de chaqueta y se ponen la de testigo protegido. Entonces sí, hasta la familia paga las consecuencias, a veces mortalmente, pero siguen la ley no escrita; siempre respetan a niños y ancianos.

Mala suerte para esos mafiosillos o mafiosones cuando hablan. Buena para los jefes de cártel. He tenido en mis manos copias de numerosos expedientes, muchas de hace años. Allí están inscritas confesiones sorprendentes: nombres, direcciones, cantidades, costumbres, sistemas, todo. Los fiscales cumplen elaborando actas, pero en la PGR se hacen de la vista gorda y no continúan las investigaciones; tienen todo para dar con los capos y no se mueven. Existen constancias sobre la fuga de "El Chapo" Guzmán; ajenos a la escapatoria, sus ex camaradas presidiarios soltaron un titipuchichal de relaciones. También existen sobre las actividades de Albino Quintero Meraz y socios, miles de pistas y detalles de los Arellano. Nunca, pero nunca, siguieron la huella.

Supe de muchos episodios, hasta parecen calcomanía. Por ejemplo: cierto chofer es detenido transportando kilos o toneladas de droga. Lo primero: ofrece millonarios sobornos, y las pocas veces que falla, termina esposado y hasta bien magullado. Al ponerlo frente al fiscal, declara oficialmente y más o menos: "Pues a mí me contrató un señor que no conozco para traer este camión. Jamás vi la carga". Luego, "pero me pagó muy bien"; termina: "nada más me dijo que llegando a la frontera, un conocido suyo me estaría esperando". A veces dicen: "entrando a la ciudad, te esperará un taxi con tales señas y lo sigues, el chofer te llevará a donde debes dejar el camión", "en el mercado" o "ese taller mecánico". Y hasta allí. No dicen más. Si lo hacen, saben bien que automáticamente le están poniendo punto final a su vivir, pero les irá mejor si no dejan que en su boca entren las moscas.

La maquinaria mafiosa funciona al mismo tiempo que el delincuente está encarcelado. Abogados sobornan o amenazan jueces, hasta los matan si no cumplen. Derrumban pruebas con o sin ayuda oficial, dejan pasar el tiempo para lograr la libertad oficial y silenciosamente. Nada de escándalo en prensa o telediarios. Cuando esto sucede, velozmente los expedientes son tachados. Les arrancan hojas o de plano desaparecen. Así, no queda rastro. Por eso hay muchas investigaciones pendientes.

Me consta: cuando ustedes lectores pongan sus ojos aquí: autos, camiones, trailers, lanchas, yates, casas, aviones y edificios están abandonados, desconchiflados por el desuso, echándose a perder, chatarra. Pero de todas formas son pruebas importantes y las menosprecian. Hace años viajé a Boston; estuve protegido por la Policía del Estado de Massachussets, una pareja de agentes cada medio día; otros, toda la noche afuera de mi cuarto en el hotel. Me llamó la atención que todos llegaban y que fui transportado en autos lujosos; no eran los normales de un agente, los clásicos Ford Crown Victoria o Grand Marquis. Cuando pregunté, quedé sorprendido con la respuesta. Más o menos la recuerdo: "Este Mercedes Benz del año era de un mafioso. Lo detuvimos con 250 gramos de cocaína". Y los agentes me detallaron: todo auto donde alguien trae droga es confiscado y pasa al servicio de la policía no uniformada, solamente para detectives. Se ahorran mucho dinero en vehículos. Así, anduve en Jaguar, Cadillac y hasta un hermoso Lincoln. En cambio, nuestros agentes federales muchas veces utilizan autos robados, preferentemente en Estados Unidos. No tocan mucho los de la mafia. Tienen miedo.

A propósito, sinceramente me estremeció escuchar al presidente Fox en uno de sus informes. Su gobierno, dijo, detuvo a más de 14 mil asociados de cárteles. Esto confirma cómo la policía captura a la chiruza y no a los jefes. Es increíble: entre tantos detenidos no hubo uno que dijera donde estaban "El Chapo" Guzmán, "Nacho" Coronel, Francisco Javier y Eduardo Arellano Félix, Manuel "El Caballo" Aguirre, "Azul" Esparragoza, Osiel Cárdenas, "El Gilillo" Higuera, Ernesto "El Quemado" Angulo Hernández, "Mayo" Zambada, Eloy Treviño, "El Checo" García Ortiz y Carrillo Fuentes. Ésos son los jefes. No está mal entabicar a 14 mil y pico, pero sería mejor refundir a 11.

Consulté a expertos: cada prisionero nos cuesta a los mexicanos entre 75 y 90 pesos diarios, según la penitenciaría. Vamos haciendo una serie de simples operaciones aritméticas: 14 mil 500 mafiosos significan un gasto diario de un millón

87 mil 500 pesos. O 32 millones 625 mil 600 pesos mensuales. Y durante un año: 391 millones 500 mil pesos. Ahora, si la cuota es de 90 pesos, el gasto diario nada más por esos 14 mil 500 mafiosos es de un millón 305 mil pesos. O 39 millones 150 mil pesos al mes y 479 millones 800 mil pesos por año.

Estas cifras no se nivelan con lo decomisado en efectivo a los narcos. Me atengo a las cifras del informe oficial de Alejandro Gertz Manero: de diciembre de 2000 hasta agosto de 2002 les incautaron 30 millones 580 mil 156 dólares. Pero de ésos resultaron falsos 56 mil 170 y 19 millones son en documentos. Total, en efectivo solamente 11 millones con 517 mil pesos. Convirtiendo esta cantidad a pesos, son 110 millones, apenas para sostener tres meses a los 14 mil 500 mafiosos. Naturalmente, resultaría más barato a 11. Fíjese, nada más 990 pesos diarios, 29 mil 700 mensuales y 356 mil 640 por año. Una gran diferencia. Pero ésos, los jefes, son intocables por la PGR.

En medio de todos esos movimientos y cifras hay otro punto: las prisiones se están retacando de mafiosos. La experiencia es indudable. Pronto controlarán los penales, manejarán droga en grandes cantidades y desde el interior surtirán al exterior. La Palma tiene sobrecupo, como casi todas las penitenciarías. Éste será un gran problema. La Secretaría de Seguridad aporta datos al presidente para apantallar con cifras del momento. No se ve nada a futuro en lo carcelario. Entre tanto, y dicho en otra forma, por mantener tanto mafiosillo a los mexicanos nos está saliendo más caro el caldo que las albóndigas.

El error

Marco Antonio Jiménez preparó su maleta y envolvió entre la ropa su ametralladora "cuerno de chivo". Pasaron por él y se fue a Tijuana. Ni modo. Tan tranquilo que estaba, descansando, viendo la televisión en su casa del Barrio Logan, el lunar negro de San Diego; pero recibió la llamada de su jefe David Corona Barrón. Debió decirle: "nos vamos este fin de semana a Tijuana", y ni modo.

Cruzaron la frontera con el arma y sin problemas. La aduana ni siquiera los revisó. Se fueron derechito a hospedarse. Registró con otros nombres en el motel La Sierra y al rato estaban reunidos: Michael Anthony Jarbee, "Pee Wee"; Isaac Guevara Hernández, "Zig Zag"; José Alberto Márquez, "El Bat"; Alfredo Araujo Ávila, "El Popeye"; y Antonio Peña Huerta o Adelaido Reyes, "El Lalo". Acomodados en cuartos diferentes, fueron llamados a uno. Allí, David Corona Barrón les orientó: debían emboscarme y matarme. A última hora se les sumó Fabián Martínez, "El Tiburón"; todos, pistoleros a las órdenes de Ramón Arellano Félix.

El 27 de noviembre mataron a mi compañero y escolta Luis Valero Elizaldi; también y por accidente, a su jefe David Corona Barrón. Y gracias a Dios, sobreviví después de las heridas. Cuatro meses y un día después, *Zeta* identificó y publicó la foto de Marco Antonio Jiménez, "El Pato". Nació el 14 de noviembre de 1969, 1.70 metros de estatura, 70 kilos de peso, cabello negro, ojos color café, bigote. También a Michael Anthony Jarbee, nacido el 22 de mayo de 1973, alto, 1.85 y 74 kilos de peso, pelo corto, casi a rape de los lados y negro, ojos café. Alfredo Araujo Ávila fue otro de los reconocidos: le dicen "El Popeye" y nació el 10 de septiembre de 1960, también alto, 1.85, 72 kilos, cabello oscuro y ojos cafés. En la primera plana de *Zeta* también apareció la fotografía de Antonio Peña Huerta o Adelaido Reyes, nacido en 1967, 1 de marzo, 1.73 de estatura, 68 kilos.

Pasó un año y un día. Hasta entonces se ordenó su aprehensión. Lo anunció la Fiscalía Especial para la Atención a Delitos contra la Salud (FEADS). Los motivos: homicidio calificado en agravio de Luis Valero Elizaldi, homicidio simple intencional en agravio de David Corona Barrón (muerto por sus mismos compañeros en fuego cruzado) y homicidio calificado en grado de tentativa en agravio de Jesús Blancornelas.

Pasaron cinco años y veintisiete días de la trampa mortal. Tres pelafustanes secuestraron a César Belloso Estrada, dueño de un "deshuesadero" en Tijuana. Entonces sucedió lo jamás esperado. Primero, la víctima se les escapó. Y los plagiarios fueron descubiertos. Se defendieron, hubo tiroteo, pero al fin las policías y el ejército inmovilizaron a los secuestradores. Al día siguiente, viernes 25 de abril, los periódicos incluyeron fotografías de la captura. Resaltaron más la detención y escapatoria, no a los plagiarios. Ese mismo día y por la tarde "empezó el rumor" en la procuraduría: "Los detenidos son pistoleros del cártel Arellano Félix", pero nada oficial.

La identificación me recordó a David Corona Barrón. Líder sicario, muerto en la emboscada que él mismo organizó. Le conocían varios policías mexicanos, pero ninguno dijo nada, hasta que llegaron agentes del FBI. Inmediatamente descubrieron quién era, sus tatuajes, foto, estatura, todo. Así pasó con "El Pato". Fueron estadounidenses a petición de los mexicanos quienes lo identificaron. Ya estaba anocheciendo; confirmado de quién se trataba, la procuraduría bajacaliforniana informó a la General de la República. Y desde la ciudad de México enviaron un avión especial para trasladarlo. Así, pasaditas las diez de la noche, la nave levantó vuelo desde Tijuana.

"El Pato" aprendió la lección: al saber cómo identificaron a David Corona Barrón, trató de borrarse los tatuajes. Había una costumbre entre los pistoleros de los Arellano Félix: todos se marcaban la piel para llevar cuenta de las personas que mataban. Tan trágica relación estaba coronada por una doble "M" notable, iniciales de "Mexican Mafia".

David Corona Barrón tenía residencia legal en Estados Unidos. Sus familiares se llevaron el cadáver a San Diego. Pretendieron incinerarlo, pero el FBI se los prohibió. Debían enterrarlo para, en caso necesario, exhumarlo y examinarlo.

"El Pato" fue capturado a pocos días de "El Chaky". Estoy seguro de que no se conocían y también de que se hubieran liado a balazos en caso de encontrarse. Por eso ni uno iba a Chihuahua ni el otro a Baja California. Hay diferencia de edad, "El Chaky" supera por lo menos con diez años a "El Pato". Eso lo coloca en la desgraciada posición de haber matado a más personas. El problema que los une es su traslado a la ciudad de México. Las procuradurías de Chihuahua y Baja California, por temor u orden superior, perdieron una gran oportunidad: la de aclarar con detalles a quiénes y cuándo mataron uno y otro en la frontera; indudablemente muchos.

Por ejemplo, y en el caso concreto de "El Pato", se le ha mencionado periodísticamente como gatillero de los Arellano y por haber participado en el atentado contra nosotros. Pero no se ha señalado que asesinó a mi compañero y escolta Luis Valero Elizaldi. Tampoco en el homicidio simple intencional de David Corona Barrón.

Todo esto provocará interminable papeleo entre juzgados, una monserga, oportunidad para que la defensa eche abajo las acusaciones. Igual ha estado sucediendo con otros narcotraficantes. Pero la realidad en medio de todo esto es que ni los juzgadores en el Estado de México conocen realmente los antecedentes. Se basarán en documentos incompletos, enviados así a propósito o por descuido desde Baja California y Chihuahua. Y en los estados, las procuradurías no reclamaron o mantuvieron a los detenidos para ser interrogados con pleno conocimiento. No dudo que muchos crímenes quedarán sin castigo precisamente por este absurdo trámite burocrático, el gran error.

En el caso de Baja California, "El Pato" debió ser internado en "El Hongo", la nueva prisión de efectiva seguridad. Habría que interrogarlo a fondo, lo que no sucederá en la ciudad de México, procesarlo, sentenciarlo y entonces sí determinar si lo envían a México o permanece en Tijuana. La justicia sigue dando pasos para atrás; otro error.

Disfraz

Seguramente usted, como yo, los ha visto. Son inimitables: uniforme café chocolate, escudo con letras amarillas bien bordadas en su camisola y cachucha, calzado negro. Así visten los empleados de United Parcel Service (UPS), la famosa paquetería con servicio mundial, tan afamada que hasta en los supermercados estadounidenses venden camisetas con el conocido escudo. Les encantan a los chavalos; también cachuchas, pero más estilizadas. Los mensajeros de UPS utilizan el mismo tipo de vehículo en todo el mundo, totalmente pintados de café con el escudo amarillo, camioneta cerrada de carrocería cuadrada y alta, nada de diseño moderno. Hasta parecen un cajón. Por eso empleados y vehículos son inconfundibles.

Algunos malignos llegaron a cierta sucursal de UPS en San Diego, California, y pusieron sobre el mostrador y bien empaquetadita una caja. En la báscula marcó 50 libras, algo así como 25 kilos. Declararon falsamente el contenido y los empleados confiaron en su palabra: anotaron nombres de remitente, destinatario y la ciudad, Utica, en el estado de Michigan.

En el rápido traslado, el *jet* de UPS aterrizó en Louisville, Kentucky, obligada escala. Un perro sabueso de la compañía metió la nariz entre los bultos y descubrió: el envío desde San Diego traía droga. Varios empleados revisaron: estaba atiborrado de mariguana, dólares y joyas. Siguiendo las normas,

91

informaron a la policía. Los detectives se apersonaron, valuaron el envío en más de cien mil dólares, tantearon el caso y actuaron como en las películas de James Bond. Se vistieron con el uniforme de UPS, solicitaron una camioneta y fueron hasta Utica. Tocaron la puerta y les abrió una señora. Cuando le preguntaron si era para ella el paquete, simplemente respondió: "Sí, soy yo". Todavía le pidieron firmar de recibido. Enseguidita aparecieron otros policías para completar la tarea.

La señora y el esposo fueron detenidos. Sus dos hijos quedaron bajo protección oficial hasta que un juez decida el destino de los padres. La pareja deberá aclarar si son contactos, compradores o distribuidores. No les queda otra, aparte de explicar quién les envió la droga. Como es normal en estos casos, si cooperan declarando la verdad y descubriendo cómplices, se informará al juez para que dicte una sentencia más blanda.

Entre tanto, los detectives seguirán la ruta contraria; así podrían descubrir a los proveedores y, de paso, enterarse quién les envía la mariguana, seguramente desde México. Mientras, en Detroit la policía no ha informado sobre nombres ni direcciones a la prensa, indudablemente y como reza la vieja frase utilizada por los veteranos del periodismo: "para no entorpecer las investigaciones". Simplemente se sabe de la estrategia muchas veces cacareada y no cumplida, pero que ahora sí va en serio: policías, DEA, FBI, oficiales de aduanas, migración y aeropuertos contra el narco.

Me atolondra lo que sucedió en varias empresas mexicanas de paquetería. Una funciona en la delegación Gustavo A. Madero, del Distrito Federal. Descubrieron 1 306 bultos: en total, una toneladas más 318 kilos con 707 gramos de mariguana. Luego, en la calzada Vallejo 1880, Transportes Julián de Obregón: numerosos envoltorios de plástico, papel carbón de empaque para engañar revisiones de rayos X, guía 743819, destino: Tijuana, pero sin nombre o domicilio del remitente, simplemente "Ocurre", la palabra tradicional que en correo indica: el interesado pasará por su envío.

Todo eso leí en el boletín 149 de la Procuraduría General de la República, del 7 de marzo de 2003. Aparte sus agentes fueron a otra paquetería: Express Santa Fe, colonia Industrial Vallejo también. El empaque de hierba fue diferente: atados con cinta color canela, la guía 97368. Remitente y destinatario el mismo nombre, pero sin dirección. Acudirían por ellos a la terminal en Ciudad Juárez, Chihuahua.

En las cuatro paqueterías defeñas no pasó lo que en UPS. Los empleados, si se dieron cuenta, no avisaron a la policía; pero me imagino cómo fue el descubrimiento. Los agentes federales llegaron "por sorpresa" a las paqueterías y se fueron derechito a donde estaban los envoltorios con mariguana. Llevaban o llamaron a un agente del ministerio público que dio fe de los hechos. Y sin interrogar ni detener a los empleados, se fueron con el bonche de droga a la PGR. Nunca se les ocurrió disfrazarse de mensajeros. Tampoco avisar a sus compañeros en Tijuana y Ciudad Juárez. Pudieron haberse hecho pasar como empleados para entregar el paquete y detener a los destinatarios. Así los interrogarían. Seguramente se trataba de mafiosillos, pero de cualquier forma con su confesión se podía llegar a los narcos clave.

Esto no es nuevo en la policía. Siempre lo hacen y me provoca sospecha. Primero, los decomisos no son por investigación, en realidad se trata de informes anónimos, chismes de mafiosos competidores o revancha de los propios policías al no recibir su parte. Eso me empuja a imaginar por qué nunca continúan con las investigaciones. En otras ocasiones lo escribí y ahora lo repito. Es lo mismo cuando detienen vehículos en la carretera. Nunca algún agente se trepa al camión hasta el destino, tampoco lo siguen a distancia. Simplemente enta-bican al chofer sin investigarlo. Ni siquiera averiguan quién es el dueño y dónde compró el vehículo, si al contado o en algún plan de crédito. No buscan datos sobre las placas o el permiso para circular en carreteras federales. Nada. Todo termina en un anuncio presumiendo el gran descubrimiento. Decomisan la droga y a quemarla. El camión, como miles, está en los co-rralones. Se volvieron inservibles en lugar de ser usados por el gobierno o rematados al público.

Supe de oficiales del ejército mexicano que se disfrazaron, unos de paleteros, barrenderos y, en algún caso, hasta de co-rredores mañaneros. Por eso capturaron a los mafiosos. Y cuando descubren un cargamento de droga, deben entregarlo inmediatamente a la PGR. No tienen facultades para investigar. Si no, estoy seguro de que se disfrazarían como mensajeros de la UPS.

Fuegos artificiales

Siempre traía pistola fajada, sin funda, entre el ombligo pelón y la hebilla, cubierta con su camiseta de talla más grande y suelta. No llegaba a los 18 años, pero pasaban de 20 sus víctimas a balazos. Seguramente, ni les conocía. Nada más cobró por hacerlo y asunto arreglado. Para eso se trepaba atrás de una motocicleta. Manejaba otro chavalo. Velozmente llegaban hasta el hombre seleccionado, tronaban los disparos, moría el cristiano, gran acelerón al aparato y huían.

Alexis se llamaba. Siempre enchamarrado. De dos vistas. Así en la escapatoria se cambiaba y confundía vistiendo con otro color. Apareció dramatizado en *La Virgen de los sicarios*, película filmada en 2001 e inspirada en el libro del mismo nombre escrito por Fernando Vallejo. Con el natural ambiente colombiano, refiere las relaciones del asesino casi niño con el autor homosexual; diferencia de edades como padre-hijo, pero llegaron hasta el punto de compartir techo, comida y cama.

Recuerdo una escena. Alexis y Fernando estaban platicando en amplio balcón, condominio quinto o sexto piso. Era una de esas noches caribeñas en Medellín, abajo y al fondo como enorme sembradío de lucecillas. El joven desenfundó su pistola Baretta, calibre .38, o tal vez nueve milímetros, la dejó sobre una mesita de centro. Vestía camiseta roja con vivos negros. Moreno tirando a descolorido, más por desvelo o consu-

95

mo de droga que por desnutrido. Pelinegro achinado, siempre usaba cachucha beisbolera ajustada, visera curva y larga. Su rostro aniñado encajaba muy bien con el tema: chamaco peleonero.

Fernando, más alto, fácilmente cuadruplicaba la edad; canoso, ojo claro y nariz como de árabe, también moreno pero no descolorido, amable, buenos modales sin llegar al desfiguro ni al descaro en lo cariñoso, agradable carácter. Nunca reflejó enojo en la dramatización. Siempre mostrándose culto y experto en la vida, machacón por ilustrar al pistolerito asesino. Y Alexis indudablemente ni la primaria terminó, pero no por eso era tarado, desatento o desatendido. Se interesaba en toda conversación con su casual pareja.

Aquella noche, cuando platicaban en el balcón, fue especial. Brotó de pronto y al fondo un asombroso fuego artificial, gigantesco, muy colorido. Luego del estallido pareció como paraguas al abrirse pero tejido con brillantes. El sesentón se quedó admirado. El chamaco fue todo sosiego. Y como no era día feriado preguntó por qué la pirotecnia. Alexis contestó sin apresuramiento. De esa forma celebraban cuando pasaba un cargamento de cocaína a Estados Unidos. Sucedía tal en la primera mitad de los años noventa. Cada estallido retumbaba como golpe en tambora de gruperos. Encantaba a casi todo lugareño. Sabían que por eso les iría mejor. Los narcos desparramaban dinero y favores principalmente entre los necesitados.

Ya pasaron esos tiempos y costumbres. Vinieron a menos los narcotraficantes de leyenda. Pablo Escobar Gaviria terminó tiroteado cuando corría sobre un techo perseguido por policías. Orejuela está en prisión. Sus asociados por las mismas. Raro aquél, hoy fuera del negocio y tranquilo. Ahora guerrilleros manejan la droga y para comerciar utilizan a pequeños cárteles o tratan directamente con mafias fuera de Colombia. Ya no hay quien reparta dinero entre pobres de Medellín, Cali o Santafé de Bogotá. Al contrario, les arrebataron sus tierras a los cocacoleros. Por eso se acabaron los fuegos artificiales; nada más son referencia histórica, periodística o peliculesca.

Esto de festejar el paso de cocaína me recuerda el 11 de septiembre de 2001. Derrumbadas las Torres Gemelas, ordenaron a oficiales estadounidenses en la frontera con México: revisión como nunca. Se trataba de impedir paso a terroristas que transportaran o enviaran armas o material peligroso. Por eso Estados Unidos armó rápidamente gigantesco aparato humano y electrónico para inspeccionar. Era de suponerse entonces que habría muchas dificultades para el narcotráfico. Pero no sucedió nada que lo impidiera. Siguieron por aire, mar, tierra y especialmente bajo tierra. Funcionaron los famosos túneles. No tuvieron traba para acarrear cuanto quisieron. Según eso ni cuenta se dieron en el lado gringo. Sorpresivamente hasta meses después descubrieron la excavación. Los operadores desaparecieron. Ya ni era utilizada, ¿para qué?; el narcotráfico estaba regularizado, normal.

Creo y no dudo del ingenio y corrupción mexicanas, por eso es difícil descubrirlo en forma y faenas. Pero Estados Unidos tiene todos los recursos técnicos. Pueden descubrir un alfiler utilizando satélites, interceptar llamadas telefónicas desde la lejanía, pero droga y covachas, no. Todavía no sé por qué los oficiales estadounidenses se inmovilizan o quién les ordena quedarse quietos. Por eso cocaína y mariguana chorrearon como cataratas del Niágara en todo Estados Unidos. Tanto así que el reporte oficial de ese país indicó: entró más droga durante 2001 que un año antes.

La guerra en Irak empezó un miércoles 18. Por eso hubo alerta en las fronteras. La revisión a los autos fue mayor al cruzar de México a Estados Unidos y también a los peatones.

"Con su pasaporte lleve dos identificaciones más y los papeles del auto", fue la advertencia a residentes fronterizos. Las "colas" de vehículos para cruzar desde territorio mexicano desaparecieron el jueves 20. Pero feriado al día siguiente, los carriles rumbo a Estados Unidos estuvieron repletos. Vi cada 15 minutos el reporte televisado: había miles de vehículos.

Pensé: seguramente muchos llevan cocaína y mariguana; no más de 50 kilos en algunos autos; más de 100 en varias camionetas. Y me imaginé cómo por despoblado debieron transportar toneladas. Así la cacareada vigilancia en la frontera hubiera podido detener a Osama Bin Laden o a Saddam Hussein. También material radioactivo o gases venenosos. Pero jamás parar el narcotráfico después de la perversa voladura terrorista o en plena guerra.

Recordé entonces los fuegos artificiales en Medellín, Colombia, dramatizados en *La Virgen de los sicarios*. Si continuaran con esa costumbre, seguramente los estallidos ahora no pararían día y noche.

Sorpresa

Alcides Ramón Magaña, "El Metro", no pertenecía al cártel de Juárez cuando fue detenido el 12 de junio en Villahermosa, Tabasco. Ya estaba con los Arellano Félix y su captura se debió a una "filtración" de los juarenses al sentirse traicionados por el hombre que fue consentido de Amado Carrillo "El Señor de los Cielos". Esto es parte de sus primeras confesiones. Me sorprendí cuando supe que "El Metro" empezó a trabajar con los Arellano desde 1998 sin saberlo. Tanto así que por su cuenta envió un millón de dólares a Ismael Higuera, "El Mayel". Éste, principal operador del cártel Arellano Félix, sufrió entonces la captura de su hijo en la ciudad de Ensenada, Baja California. El dinero fue destinado a la defensa legal del joven mafioso. Eso provocó un mayor acercamiento primero con "El Mayel". En correspondencia, enseguida contactó a "El Metro" con el cártel Arellano Félix, causando una muy buena impresión. Desde entonces empezaron a considerarlo parte de su equipo. Pero no lo aceptaron hasta desengañarse por completo de que no estaba haciendo un doble papel. Luego se dio otra situación muy importante: el 3 de mayo de 2000, "El Mayel" fue capturado por el ejército mexicano. Estaba ebrio y con sus novias colombianas; ya tenía semanas en una lujosa casa a la orilla sur de Ensenada, rumbo a la ciudad de Tijuana. "El Mayel" fue detenido por el ejército luego de una intensa tarea de inteligencia. Pretendió defenderse con una pistola, pero estaba tan pasado de copas y droga, que disparó sin ton ni son. Fácilmente lo engarrotaron.

Ante esa situación, los hermanos Arellano Félix decidieron distanciarse de "El Mayel". No le allegaron ni defensores ni dinero a los familiares. Sabían seguramente que el ejército estaba detectando todo. Así, se desentendieron completamente. No auxiliaron al que fue su principal operador. Esto provocó una nueva acción de lealtad de "El Metro". Desde el sureste hasta el noroeste fronterizo, por diferentes medios, hizo llegar tres millones de dólares a las personas allegadas a "El Mayel", para la defensa legal y para los familiares ante el abandono premeditado del cártel. Pero como entre mafiosos todo se sabe, las acciones de "El Metro" fueron conocidas por los juarenses.

Me informé que los principales miembros del cártel de Juárez decidieron "filtrar" al ejército la ubicación de "El Metro", así como su nueva identificación para que lo capturaran. La "filtración" pudo haber salido de una lista notable: Vicente Carrillo Fuentes, Juan José Esparragoza Moreno, "El Azul", Ismael Zambada García, "El Mayo", Eduardo González Quirarte, "El Lalo", Jesús Albino Quintero Meraz, "Don Beto".

Así cobraron venganza de lo que consideraron una traición de "El Metro" tanto al cártel como a la memoria de Amado Carrillo, "El Señor de los Cielos". Incluso, los miembros del ejército fueron avisados con precisión de dónde estaba Alcides. Por eso cuando Magaña salió para hablar por teléfono desde una caseta, le sucedió lo inesperado: la captura. Creía que no tenía conocimiento el cártel de Juárez de sus relaciones con los Arellano. Y aparte, porque modificó los rasgos de su cara y cuerpo, pero de esto también fue enterado el ejército.

La historia de "El Metro" arrancó cuando fue tomado en

cuenta personalmente por Amado Carrillo en 1985. Alcides era agente de la Policía Judicial Federal. Servía al cártel de Juárez. Otro motivo lo hizo ser considerado un hombre leal. Sucedió el 24 de noviembre de 1993. Ese día supuestos gatilleros de Héctor Palma Salazar, "El Güero", de Sinaloa, pretendieron asesinar a "El Señor de los Cielos" en el restaurante Bali-Hai de la ciudad de México. Contestaron la agresión protectores de Amado Carrillo Fuentes. Se salvó: no salió rasguñado ni golpeado. Pero la policía detuvo entonces a Magaña, "El Metro", a Juan Carlos Pérez Zúñiga y Adán Segundo Pérez Canales, quienes confesaron en la Procuraduría General de la República ser miembros de la escolta personal de Amado Carrillo.

Un año después, los tres fueron puestos en libertad condicional por el Juez Tercero de Distrito del Distrito Federal. Al abandonar la prisión, "El Señor de los Cielos" se sintió comprometido con Alcides Ramón Magaña. Lo comisionó para operar en la península de Yucatán, y se fijó el estado de Quintana Roo para dirigir la recepción de droga procedente de Colombia en lanchas rápidas; luego embarcar la cocaína hasta Ciudad Juárez, para lo cual tendió una extensa red de "pasadores" sobornando a policías. Desde entonces lo hizo bien. Amado Carrillo lo tomó notablemente en cuenta hasta convertirse en uno de sus preferidos. Esto desembocó en algo muy visible para los demás "carteleros": lo envidiaron. "El Metro" contó desde entonces con los "servicios" de funcionarios, policías municipales, estatales y federales. Alcides confesó, según me informaron, sobre las rutas que estableció:

• Quintana Roo-Tabasco-Veracruz-Tamaulipas, rematando en Nuevo Laredo, pero dejando parte de los cargamentos donde era comprada por mafiosos locales.

• Quintana Roo-Tabasco-Distrito Federal-Jalisco-Durango-Chihuahua, rematando en Ciudad Juárez.

A lo largo de esos trayectos tenía todo arreglado: transporte, personal y sobornos, incluso en parte del territorio estadounidense. Luego viene una parte clave de la historia: el 4 de julio de 1997 murió Amado Carrillo en el Hospital Santa Mónica de la colonia Polanco del Distrito Federal, al someterse a una liposucción y "amplia cirugía facial". Con tal hecho —entre paréntesis— se le considera el precursor en las mafias de los cambios en el rostro y cuerpo para evitar el reconocimiento de las autoridades. Los casos de "El Metro" y Humberto Rodríguez Bañuelos, "La Rana", también modificados físicamente, son prueba de ello. Por eso y a no dudar, otros ya lo hicieron. Vicente Carrillo, por herencia, dirigió el cártel de Juárez. Pero según me enteré y los hechos lo demuestran, el nuevo jefe no tiene la capacidad ni el mando como Amado. Por eso empezó "El Metro" a tener dificultades. Aparte, lo veían con recelo por la preferencia que le dio "El Señor de los Cielos". Precisamente esa desconexión provocó fallas en el transporte de la droga. La organización fue descubierta por el ejército y la PGR, giraron órdenes de aprehensión y esto llevó de inmediato a informar a las autoridades estadounidenses para coordinar la captura de "El Metro".

El 3 de junio de 1998 fue clave: las autoridades mexicanas organizaron una operación que les dio resultado: decomiso de varias residencias, 250 millones de dólares y la captura de casi cuarenta miembros de la organización. Eso provocó un natural descontento en el cártel de Juárez y le echaron toda la culpa a "El Metro". Fue rechazado en el interior y le dieron órdenes de retirarse de la plaza de Yucatán: que se mantuviera en Tabasco. Alcides obedeció pero a la vez aumentó su comunicación con el hombre que hacía su mismo trabajo con los Arellano: "El Mayel". Pero no midió que los juarenses le enviaron a Tabasco precisamente para "filtrar" su ubicación al ejército directamente. Y así vino su captura.

Cambalache

Bien vestidos y alegres, Sergio Galindo y señora salieron de su casa. Casi eran las nueve de la noche, día 12 y para más señas junio de 1987. Llegaron hasta enfrente del restaurante del hotel Cima, en Mazatlán. Eran invitados del presidente municipal, licenciado José Ángel Pescador Osuna, a una cena muy especial: celebrar la libertad de expresión. Ya iban a entrar cuando se les puso enfrente un hombre de pronunciado vientre pero bien fajado. Dejaba ver su pistola al cinto. Regordete el rostro, saltones los ojos, chapeteado y estropajoso bigote negruzco, sombrero de palma. Atrabiliario, se dirigió al periodista, irrespetuoso ante la esposa. Remarcó las palabras sin llegar a tono fuerte, más bien en baja voz y acercando su rostro al del reportero. Tomó su mano izquierda, le abrió la palma y puso en ella una bala de "cuerno de chivo", la famosa ametralladora AK-47 preferida por los sicarios mexicanos. Luego advirtió: "Mira, Galindo, ésta es para ti. Y conste. Te la estoy entregando así". El periodista vio el proyectil y luego al rechoncho: "¿Me estás amenazando, Humberto?". No esperó mucho la respuesta. "Tómalo como quieras". La esposa de Sergio conocía muy bien al regordete cara de, y por eso le decían "La Rana": Humberto Rodríguez Bañuelos, director de la Policía Judicial del Estado. Un mes y cuatro días después, Galindo murió en un "accidente" automovilístico. No hay una constancia de que lo originó Rodríguez Bañuelos.

Lo que sí: el reportero iba desvelado. Eran las 7:45 de la mañana, iba sobre la carretera al aeropuerto para recibir a su amigo Engelberto Ezquerra. Vino una ponchadura y luego la fatalidad.

Antes de recibir la bala aquel 12 de junio, el periodista entrevistó a "La Rana". Le interrogó sobre el dramático incidente cuando los pistoleros de Francisco Arellano Félix casi "fusilan" al presidente municipal y a su chofer. Sucedió frente a la discoteca *Frankie Oh*, propiedad de Francisco Arellano Félix. El alcalde acostumbraba recorrer por la mañana las principales calles para corregir problemas sobre la marcha. Cuando llegó a la avenida del Mar encontró carros en doble fila frente a tal lugar. Bajó y reclamó. De la discoteca salió "El Indio", un temible matón. Con otros seis, puso contra la pared a Pescador y a su chofer para "fusilarlos" por su atrevimiento. Intervino el jefe de seguridad de la discoteca. "No sean pen... es el presidente municipal". Pero el gatillero no hizo caso. Ya se disponía a disparar cuando aparecieron muchos curiosos y eso salvó la vida al funcionario. Poco después se supo: dentro de la *Frankie Oh* estaban "cerrando operación" su dueño y el jefe de la Policía Judicial del Estado. Todo resguardado por "El Indio" y pandilla. Y un dato más: el entonces comandante de la zona militar, general Roberto Badillo Martínez, ordenó que le pusieran enfrente y en el cuartel a Francisco Arellano Félix. Lo regañó por andar amenazando al presidente municipal. Con la promesa de que "ya no vuelve a suceder, señor", el hermano de los afamados capos regresó a su discoteca.

Por eso el periodista le preguntó a "La Rana" cómo iba la investigación. "Ya tenemos identificado el carro. Es un Cougar negro". El reportero pronunció entonces tronante: "¿Y con todos esos datos que tienes no has dado con ellos?... ¡Claro, cómo vas a hacerlo si son tus patrones!". Humberto

Rodríguez Bañuelos se enojó: "¡Óyeme, Galindo! ¿A qué te atienes?" Entonces era director de la Policía Judicial. Se acalambró. Por eso lo de la bala.

"La Rana" estuvo en la Procuraduría de Justicia del Estado en el sexenio de Antonio Toledo Corro y principiando el de Francisco Labastida Ochoa, de 1971 a 1988. Entonces se salió de tal oficina para entrar en la mafia, lo que no fue gran diferencia. Ese mismo año y por encargo de su nuevo jefe, Manuel Salcido, "El Cochiloco", secuestró dos ocasiones por algunos momentos al periodista Manuel Burgueño. Lo ultrajó. Le advirtió que ya no escribiera mal de su jefe en su modesta publicación *Deslinde*. Cierta ocasión, "La Rana" ofreció una "fiestecita" a los reporteros. Burgueño empezó a criticar fuertemente a "El Cochiloco" y por eso Humberto Rodríguez lo corrió. A la tercera llegaron hasta la casa del periodista como a las tres de la tarde y era 22 de febrero. "La Rana" se quedó en su auto. Mandó a su hermano Rigoberto y a otros, quienes tocaron a la puerta y preguntaron: "¿Quién es Manuel Burgueño?". Cuando el llamado así contestó, los pistoleros le pidieron-ordenaron a los familiares que estaban con él retirarse a otro cuarto. En la sala lo mataron disparándole hasta dos cargadores de calibre 38. Dos periodistas más fueron ejecutados en tiempos de "La Rana": Aarón Flores Heredia, de *El Debate*, el 7 de junio de 1980. Y Pablo Nájera, de *Radio Voz*, ambos de Los Mochis. Nunca se aclararon sus crímenes, pero tampoco nadie acusó a Humberto Rodríguez.

Pasado el tiempo, "La Rana" abandonó la banda de Manuel Salcido, "El Cochiloco", y causó alta en el cártel Arellano Félix. Su historia, sorprendente, ya es demasiado conocida. Le han puesto casi todos los reflectores encima, pero solamente sobre el asesinato de Posadas y Ocampo. A los periodistas los olvidaron. Aunque no por lo del cardenal, Humberto está en el penal de Puente Grande, cerca de Guadalajara. Muchos tantean a esa cárcel como dominio del mafioso Joaquín "El Chapo" Guzmán. Por eso escapó de allí fácilmente. Es enemigo a muerte de los Arellano, y Humberto los sirvió. Podría suponerse una venganza mortal, pero no le pasará nada. Lo tienen muy vigilado y protegido.

Supe que Humberto, al ser descubierto y confesar irremediablemente su identidad, lo primero que propuso a sus captores fue un "cambalache". Trasladarlo a la prisión de Puente Grande, no a La Palma, "a cambio de proporcionar toda la información que quieran sobre el cártel Arellano Félix". Como director de la policía que fue, sabe perfectamente: pudo haber alegado legalmente que habiendo órdenes de aprehensión anteriores a su detención, deben cumplirse y se originaron en Guadalajara y Sinaloa. Pero como a todos los mafiosos están llevándolos a La Palma, tuvo miedo.

También me informaron que fue sometido a un interrogatorio inmediatamente. Participó personal de Inteligencia Militar y de la Fiscalía Especial para la Atención a Delitos contra la Salud (FEADS). Fui informado de otro punto clave: antes de ser trasladado a México, ya había proporcionado información clave sobre formas de operación, sistemas de ejecución, nombres de narcotraficantes, gatilleros y ubicación de las residencias que ocupan los hermanos Arellano Félix en San Diego, Tijuana y una ciudad más, muy importante, del norte mexicano. También explicó sobre las lesiones sufridas por familiares Arellano en una explosión casera en Tijuana. Necesitan atención médica constante. Dijo que originalmente fueron atendidos en San Diego, California.

Esto viene a confirmar un detalle: la no atención a "La Rana" por parte del cártel para sacarlo de la penitenciaría de Tijuana legal o "ilegalmente", hizo temer a Humberto que los Arellano pensarían que había "cantado" y adentro o fuera del penal lo matarían. Supuso que fácilmente pudieron rescatarlo en cualquiera de los 108 días que estuvo prisionero, o una de las tres veces cuando lo sacaron de la celda y debió caminar más de 70 metros para llegar a "la julia" y luego al juzgado. Nunca tuvo una sobrevigilancia. Cualquier comando lo hubiera salvado. Indudablemente eso le extrañó.

Pero sucedió algo importantísimo: en una de esas ocasiones, cuando estaba declarando, alguien lo reconoció. No es cierto que hubo una llamada anónima para denunciarlo. Por eso el viernes 6 por la madrugada llegaron tres aviones del ejército con personal especializado y enseguida dos de la PGR con fiscales. Inmediatamente lo excarcelaron. *Zeta* lo captó fotográficamente. Entre ese día y el martes 10, hubo un tironeo singular: funcionarios de la PGR aseguraban que no era Humberto Rodríguez. Fue muy obvia su insistencia hasta el punto de la sospecha. Lo regresaron al penal. El ejército, atinadamente, puso guardias en las entradas y salidas, legales o posibles, del penal, para evitar una escapatoria. En una segunda inspección fuera del penal, peritos y médicos del ejército lo analizaron y comprobaron su identidad. Entonces Humberto Rodríguez confesó: "Sí, yo soy 'La Rana'. Yo soy".

Mi única duda: ¿qué andaba haciendo "La Rana" en Tijuana si los Arellano lo comisionaron a Jalisco, Michoacán y el Distrito Federal? Caben dos hipótesis: tenía órdenes de los Arellano para ejecutar a cierta persona, o fue llamado para protegerlos al permanecer en la frontera mexicana. Una conclusión: Humberto es un tercero en la escala de los gatilleros del cártel y se sometió a tal transformación para hacerse irreconocible. Indudablemente los hermanos Arellano también.

El descuidado

En Baja California, Sinaloa, Ciudad Juárez, Nuevo Laredo, Guadalajara y Distrito Federal hay cientos de ejecuciones cada año, casi todas conectadas con el narcotráfico. Una doble llamó sobrado interés de periodistas, ciudadanos y policías. Sucedió el lunes 23 de agosto, cuatro horas antes de la medianoche y en 1999 para ser precisos. Los cadáveres estaban en moderna camioneta Expedition, que quedó con el motor apagado y las llaves en el encendido, entre las calles Jesús Sansón Flores y Colombia, de la colonia Cuauhtémoc. Cuando llegó la policía, un hombre estaba inanimado al volante, con un rifle R-15 sobre los muslos. La otra víctima, en el asiento trasero del lado contrario al poder, traía una pistola casi nueva. Al primero le dispararon hasta cinco veces y a no más de diez centímetros, directo a la cabeza. El segundo tenía huellas de catorce impactos, todos de pistola, calibre nueve milímetros, también de muy cerca. Me imagino por lo menos a dos como los ejecutores y a otros tantos esperando en un vehículo en marcha. De lo que no tengo duda es que asesinos y víctimas se conocían. Por la forma del ajusticiamiento y hasta donde pude enterarme, no fue violenta. Mi hipótesis es que sucedió mientras platicaban. Se citaron en tal lugar, o fueron allí de acuerdo, cada cual en su auto.

El hombre al volante era teniente coronel y tenía una tarea harto especial: cuidar en Mexicali la residencia particular del entonces presidente de la república, doctor Ernesto Zedillo. Se llamaba Rafael Ramírez Mogobrejo y tenía 41 años. Conducía la Expedition. Su compañero en desgracia era Arciel Acuña Varela, quien recién había rebasado los 26 años y sus andanzas eran como las de muchos jóvenes con avaricia: aspirantes a policía judicial federal; "aspirinas" o "madrinas" les apodan. Traían equipaje en la camioneta. Las etiquetas de la línea aérea abrieron la puerta para investigar. Uno salió del Distrito Federal, otro de Guadalajara. Llegaron el mismo día a Tijuana; tres antes de su ejecución, se trasladaron por tierra a Mexicali. Debieron utilizar el mismo vehículo donde fueron asesinados, pero la policía no dijo dónde lo abordaron. Me imagino que en el estacionamiento del Aeropuerto Internacional Abelardo L. Rodríguez de Tijuana. No hay una referencia si este punto fue verificado. Pero sí algo tan significativo como sospechoso: la PGR y la estatal suspendieron la investigación.

Al fin parte de la misma mafia, agentes de la policía estatal los identificaron: asociados del cártel Arellano Félix. Pero la suya no fue una información oficial; simplemente "filtraron" la noticia a los periodistas. En lo personal creo que recibieron órdenes de la misma mafia para difundir su personalidad. Es una forma tradicional de reconocer convenencieramente las bajas. Pero también luz verde a los policías para investigar por su cuenta, mas no oficialmente, quiénes fueron los ejecutores. La regla es darles el mismo trato que dieron.

Curiosamente, la policía no examinó los proyectiles. Tampoco los comparó para verificar si eran de una sola o dos pistolas. Jamás fueron comparadas con otras ejecuciones de Sinaloa, Guadalajara, Juárez, Nuevo Laredo o el Distrito Federal. En cambio, alguien o algunos policías "le dieron la exclusiva" a la sorda a varios periodistas. Por lo menos, el militar tomó parte en la matanza del 3 de marzo de 1994 en

Tijuana, aquélla cuando unos agentes estatales protegían a Benjamín Arellano Félix y otros federales a "El Mayo" Zambada. Sus convoyes de modernas suburbans se cruzaron en una calle muy concurrida, cerca de dos centros comerciales, apenas anocheciendo. Fue un encuentro casual pero trágico. Varios policías murieron. Naturalmente, se salvaron los capos. Fotografías periodísticas mostraron cuando los del estado alejaron del lugar al hermano menor de los Arellano. Uno de ellos sigue libre, otro fue procesado. A los pocos meses de abandonar la prisión alguien se dio cuenta: estaba muerto en su oscuro y destartalado departamento. Nunca se supo por qué. "Oficialmente", un ataque al corazón.

El militar y su acompañante ejecutados aquel 23 de agosto de 1999 fueron indudablemente convocados por los Arellano para reforzar la plaza de Mexicali, no para movilizar la droga. Allí se recibían constantes y grandes cargamentos de mariguana tapatía y michoacana. Esto no agradó a Gilberto Higuera, "El Gilillo", comisionado anteriormente para eso. No tenía las grandes habilidades de su hermano Ismael, "El Mayel". Operaba entre San Luis Río Colorado, la frontera noroeste sonorense con el noreste bajacaliforniano, apenas a unos cincuenta kilómetros de Mexicali, antesala para el enorme contrabando de droga a Estados Unidos. Lo hacía no con la efectividad de su hermano y, contrario a él, actuaba violentamente. No tengo una referencia exacta sobre si es adicto o no, pero le gustaba mucho divertirse a la vista de todos en los *cabarets* de San Luis Río Colorado. A Mexicali se movía muy protegido y casi siempre por algunos policías estatales. Casi ya no va.

Ahora se sabe que "El Gilillo" es el principal sospechoso y casi seguro autor intelectual y material de este doble crimen. Que actuó por celos y en reclamo de su jerarquía en la familia mafiosa. Su problema fue tomar una decisión sin antes con-

111

sultar a sus jefes. La suya fue una figuración. A contraparte, pudiera existir la suposición confirmando la presencia del militar y su compañía para desplazar a "El Gilillo". Pero la lógica apunta diferente: un militar comisionado para cuidar la casa del presidente no podría estarse moviendo continuamente y atender la recepción y el despacho de la droga.

Pero en realidad "El Gilillo", bajo esta sospecha que casi se confirma, queda en una posición difícil. Se "brincó" las órdenes de sus jefes. No los consultó ni les informó. Y las deslealtades solamente se justifican con la muerte. De paso, Ismael Higuera alteró los planes del cártel Arellano Félix. Meses después de haber asesinado al militar y su compañía, siguió como si nada. Entonces tomó mucha confianza para movilizarse en Mexicali y San Luis Río Colorado, teniendo a las policías de su lado. Lo que nunca esperó sucedió: policías judiciales federales militares lo estuvieron persiguiendo y casi lo capturan: se les escapó por la infortunada aparición de una patrulla municipal. Puso el alto a los miembros del ejército. Encubiertos, le parecieron sospechosos. Mientras los oficiales se identificaban, "El Gilillo" tomó ventaja. Pero con todo y eso lograron darle alcance al vehículo, cuando quedó inmóvil en un gran amontonamiento de tierra. Higuera bajó corriendo y se escapó. Su acompañante, drogado, también quiso hacerlo, pero no pudo mantenerse en pie ni correr.

La detención de ese hombre provocó la de otros cinco, el cateo y confiscación de casas y de algunos vehículos blindados, entre ellos varios de lujo; aparte, dos millones de dólares escondidos en la casa de un funcionario del gobierno estatal panista. Y de allí se fue desmadejando una serie de grupitos asociados con los Arellano, incluidos algunos mafiosos en el Distrito Federal. Para infortunio de "El Gilillo" hubo entre esos detenidos dos que prefirieron ser testigos protegidos y no huéspedes de La Palma. No hay necesidad de preguntar a la autoridad para saberlo: están dando muchos datos para capturar grandes decomisos de droga, traficantes y posiblemente hasta las cabezas del cártel Arellano Félix. El pronóstico es uno y claro: habrá más detenciones y ejecuciones en Tijuana, Guadalajara y el Distrito Federal.

El poder

Vicente Fox Quesada subió al *jet* presidencial, enseguida su jefe del Estado Mayor, luego algunos colaboradores. Faltaban tres días para la Navidad de 2000 y el guanajuatense llevaba 22 como primer mandatario panista. Una larga fila de funcionarios y políticos agitaban su mano despidiéndolo desde la orilla de la pista. La nave despegó de Tijuana y fue enfilada a Reynosa, Tamaulipas. Me imagino que las turbulencias fueron mínimas; recuerdo que el tiempo no estaba para eso. Los periodistas que acompañaban al presidente encontraron el reposo tras andar de un lado para otro en tierra tras la noticia. Pero me imagino su opinión. El presidente no dijo nada importante en Tijuana. Por eso la simbólica bienvenida a los paisanos ya no aguantaba como nota de primera plana. Además, fueron muy poquitos los que cruzaron la frontera. Quién sabe por qué no se lo informaron, pero la mayoría normalmente viaja desde noviembre o en la primera semana de diciembre, pues casi todos quieren llegar a su casa antes de las posadas. Tampoco se dieron cuenta de otro detalle importante: muchos en California se dejaron ir a Tijuana semanas antes solamente para tramitar su permiso de importación temporal y regresaron a casa. Unos inmediatamente, otros días después empacaron y con toda comodidad enfilaron por la supercarretera hasta la frontera con Nogales. Por allí pasaron a territorio mexicano y tomaron la autopista hacia el sur. Es mejor que cruzar por Tijuana, pues se evitan el aburrimiento y el peligro de cruzar el desierto sonorense en una ruta de dos carriles, incluidos varios retenes. Por eso cuando Fox llegó a Tijuana para bien recibir a los paisanos, casi no había. Los que cruzaban eran aquéllos con familiares en la frontera. Con tiempo habían enviado regalos y dinero. Luego, el acto cerca de la línea internacional fue soso y, sabiéndolo o no Fox, de valores muy entendidos. Hablaron seleccionados antes y no escogidos en el momento como se hizo aparentar. Total, todo aquello no daba para una buena nota.

De pronto, mientras ronroneaban los motores del *jet* presidencial, el señor Fox salió de su despacho y se dirigió hacia el área donde viajaban los periodistas. Vestía chamarra azul marino cubriendo su camisa clara del mismo color. Naturalmente, no traía corbata. Pantalón oscuro y sus botas sin taconazo. Recién lavada la cara y peinado. Soltó entonces una declaración como para quitar lo modorro a cualquiera. Al día siguiente, *La Crónica de Hoy* de la ciudad de México publicó la nota de su enviado Moisés Sánchez Limón:

> El presidente Vicente Fox anunció esta noche la primera acción de seguridad nacional de su gobierno, mediante un operativo en el que se utilizará toda la fuerza del Estado para combatir el crimen organizado en el país, y estableció que durante seis meses emprenderá una batida contra la banda de los hermanos Arellano Félix. "De poder a poder, los derrotaremos", dijo en referencia al tamaño de la organización e infraestructura armada del narcotráfico, específicamente de los Arellano Félix.

Los "soles" de Mario Vázquez Raña publicaron en primera plana, firmada por Sergio M. Colín: "El presidente Vicente Fox declaró la guerra a los hermanos Arellano Félix y advirtió que en los próximos seis meses se dará un despliegue de las fuerzas del Estado, que asegure la erradicación del crimen organizado y el narcotráfico de Tijuana y Baja California". En *El Universal* la nota fue titulada: "Declara Fox la guerra al cártel de los Arellano". El compañero reportero José Luis Ruiz tecleó que el gobierno federal enviaría dos mil policías de la Federal Preventiva a Tijuana. "El objetivo: acabar con el poder ejercido por la organización de los hermanos Arellano Félix". Aparte: "Fox Quesada fue tajante. De poder a poder no hay duda. Los derrotaremos". Y "vamos a concentrar todo en este lugar por largo plazo y estoy seguro que en seis meses debemos limpiar Tijuana, ponerla en paz. Sí, es una tarea a fondo que hay que hacer".

La Jornada incluyó una nota en toda la página siete. Juan Manuel Venegas, enviado, y Jorge Cornejo, corresponsal, transcribieron las palabras del presidente: "De poder a poder, no hay duda los vamos a derrotar; aquí el asunto es que se esconden entre la sociedad misma y el problema es descubrirlos, por eso es que se requiere cobertura total". El par de periodistas escribieron: "Los policías federales, estatales y municipales actuarán bajo una misma imagen, un mismo uniforme, un mismo equipamiento, una misma facultad y una misma capacidad de hacer". Y más: "Precisamente queremos estar en Tijuana porque aquí está la mata de los Arellano y es aquí donde queremos trabajar hasta erradicarlos de la ciudad".

María Elena Medina, de *Reforma*, reportó que el presidente de la República anunció la contratación de 12 a 15 mil elementos para las policías judicial federal y preventiva. "El mandatario declaró que esta medida le permite ser optimista sobre la erradicación de la criminalidad en Tijuana, donde se encuentra la mata de la banda del narcotráfico comandada por los hermanos Arellano Félix".

La misma nota fue publicada en el diario tijuanense *Frontera*, con el titular: "Declara guerra a los Arellano". Y un sumario: "El mandatario aseguró que así erradicará la criminalidad en Tijuana, donde opera una de las principales bandas del narcotráfico". El periódico tijuanense *El Mexicano* fue más tajante: "Derrotaremos a los Arellano Félix: Fox". Utilizó un despacho informativo de la agencia Notimex: "El presidente Vicente Fox Quesada se comprometió a dar la batalla contra la delincuencia y el narcotráfico en la ciudad fronteriza de Tijuana y en un término de seis meses ponerla en paz". Otro párrafo: "Dijo que en primerísimo lugar se va a trabajar contra el narcotráfico, después sobre el secuestro y en tercer lugar en el robo de automóviles".

En fin. Llegamos al viernes 22 de junio. Se cumplieron los seis meses de plazo que estableció por su cuenta y riesgo el presidente de la República. El resultado: cero punto menos cero. Sigue operando el cártel de los Arellano Félix. Todos los hermanos y sus cómplices siguen libres. Los detenidos en la ciudad de México que formaban una célula no tienen el calibre de Ramón o Benjamín. Solamente durante un par de semanas de enero estuvieron en Tijuana dos mil policías federales preventivos. El resultado fue único: su presencia aplacó la actividad del crimen organizado. Pero en cuanto se fueron, resurgió con más fuerza. Los agentes de la federal, estatal y municipal no están coordinados. Al contrario, se odian. Tampoco se reforzaron. Nunca han usado el mismo uniforme ni están bajo el mando único tal como lo prometió Fox.

Setenta y cuatro personas fueron ejecutadas por mafiosos, lo que se traduce en un promedio superior a diez por mes. Cuatro agentes de la policía ministerial fueron asesinados en evidente relación con el narcotráfico. Un policía municipal murió cuando se enfrentaba a delincuentes. El número de secuestros es insospechable. Parientes de las víctimas, normalmente de familias pudientes, ni se acercan a las policías. Está demostrado: todas han tenido que ver con los plagios.

Las parentelas negociaron con los atacantes y, tras recuperar su libertad, las víctimas cambiaron de residencia al extranjero. Los maquiladores japoneses y estadounidenses empiezan a retirarse ante la falta de seguridad. El periódico tijuanense *Frontera* publicó el lunes 18: en Tijuana se roban diariamente un promedio de 43 vehículos.

La delegación de la Procuraduría General de la República no busca a los Arellano. Prefiere la comodidad de revisar mochilas a escolares. La Procuraduría de Justicia del Estado sigue derrapando en los errores. Las manos del concuño del gobernador no toca a las mafias ni en sueños. La conexión de sus agentes con el narcotráfico no se duda. Por eso los han ejecutado. La policía municipal y el ejército mexicano son los únicos que le hacen frente a todo y con buenos resultados. Si no fuera por estas corporaciones, Tijuana tendría más problemas.

Después de aquel 22 de diciembre, Fox regresó a Baja California a fines de enero. Desde entonces no se le ve en Tijuana. Y es entendible: su presencia significaría un gran apoyo a los candidatos del PAN, que pelean en las urnas la gubernatura, cinco presidencias municipales y 25 diputaciones locales. Pero suponiendo que viniera, se encontraría que falló. No se cumplió su palabra. Y que de poder a poder, por lo menos en los últimos seis meses, le ganaron los Arellano.

Paco

A "El Metro" le falló la medida y lo cazaron. Pero estoy seguro de que Alcides Ramón Magaña sabe muy bien quién ordenó ejecutar a Paco Stanley. Es de los pocos enterados por qué y quiénes protagonizaron el ajusticiamiento del comediante. No lo dudo. En su momento supo cómo planearon todo. Su posición tan importante en el cártel de Juárez se lo permitió. "El Metro" Magaña no es un mafioso del montón. Ni uno de tan baja o mediana categoría como Gilberto García, "El June". No. Si se utilizara el sistema métrico decimal, este hombre hace honor a su apodo. Operador de primera en el cártel de Juárez, por eso lo tenían en la frontera sureña mexicana recibiendo y enviando cocaína. Es fácil describir esa función, pero no cualquiera es destinatario y remitente a la vez. Y un punto importantísimo: en la maldad de su tarea, fue honrado y cabal centímetro a centímetro. No lo tentó quedarse disimuladamente con droga, el famoso "gane". Le fue fiel al cártel de Juárez. Aparte, el tiempo que duró operando lo etiqueta como uno de los mejores operadores en todo el continente. ¿Que para eso sobornó o recibió el apoyo del gobierno estatal?; como me la pinten, "El Metro" siempre fue exacto en sus operaciones. Por eso tenía línea directa con Amado Carrillo Fuentes, "El Señor de los Cielos". Me lo imagino como uno de sus consentidos. Muerto, asesinado o desaparecido este señor, sus hijos no tuvieron la estatura para ser los sucesores. Por eso Alcides Ramón lo heredó por naturaleza y compartió con "El Mayo" Zambada y "El Azul" Esparragoza. De allí la razón para estar perfectamente enterado sobre la ejecución de Paco Stanley. Por un lado, debieron informarle; por otro, obligadamente pidió detalles. No hay pierde, sabe quién fue. Y bajo el supuesto de no existir relación entre el comediante y "El Señor de los Cielos", "El Metro" está enterado precisamente por la posición que ocupaba. En el último de los casos, no podía desatenderse luego del ajusticiamiento. Debió buscar y lograr la información exacta.

Solamente existe otro operador de droga con la estatura de "El Metro": Ismael Higuera, "El Mayel". También lo capturó el ejército mexicano el 3 de mayo de 2000. En el argot del narcotráfico se le consideraba un excelente "bajador". El hombre localizaba el lugar preciso para el aterrizaje de los aviones cargados de droga. Lejos de los militares y con la complicidad de agentes federales y estatales. Recibir y luego remitir inmediatamente al lugar preciso evitando decomisos, pocos lo hacen. Desde hace un año, el cártel Arellano Félix ha sufrido por su ausencia. Nada más en seis meses les han decomisado tanta droga como en seis años en territorios bajacaliforniano y sonorense. En cocaína, los *marines* estadounidenses descubrieron dos cargamentos. Uno de 13 y otro de 30 toneladas. Esto significa, aparte de millones y millones de dólares, una claridad: no han podido encontrar los Arellano otro "bajador" con la capacidad de "El Mayel".

Los militares sorprendieron a Ismael Higuera en una elegante residencia a las orillas de Ensenada. Estaba ebrio y desnudo. Su novia colombiana lo abrazaba. Se le fue un tiro cuando desesperadamente agarró una pistola al ver a los soldados, pero inmediatamente lo doblegaron. Apunto esto porque ya va siendo costumbre: todos los capos detenidos nunca dispararon. "El Metro" y "El Mayel" estaban muy confiados poco antes de su captura. Ninguno tenía guardaespaldas. En el caso de Ismael, lo menos se supondría a varios rodeando la casa. Y con "El Metro" pasó casi igual. Salió de su residencia sin que nadie le cuidara las espaldas. Fue a una cabina telefónica pública, seguramente para evitar pájaros en el alambre; y cuando menos lo esperaba, perdió centímetro a centímetro. Otros casos fueron iguales: Jesús Labra Avilés, "Don Chuy", el padrino de los Arellano, se sometió al ejército. Ni siquiera sacó su pistola, una .38, cuando le persiguieron en una cancha de futbol colegial tijuanense. Amado Cruz, calificado como "lavadólares" de los mismos hermanos, salió emocionado de cierto restaurante tras ver una pelea triunfal de Julio César Chávez. De pronto sintió el frío acero de las esposas en sus muñecas. Solamente alcanzó a decir: "se van a arrepentir". Everardo "El Kitty" Páez gozó de la última excelente comida china de su vida sin saberlo. Al salir del restaurante en Tijuana lo pescaron. Quiso sorprender a los militares con una identificación falsa, pero no le dio resultado. "El Güero" Palma tuvo una doble caída: la de su avión cerca de Guadalajara y la suya sin disparos. Joaquín "El Chapo" Guzmán se rindió en la frontera sureña mexicana. Juan García Ábrego ni pero puso en Tamaulipas: cero balazos. "Don Neto" Fonseca se resignó al ser detenido. Igual Rafael Caro Quintero y José Contreras Subías cuando Florentino Ventura los sorprendió en Costa Rica. Si alguien se pregunta por qué no les acompañaban guardaespaldas, la respuesta es simple: el servicio de inteligencia militar actuó en el momento y lugar precisos, sin violencia.

Aparte de tales comparaciones, hay más. Creo que recularán los principales narco-protagonistas en todo el país. "El Metro" puede convertirse en la ficha del dominó y llevarse por delante a otras. Estoy seguro de una cosa: muchos capos ya cambiaron de ubicación. Evitan la comunicación acostumbrada con socios y familiares, visten diferente, se transportan en vehículos nunca antes utilizados, tal vez transformarán su físico como lo hicieron "El Metro" y "El Señor de los Cielos". Aparte, un punto harto importante. Si habla Salcido, están en peligro de ser detenidos policías federales en lo general y particularmente estatales de Chihuahua. El cártel de Juárez no trabaja sólo con sus hombres. Todo mundo sabe cómo se infiltró en esas corporaciones. La venta de plazas en el estado norteño es una evidencia de ese asqueroso maridaje.

Los capos ordenarán asesinar a sus colaboradores de segundo nivel por temor a que los detenga el ejército y confiesen cómo andan las cosas. Esto les evitará ser descubiertos. La captura de "El Metro" debe ser considerada como clave, no sólo para saber quién mató y por qué a Paco Stanley, sino para saber lo demás del cártel de Juárez.

Me han preguntado mucho si ahora siguen los Arellano Félix. La verdad, no tengo factores a la mano para dar una respuesta. Pero de dos cosas estoy seguro: primero, los narcos no tienen la gran fuerza humana que suponíamos, se apoyaban en la policía. Y segundo, creo que está funcionando el factor sorpresa. Eso se ve con el hecho clarísimo de "El Metro". Mientras todo mundo poníamos la mirada en los grandes capos, la captura menos esperada se dio. Y las acciones militares van de menos a más. "El June" no es una gran figura, pero sí fue un excelente "burrero", dicho en otros términos, acarreador. No alcanzó la categoría de operador. Pero la detención del señor Alcides es muy importante. Ya la hubiera querido realizar la oficina antidrogas de Estados Unidos, más conocida como la DEA.

Los hechos también nos confirman cómo el ejército mexicano está actuando más y mejor que la Procuraduría General de la República. Y no porque ésta sea incapaz, sino porque todavía sigue capeada con la corrupción. El señor general

Rafael Macedo de la Concha, en seis meses de tarea, todavía no logra limpiar la gran corrupción en esa oficina.

Como nunca en la historia bajacaliforniana, el ejército mexicano decomisó grandes cantidades de droga proveniente de los estados del sur de la República. En lo que va del presente año, la II Región Militar, comandada por el general de división D. E. M. Rigoberto Castillejos, con sede en Mexicali, y la II Zona Militar, jefaturada por el general de brigada en Tijuana, han incautado 51 mil 141 kilogramos de mariguana. Lo que no se hizo en un año o casi en un sexenio.

En las últimas acciones realizadas, la Secretaría de la Defensa Nacional decomisó los siguientes cargamentos.

• 15 700 kilos de mariguana, transportados en un trailer con razón social Transportes Figueroa, procedente de Guaymas, Sonora.

• 2 115 kilos de mariguana, transportados en un Chevrolet 93, procedente de Sinaloa.

• 1 195 kilogramos de la misma droga, transportados en tráiler con razón social Ramón Loaiza Jorge Alberto.

• 300 kilos de mariguana, transportados en avioneta Cessna Centurion, matrícula XB-ELA, abandonada en el valle de Mexicali.

• 344 kilogramos de mariguana, transportados en una avioneta Cessna que aterrizó en las inmediaciones de la sierra Las Tinajas, a 85 kilómetros al sur de Mexicali.

• 20 mil pastillas psicotrópicas, transportadas en avión comercial procedente de la ciudad de México.

En estas acciones fueron detenidas ocho personas y se incautó un fusil AK-47, un rifle R-15 y una pistola calibre .9 milímetros marca Colt.

Nuevo socio

Me sorprendió saberlo, ni siquiera lo imaginaba, pero no pude dejar de creer a la persona que entrevisté. Es uno de los más expertos en materia de narcotráfico. Imagínese: desde hace meses hay un nuevo socio del cártel Arellano Félix. Ha estado comprando directamente cocaína colombiana por toneladas. Ordena desembarcarla en las costas bajacalifornianas del océano Pacífico, al sur de Ensenada, sin llegar a San Quintín, y al norte, hasta los límites sureños de Rosarito. Luego, sus estibadores la acomodan muy bien en modestas casas ensenadenses y otras no tanto en Tijuana. En esta mecánica viene entonces lo extraordinario del nuevo socio: aprovecha los contactos del cártel y diariamente envía cocaína a Estados Unidos. Me informaron que utiliza un indeterminado número de automóviles transportando por lo menos 50 kilos. Todos cruzan por alguna de las 22 puertas en la garita internacional Tijuana-San Ysidro. Apenas pude creer cuando el experto en la materia dijo que este nuevo socio pasa aproximadamente 500 kilos por día en la que consideró una increíble operación: no es molestado por las policías de Baja California o estadounidenses antes ni al pasar la frontera. Son muy raras las ocasiones cuando alguno o varios autos son descubiertos al cruzar de territorio mexicano a estadounidense. Pero es mayor el número y la suerte. Al enterarme de todo esto hace días, de pronto recordé algo curioso: la ficción de la película *Traffic* se convirtió en realidad y de paso se confirmó la serie televisiva de Ted Koppel en la cadena ABC: guías desde las cercanías de la garita informan por radio a los conductores por cuál puerta cruzar. Esto significa que el vigilante oficial está de acuerdo con la mafia o se le considera fácil de engañar. Con la orientación al conductor para escoger determinada fila y pasar la frontera, va combinado el no toparse con los perros adiestrados para descubrir droga, y que continuamente son guiados metros antes de la línea internacional. Con todo esto, queda claro: el nuevo socio ha superado la habilidad del que fuera operador estrella del cártel: Ismael Higuera, "El Mayel".

En Colombia, hace dos años, me enteré de que los productores de cocaína decidieron suspender sus ventas al cártel Arellano Félix. Primero, porque estaban muy vistos y perseguidos. Segundo, cuando algún despacho terminaba confiscado era pérdida para los colombianos. Y si el cártel no lo recibía, tampoco pagaba. Eso fue enfriando los negocios hasta congelarlos. Entonces y a falta de cocaína, el cártel decidió financiar sus propios cultivos de mariguana en los estados de Jalisco y Michoacán. Ocasionalmente compraban cocaína en Sinaloa, pero con tratos muy tirantes y sangrientos: ejecuciones al por mayor en las ciudades y sierra sinaloenses o en la frontera bajacaliforniana. Una hipótesis es que, una vez libre, Joaquín "El Chapo" Guzmán ordenó ejecutar a numerosos sinaloenses surtidores de los Arellano.

Desde hace años, la hierba jalisciense o michoacana fue transportada por el cártel de los Arellano en camiones camuflageados hasta la frontera de Tijuana con Estados Unidos. No tuvieron grandes problemas. De cuando en vez la autoridad descubría algún cargamento grande. Pero desde diciembre a la fecha, los decomisos de mariguana han sido enormes, principalmente ejecutados por el ejército mexicano, en la zona de Sonoyta, Mexicali y Tijuana. Son cifras que han roto marcas anteriores, pero también es una forma de medir el soborno. Cada decomiso cercano a Estados Unidos se traduce en calcular las grandes "mordidas" a por lo menos diez retenes anteriores desde Jalisco o Michoacán.

Pero ahora supe que el nuevo socio de los Arellano les permitió recuperarse. Para empezar, estableció un trato con los colombianos. Pagar "seguro" por la droga en tránsito con el siguiente plan: si acaso fuera confiscada, el comprador se obliga a cubrir 10 por ciento del valor total. Esto ha generado mayor confianza entre ambos. Aparte, pude enterarme de algo no antes visto: se decidió, entre productor y comprador, que terceros realicen el transporte. Por eso están utilizando a rusos, que no son mafia, pero sí grupos dedicados exclusivamente al acarreo. Mañana pueden ser japoneses o chinos. Rentan barcos que no sean colombianos ni mexicanos, y con bandera de otro país navegan en el océano Pacífico hasta llegar a las costas de Baja California. Esto me confirmó el sello del cártel: no asociación con extranjeros; se sirven de ellos como correos. Así es a lo largo de Estados Unidos.

Fui enterado de que la Procuraduría General de la República no tiene conocimiento preciso de los embarques continuos de cocaína a las costas de Baja California, ni del nuevo socio del cártel, pero en Estados Unidos lograron avanzar en ese sentido. Ya confesaron los recientemente detenidos en embarcaciones repletas de cocaína durante su viaje en altamar frente a las costas acapulqueñas; aparentemente el personaje ha sido identificado, aunque no me confiaron su nombre, pero sí otra grave situación: el mayor problema de la policía especializada estadounidense es la increíble penetración de los Arellano Félix en ambos lados de la frontera. Nunca como ahora han sobornado tanto. Por eso el movimiento policiaco en Estados Unidos es mayor que nunca para capturar a los capos del cártel. Entre tanto, veo que la Procuraduría General de la República no ha salido de su pasividad. Inexplicable, pero sospechosamente, en los últimos meses tiene pocos agentes en Tijuana, la zona de mayor conflicto. Si a eso se suman los infiltrados, el cártel es intocable en territorio mexicano.

Precisamente, una investigación estadounidense ubicó a Ramón Arellano Félix en Rosarito, un bello centro turístico a 30 kilómetros al sur de Tijuana. Seguramente tiene cierta residencia cómoda frente al mar y a media hora de la frontera con Estados Unidos. Me confiaron que algunas veces cruza legalmente la línea internacional y se la pasa en San Diego o Los Ángeles. Pero también supe que cada vez son menos los días que permanece allí. Hay un dato curioso del confidente: la policía antidrogas de Estados Unidos tiene el doble trabajo de saber qué agentes permiten el paso a Ramón, y quiénes le avisan cuando la autoridad está cerca de él. Es cuando se regresa a Rosarito. Otro dato no muy conocido: Benjamín Arellano ha permanecido por tiempos largos en Oaxaca y, hasta donde me informaron, casi casi reside allí. Hay dos hipótesis: una, que Ramón fiscaliza las entregas de cocaína en la frontera bajacaliforniana. Otra: Benjamín estaría tomando el lugar de Jesús Labra, "El Chuy", de hartos contactos y cercanías familiares en el sureste.

Tuve la oportunidad de hablar con el experto sobre otro punto: las autoridades mexicanas siempre han sostenido que los Arellano están en Estados Unidos. Y las de Estados Unidos, en México. Mi opinión, dije, es que si llegara a suceder, no serían capturados en territorio estadounidense. Eso significaría reconocer su permanencia y operación allá. Siempre he considerado que "los empujarían" a México para ser apresados acá. Pero me rectificaron: la policía de allá quiere hoy más que nunca detener a los hombres del cártel antes de que lo hagan en México. ¿La razón? Tienen muchos cargos. Eso significaría encarcelarlos de por vida. Tal vez sean condenados a la pena de muerte. Pero si los Arellano son capturados en México, pasarán muchos años para lograr extraditarlos. Deben cumplir aquí primero una larguísima condena. Pusieron como ejemplo el caso de Everardo Arturo "El Kitty" Páez. Sus abogados lucharon intensa y jurídicamente desde 1997 y hasta 2001. Sobornaron a jueces y estuvieron a punto de liberarlo. Por fortuna se cambió el criterio jurídico en México y ahora Páez espera cadena perpetua en una prisión estadounidense. No solicitará el fiscal la pena de muerte, porque no hay evidencias de que ordenó algún crimen, todo lo contrario al caso de los Arellano. Por eso se acabó el patrioterismo. Van con todo los policías de Estados Unidos. Por eso, me dijo el experto, se aumentó la oferta a quien denuncie a los Arellano: aparte de entregarle dos millones de dólares por cada uno de los hermanos, si fuera el caso que se tratara de informantes mexicanos, le concederán residencia legal con toda su familia, un trabajo seguro y quedarían bajo el sistema de testigos protegidos: nueva identidad, otro lugar de nacimiento, registro en el seguro social y más. El experto en narcotráfico comentó que muchas personas tienen miedo de denunciar a los Arellano por temor a ser asesinados en venganza. Pero aseguró que eso no pasará con la nueva decisión de otorgar residencia.

También supe que hay informes de cómo el cártel ha sobornado a periodistas en Baja California, directa o indirectamente. Un indicador, me dijo el experto, es principalmente en Tijuana, Mexicali, Sinaloa, Chihuahua, Tamaulipas y la ciudad de México: cuando el ejército mexicano decomisa mucha droga, inmediatamente aparecen notas en la prensa señalando que no se debe militarizar la lucha contra el narcotráfico.

La clave

Todos lo vimos en la televisión: el viernes fue sacado de La Palma. No sospechaba ni se lo esperaba. Al contrario, creo que estaba muy ilusionado con lograr la libertad. Pero todo sucedió tan de repente que nunca se imaginó salir de la prisión agachado, con la cara cubierta, esposado y corriendo. Policías con el rostro encapuchado lo treparon a un helicóptero. De allí al aeropuerto de Toluca. No vio a ningún conocido cuando lo bajaron. Le hicieron dar pocos pasos. Serían los últimos en su vida sobre suelo mexicano. Todo fue videograbado por funcionarios mexicanos para demostrar que no lo maltrataron. Le encaramaron rápidamente a un *jet*. Sin capucha, lo recibieron funcionarios de Estados Unidos. Solamente órdenes recibió, ni una palabra después. Hasta eso, le tocó asiento con ventanilla. Pero fue asegurado, para no poderse mover. Estoy seguro de que maldijo el momento: "Ahora sí, me van a extraditar". Supongo que en silencio insultó a sus abogados por haber fracasado: "Ni el dinero que les pagaron". Indudablemente sabía que sería llevado a Estados Unidos, a San Diego, donde lo estaba reclamando el gobierno para juzgarlo. Creo que se sorprendió cuando la nave aterrizó en El Paso, Texas. El *jet* reabasteció combustible y los funcionarios llenaron todos los papeles de extradición. Luego continuó la nave hasta San Diego, California. Cuando el *jet* inició el descenso, y como iba del lado izquierdo, tuvo la oportunidad de ver

Tijuana. Inconfundible. Creo que le entró miedo cuando, sin esperarlo y enseguida del aterrizaje, agentes de la agencia anti-narcóticos, DEA, le pusieron un chaleco contra balas, de los más gruesos, contra disparos de "cuerno de chivo". Así lo bajaron rápido y esposado. Otra vez videograbado para también demostrar que llegó bien, sin maltrato, tal y como fue subido en Toluca.

Seguramente, Everardo "El Kitty" Páez debió reconocer el aeropuerto. A lo mejor recordó tantas veces cuando felizmente tomó sus vuelos a Las Vegas y a México, o los alegres regresos. Aquéllos eran días de gloria. Desgraciadamente no tuvo mucho tiempo para rememorar. Lo subieron a una suburban. No se dio cuenta de que iba en una caravana de patrullas. Tal vez pudo ver la bahía de San Diego. A lo mejor le llevaban agachado. Fue la primera vez que estuvo así en un vehículo en Estados Unidos. Siempre anduvo en el suyo o con sus amigos de Tijuana, como reyes. Tal vez con Fabián Martínez, "El Tiburón", cargando la fama de muchos asesinatos. Otras con el Emilio Valdés o el atleta Ángel Gutiérrez. Iban a donde querían y no como ahora, a prisión. Nunca en su vida pensó, ni nadie, que así terminaría Everardo Páez, "El Kitty", compadre de Ramón Arellano Félix. Pocos narcojuniors como él; ninguno tan cerca del billete grande y del poder de sobra.

Su primera noche en San Diego debió ser fatal. Creo que no durmió bien y se sintió peor que en La Palma. El lunes lo llevaron a la Corte federal. Recordaría que eso solamente lo había visto en las películas. Pero en su caso nada tiene a favor. Por más lucha que le hagan legalmente, lo menos que le espera es una condena a cadena perpetua. Caray, tan seguro que estaba de salir libre en México. Abogados y dinero no le faltaban. Ahora el fiscal federal de Estados Unidos le tapará todas las salidas. De nada le valdrá tener a su lado los mejores abogados. Perderán el juicio.

Everardo "El Kitty" Páez se ha convertido en la clave para detener a los Arellano Félix. Me imagino a los detectives estadounidenses: lo están interrogando hasta "exprimirlo". Solamente Jesús Labra y él son más amigos que socios de los mentados hermanos. Ni siquiera Ismael Higuera, Amado Cruz y Harari Garduño. Tampoco ninguno de los lamentablemente sanguinarios, avorazados, enviciados y desorientados narco-juniors.

Everardo Páez, tijuanense, estaba en la mira del gobierno de Estados Unidos desde 1996. Fue capturado al año siguiente, cuando la entonces efectiva delegación PGR-Tijuana era comandada por el general y licenciado José Luis Chávez. Como ha sucedido en casi todas las capturas de mafiosos, no hubo disparos. Páez se quiso pasar de listo, pero de nada le valió. Sus abogados y familiares movilizaron influencias y se estrellaron. Cuando menos lo acordaron, "El Kitty" ya iba en *jet* de la PGR a México. Los abogados de los Arellano Félix, radicados en Tijuana y reforzados en Toluca, fueron hábiles y les sobraba dinero. Tanto como para "convencer" a jueces y funcionarios de no extraditar a "El Kitty". Durante tres años y medio sostuvieron una lucha jurídica que estuvo a punto de ganar Páez. Creo que a propósito fue alargada por sus abogados, esperando el nuevo sexenio. Y les resultó peor el remedio que la enfermedad. Por lucha no quedó. En tanto un juez curiosa e inexplicablemente sentenció a su favor, la Secretaría de Relaciones determinó en contra. Ante el choque de opiniones, intervino la Suprema Corte de Justicia de la Nación: perdió "El Kitty". Acostumbrado al poderío en el cártel Arellano Félix, me lo imagino en esos momentos desesperado, impotente. Ni de donde agarrarse.

Inmediatamente después de ser capturado en 1997, tuve la oportunidad de ver escritas sus declaraciones a los funcionarios de la PGR. Me dio la impresión de que no se resistió a los interrogatorios. Si se juzga por lo mucho que dijo, creo que hasta temor tuvo y por eso habló. Responde a todo. Para empezar, confirmó que conocía a los Arellano desde 1989; es el primero que no niega su liga, como lo hicieron otros. A Jesús Labra no lo negó; incluso lo refirió como "otro que tiene una organización ligada a los Arellano", según sus palabras textuales, y luego reveló la lista de sus camaradas, hijos de familias pudientes de Tijuana absorbidos por el cártel: Alejandro Cáceres, ya muerto; Fabián Martínez, "El Tiburón"; Merardo León, "El Abulón"; Fausto Soto Miller, "El Cocinero", actualmente en prisión. Alejandro, desaparecido; Agustín, libre; y Alfredo Hodoyán, prisionero; Juvenal Gómez, Alfredo Brambila, Ramiro Zúñiga, Gustavo Miranda, incapacitado en Estados Unidos; Rogelio Berver, desaparecido. Emilio Valdés, prisionero en Estados Unidos; y Luis Alberto León. Dio detalles de ejecuciones y contó pormenores de algunas otras balaceras.

Con esa boca tan suelta, seguramente Páez revelará muchas cosas más. Estoy seguro de que por allí anda la punta de la madeja para desbaratar el cártel. Dos cosas son lógicas: la primera, los Arellano deben estar preocupados doblemente: por lo que diga Páez y por su situación de encarcelado. La segunda, los abogados a cargo de su defensa en La Palma tuvieron la oportunidad de estarle informando verbalmente sobre todos los movimientos del cártel Arellano Félix. Recibió recados de Ramón en especial, tal vez de Benjamín. Tres años y medio en la prisión bastaron para cambiar otras tantas cosas fuera. Pero seguramente Páez dirá todo lo que sabe antes, durante y después de estar en Almoloya. Ahora es de suponerse que los abogados corren peligro por el fracaso. Pueden ser ejecutados. Así le pasó a los licenciados Gustavo Gálvez Reyes y Eugenio Zafra. El primero no pudo evitar el encarcelamiento de Jesús Labra y el segundo hacía las veces de corresponsal de los abogados al servicio de los Arellano y tampoco pudo impedir el encarcelamiento de Ismael Higuera.

Lo mismo le pasó a Joaquín Báez Lugo. Lo ejecutaron después de fracasar en un juicio contra el hotel El Oasis, considerado por la PGR como propiedad de "El Caballo" Galindo, otra pieza de los Arellano.

La prensa en Tijuana publicó una lista secreta de 21 sospechosos que colaboraron con "El Kitty", elaborada por autoridades estadounidenses. Ninguno será detenido. Para empezar, hay varios muertos. Esa nómina hecha en 1996 ya pasó de moda. Se basa en sospechas, no en hechos. Muestra de ello es que ninguno de los allí mencionados fue detenido, ni tampoco la droga que se apunta en el documento fue confiscada. En consecuencia, no se podía determinar la cantidad. Se trata de un documento que está en la Corte, como acusación para solicitar la extradición de Páez. Indudablemente, y como esté, servirá para hundirlo más.

Es muy posible alguna intervención de nuevos abogados norteamericanos en San Diego para evitar preguntas a Páez o negociar la sentencia, pero ahora, en poder de los detectives estadounidenses, no podrá salvarse. Tienen el resto de su vida para preguntarle. Contrario a como pudo haber estado en La Palma, "El Kitty" no podrá recibir visitas ni ayuda económica. Indudablemente será tan vigilado como para evitar el suicidio, o que alguien se acerque para matarlo. A ese punto.

El 14 de noviembre de 1997 escribí en *Zeta*, luego de su captura: "de una cosa sí hay seguridad: Páez será extraditado a Estados Unidos donde será juzgado y sentenciado a una larga condena". Tres años y medio han pasado para confirmar esa hipótesis. Pero es poco tiempo comparado con toda una vida que "El Kitty" pasará en la cárcel.

Serpico

Un narcotraficante entregó 120 mil dólares a tres detectives de Nueva York; se los repartieron en partes iguales y libres de impuestos. Eso sucedió en 1970 y fue real. Antes ya pasaba y desde entonces parece que todos los policías reciben esta gracia de los mafiosos. En aquellos años, en el Bronx, comisionaban a uno de sus compañeros y les decían "cobradores". No trabajaban mientras en su auto recorrían casas de apuesta y lugares donde se distribuía la droga. Rentaban un apartamento y allí reunían el dinero, lo contaban, colocaban determinada cantidad en un sobre y el mismo "cobrador" se encargaba de distribuir los billetes entre sus compañeros. En el Bronx recibían, sin fallar, 300 dólares a la semana. Y en Manhattan se embuchacaban hasta 800. Eran los más distinguidos: 3 200 dólares al mes, 38 400 dólares al año.

La corrupción en la policía de Estados Unidos no era una novedad, sobre todo en el Este. Lucky Luciano, el famoso capo de los años treinta, se distinguía por controlar "a los chicos de la prensa". A este hombre se le considera hoy "el gran precursor del narcotráfico en Estados Unidos" sin necesidad de cárteles de Tijuana, el Golfo o Ciudad Juárez. Joe Valacci era el hombre fuerte en la venta y distribución de heroína y cocaína. Todavía no nacían los Arellano ni "El Señor de los Cielos". Todos conocían a Valacci por su famoso pacto: a los que le caían bien les pedía picarse el pulgar con una navaja o un alfiler. Él también lo hacía y unía las gotas de sangre apretando los dedos. Eso significaba lealtad hasta la muerte. Pobre de aquel ausente de ese trato. Valacci personalmente llevaba en su contabilidad haber asesinado sin piedad a una treintena de sus enemigos. Era algo así como "El Tiburón" de estos días. Joseph Colombo fue otro poderoso mafioso que tenía una forma muy especial de conducirse. "Nunca hables, nunca llames la atención y nunca hagas declaraciones", eran su consejo y el ejemplo. Cuando los periodistas le trataban de entrevistar simplemente contestaba: "soy un hombre de negocios. Manejo bienes raíces". La misma frase pronunciada por Joaquín "El Chapo" Guzmán cuando lo presentaron en Almoloya. Pero aparte de todo eso, los capos de Estados Unidos controlaban el box profesional. Arreglaban las peleas de campeonato y en una ocasión hasta la Serie Mundial de beisbol. Siempre asistían a una sección especial en el Madison Square Garden, vestidos de esmoquin y acompañados de sus esposas, no de sus amantes. Curiosamente, ordenaban suspender la función cuando algún circo llegaba a la ciudad.

En aquellos años, el FBI tenía un jefe que pasó a la historia por rudo: Edgard J. Hoover. Enérgico, sabía vida y milagros de todos. Cuentan que por eso, presidentes iban y venían sin poder despedirlo. Cuando en aquellos años alguien preguntó por qué este señor no capturaba a todos los mafiosos si los conocía perfectamente, Luchese, otro de los capos, dijo simplemente tener fotografías de Hoover vestido con ropa íntima de mujer. Le descubrieron sus debilidades. Por eso la mafia siguió operando y sobornando policías. Los hombres que la dirigían dejaron de verse poco a poco hasta desaparecer del escenario público.

Hay una película, exhibida por vez primera en 1973. La interpretó ese magnífico actor que es Al Pacino. Se llamó *Ser-*

pico. No era ficción. No cambiaron los nombres a los protagonistas. Es la historia de Frank Serpico, graduado en la Academia de Policía en Nueva York. Algún día, cierto compañero le entregó un sobre; lo tomó. Traía tres billetes de a cien dólares. Venía de la mafia. Honrado, fue con su jefe, el inspector Kellogg, y le informó de la "mordida". La respuesta fue doble y escalofriante. Una: podía denunciarlo oficialmente, pero con seguridad al día siguiente amanecería flotando muerto en el mar. Y dos: mejor tomar el dinero y no comentar nada. Desilusionado, pidió su cambio. Lo mandaron a la séptima delegación. Allí resultó peor: en cuanto llegó, un amigo le dijo: "¿Sabes cuánto sacamos extra? ¡800 dólares al mes y sin pagar impuestos!", y le advirtió que no se metiera con los mafiosos: "Aquí nada más arrestamos a los negros y a los hispanos".

Asqueado, solicitó y lo trasladaron a otra delegación. El agente que le asignaron como pareja, en el primer rondín, lo recibió diciéndole: "soy el encargado de los cobros", y le ofreció de inmediato su parte. La rechazó y encontró como respuesta un "¡¿estás loco?!" Así, la fama de Serpico se desparramó por la policía. Logró hasta ir directamente con el alcalde para quejarse y se encontró con palabras terribles: "Lo siento. Se vienen las elecciones. Necesito a la policía. No me la puedo echar encima". Y otra vez fue trasladado. Hizo equipo con seis detectives que se reunieron bajo el árbol de un parque, cercano al estadio de los Yanquis, para proponerle tomar el dinero. Sabían de su honradez y quisieron convencerlo. Pero Serpico los rechazó. "Eres un estúpido", le dijeron, y convinieron repartirse entre todos su parte. Fue nuevamente con sus jefes y no encontró apoyo. Indudablemente ellos también recibían su sobre. Entonces decidió jugar la última carta: habló con un reportero de *The New York Times* y le contó todo. Se hizo un gran escándalo.

Por eso lo cambiaron al Departamento de Narcóticos. Y cuando trataron de capturar a un vendedor de droga, mañosamente lo mandaron por delante. Tocó y habló en español: "Quiero algo". Cuando quiso entrar al departamento del mafiosillo, lo atraparon a la entrada. Ni para atrás ni para adelante: tenía apresado el brazo. No podía disparar. A gritos pidió a sus compañeros auxiliarlo. Estaban cerca, vieron todo y no se movieron. Serpico recibió un balazo en la cara. Se reportó inmediatamente el accidente a la delegación. Un policía recibió la noticia y le notificó a su compañero: "Adivina a quién hirieron". El otro volteó con cara de yo no sé: "A Serpico", y entonces sí preguntó: "¿No le habrá disparado un policía?", y su compañero le contestó: "Conozco a seis que les hubiera encantado". Afortunadamente, el disparo fue de un calibre chico y no afectó el cerebro. En el hospital, todavía recibió tarjetas de sus propios compañeros escondidos en el anonimato, deseándole, en vez de una pronta recuperación, la muerte lenta. Serpico se sobrepuso. Decidió atestiguar y denunciar a sus compañeros y jefes. En 1972 se subió a un barco de pasajeros y abandonó Estados Unidos. Se fue a Suiza y no se ha sabido más de él.

Serpico habla de la realidad. Ésa tan negada por los estadounidenses. La mafia nos llegó de Italia por Estados Unidos, y las formas de la corrupción, también. *Traffic* volvió a colocar a México en el terreno de la corrupción, pero creo que tanta o más de la que existe en nuestro país hay en Estados Unidos. Solamente en California y Nueva York, me resisto a creer que la policía no sepa cuándo, cómo y dónde llega la droga desde México. Es infantil decir que no conocen a quienes reciben esos cargamentos, la forma de distribución, la red de vendedores y, sobre todo, el gran número de consumidores.

Es increíble que policías de la ciudad, del FBI y la DEA no estén enterados de todo el asqueroso movimiento. La realidad

mostrada en *Serpico* en 1973 es indudablemente más grande
30 años después. Si un patrullero está enterado, también su
jefe. Si un detective lo sabe, igualmente los superiores. Y si los
comandantes conocen perfectamente el caso, indudablemente
los directores de la policía, los diputados, senadores, los gobernantes, y hasta arriba.

En México el narcotráfico infiltró al gobierno, a la sociedad y a otros sectores, corrompiendo a todos. Los cárteles
han podido operar sin problema; están haciendo en este país
lo mismo que en Estados Unidos. Desgraciadamente, la violencia nos distingue. Existe la ambición, la desorganización.
En el país del norte, al contrario: hay organización y por eso
no existe violencia. Bueno, han llegado a tal punto que, contrario a los años treinta y hasta los sesenta, todos sabíamos
bien quiénes eran los mafiosos: Genovese, Luciano, Castela-
no, Gotti, Gambino, Colombo, Profaci, Valacci y más. Ahora
no: viven en la discreción y corrompiendo. Eso se llama organización. *Serpico* lo demostró desde hace 30 años.

El ciclista

Hay un viejo cuento en Tijuana; desde hace unos cuarenta y tantos años lo vengo escuchando: éste era un mexicano mayor de edad. Todos los días y en bicicleta pasaba a Estados Unidos por la garita de San Ysidro. Desmontaba, extendía el brazo izquierdo para mostrar su pasaporte al oficial de Migración, que al mismo tiempo que echaba una mirada al documento preguntaba: "¿Que traerr ussted de Mécsico, senyor?". Nuestro compatriota respondía muy quitado de la pena: "Mhhh... mariguana". Al escucharlo, el vigilante estadounidense sonreía. No le creía y le regresaba el salvoconducto. Alzaba a media altura su brazo izquierdo dejando ver el dorso de la mano subiendo y bajando los dedos en señal de "pásale, adelante". Esto sucedía todos los días, hasta que un oficial decidió revisar de pies a cabeza al ciclista con todo y velocípedo. Efectivamente, le encontró mariguana. Como de rayo lo detuvo, vino la policía y se lo llevaron en una patrulla. La bicicleta fue enviada a cierto almacén. Se siguió el papeleo de costumbre hasta llegar a la corte. "¿Cómo se declara usted?", le preguntó a través de traductor el señor juez: "Inocente", respondió el mexicano. "¿Por qué?", interrogó nuevamente el magistrado. Palabras más, palabras menos, contestó: "Cuantas veces pasé la línea, yo siempre dije la verdad y no me creyeron. No es mi culpa. Es una falla de los señores de Migración". Así, el cuento termina cuando el señor juez le dio la razón al singular contrabandista. Lo dejó libre con todo y bicicleta.

He visto y he sabido de muchas formas de contrabandear droga entre Tijuana y San Ysidro, pasando por la garita internacional. Una vez, simulando empaque muy finito entre vidrios enormes. Otra, paquetes pequeños en latas de chiles. Las más utilizadas: en el tanque de la gasolina de los vehículos, el techo o entre la vestidura o el motor. Vacacionistas estadounidenses regresan con tablas de surfear repletas de droga. En los *trailer-camp* las esconden entre la basura. Otra muy usada: rellenar tacones y suelas, a veces muñecos. Simular gordura con paquetes bien atados a la cintura, a veces entre la ropa íntima de las damas. Enormes quesos rellenos de droga. Pero entre todas las formas tengo una inolvidable: la del arellanista Fabián Martínez. Antes de ser conocido como "El Tiburón" y transformarse en uno de los matones más despiadados del cártel Arellano Félix, logró emplearse como chofer en el consulado de Estados Unidos en Tijuana. Por eso todos los días debía llevar hijos de los diplomáticos a escuelas en San Diego, California. Conducía el auto con placas consulares y naturalmente pasaba la frontera sin ser revisado. Todas las mañanas, este joven llevaba en la cajuela un costoso paquete de cocaína. Jamás he sabido de alguien utilizando un vehículo oficial de Estados Unidos para contrabandear droga.

Pero nunca vi ni supe de alguna abuelita acompañada de sus nietos haciendo fila para pasar al otro lado y transportar cocaína. ¿Quién va a sospechar de una simpática ancianita? Claro, los vigilantes ni se las olieron. Eso lo comentó un ex mafioso encubierto en el programa *Nigthline*, conducido por Ted Koppel, de la cadena televisora ABC: "Puedes ver en un día normal de trabajo *pick-ups* viejos o Mercedes y Jaguares nuevecitos" haciendo lo mismo. También explicó que los mafiosos han creado empresas multinacionales, multimillonarias, que llegaron a una escala muy alta en las formas más sofisticadas para pasar droga por la garita internacional, frente a los migrantes y sin ser descubiertos. El periodista Koppel, documentado, fue visto en la televisión cuando le dice a un oficial estadounidense en la garita internacional: "Ustedes le están siguiendo el juego al cártel. Gastan tanto dinero en atrapar a los 'burros', a los narcos de quinta, cuando lo que en realidad quieren es confiscar droga. No dejar que los traficantes crucen la frontera y no desgastar nuestro aparato judicial. Nuestras cortes están persiguiendo a un grupo de individuos que después de todo no saben gran cosa". Increíbles tales palabras en la televisión de Estados Unidos.

Nigthline, con Ted Koppel, logró exhibir en la vida real lo que *Traffic* en la película. No solamente el contrabando en la línea internacional, sino la confesión de tres jóvenes. Hablaron frente a las cámaras de televisión, sobre cómo es tan fácil comprar droga en las calles de Estados Unidos. Es más difícil, dijeron, cerveza o licor: "Yo vivo en un barrio muy bueno. Se llama Hadley Farms. Y si no tuviera nada de droga, sabes, nada más tengo que cruzar la calle. Puedo salir de mi casa, caminar un par de cuadras y conseguir la mariguana". El chamaco mostró su rostro por ABC-TV. En esa misma escena, Natalie, una jovencita que también dio la cara, se identificó con la muchacha que personifica a la hija de un funcionario antidrogas en *Traffic* y, hundida dramáticamente en el vicio, confesó: probó mariguana por vez primera a los doce años: "De ahí en adelante me fue de mal en peor".

Es la segunda ocasión en este año que millones de estadounidenses y en otros países reciben las imágenes hollywoodenses y de la vida real al mismo tiempo: el creciente narcotráfico y consumo normalmente negado o disimulado por el gobierno de Estados Unidos. Hay una escena en *Night-*

line donde en una conferencia de prensa en el Departamento de Estado en Washington se escucha la voz de una reportera preguntando: "¿Qué estamos haciendo contra los Arellano Félix?". El vocero del gobierno estadounidense encaramado en el podio da un apurado sorbo a su vaso de agua y sonriendo nerviosamente simplemente dice: "Nada". Bueno, hasta las peliculescas escenas de cuando el cártel de los Arellano Félix ordena matar a un policía se empatan con las escenas de *Nigthline*, exhibiendo ejecuciones verdaderas en Tijuana.

Exhibir una película como *Traffic*, donde por vez primera Estados Unidos no se cobija con la sobada inocencia, y transmitir una serie de cinco programas en *Nigthline*, de ABC, con la verdad, tienen para mí un gran significado. Primero, a los cines han ido miles y miles de personas en muchas partes del mundo. Segundo, la secuencia televisada convierte en realidad lo que es una disfrazada ficción en la película. Después de ver una y otra, cualquiera se preguntará: "Bueno, ¿y por qué no detienen a los mafiosos y a los jefes de esos cárteles sanguinarios?".

Si se hubiera tratado solamente de *Traffic*, no pasaría de ser una trama como muchas donde hechos de la vida real son dramatizados cambiando los nombres a los protagonistas. Pero ha resultado un programa de televisión no con artistas, ni con una historia especialmente escrita, se trata de actores de la realidad, hechos verdaderos, droga auténtica, mafiosos efectivos, asesinatos ciertos. A todo esto se puede sumar la materia prima que sirvió para cine y televisión. Las informaciones periodísticas son producto de investigaciones realizadas por reporteros bajo una gran carga de riesgo hasta la muerte, referencias oficiales que en la mayoría de las ocasiones no publican los diarios. Me atrevo a decir que las policías de México y Estados Unidos tienen en sus ojos, en sus manos, los factores necesarios ya no tanto para investigar sino para capturar a los mafiosos. Los cárteles han resultado en los últimos años como el hombre aquel de la bicicleta: todos sabemos quiénes son, algunos decimos sus nombres, muchos los callan por precaución o justificado temor, pero no podemos llamarnos engañados. Los mafiosos, igual que el ciclista, nos están diciendo lo que llevan.

Hasta no ver

Esta historia es verdadera y protagonizada en Tijuana hace meses: una mujer decidió matar a su marido por coscolino. Utilizó un cuchillo para darlo de baja de este mundo. No se asustó con su trágica travesura. Actuó con la frialdad de un veterano del póker. Envolvió a su esposo en una cobija; le ató manos, pies y cuello; como pudo, subió el inanimado cuerpo a su auto y fue a tirarlo en despoblado. Regresó plácidamente a casa y limpió todo hasta parecer que allí no chorreó la sangre. Nada. Cuando el cadáver fue descubierto por pura casualidad, la policía llegó rápidamente. Su primera impresión: "Una ejecución del narcotráfico". Y la segunda: "Fueron los Arellano Félix".

Allí hubiera terminado todo de no ser por una indiscreción o el reporte de alguna vecina: "Yo la vi cuando iba cargando el bulto". Así descubrieron a la señora. Detenida, confesó cómo empuñó el cuchillo y quitó la vida a su esposo. Pero también aclaró y sorprendió: lo envolvió en una cobija, atándolo tal como lo veía en la televisión o los periódicos cuando los mafiosos actúan. En principio logró su propósito: hacer creer que fue una ejecución y no un desahogo sentimental. Cuando fue descubierta, me comentó un amigo policía: "Esto ya es la cultura del narcotráfico".

Así le está pasando a Joaquín Guzmán Loera, el famoso "Chapo". Lo dejaron salir de la prisión de Puente Grande, en

151

Jalisco, y alguien aseguró: "Pagó dos millones y medio de dólares". Pero hasta la fecha no se ha comprobado. Luego, le cargaron muertitos al mayoreo: los doce en la zona Limoncito de Ayahalá, municipio de Cosalá, Sinaloa: "Vino y tomó venganza porque estaban trabajando por su cuenta y los mandó ejecutar". Me transmitieron esa versión desde Culiacán y sucedió como la anterior: nada comprobado. Luego, a la siguiente semana mataron con una ametralladora a Cleofas Hernández Molina, comandante de la Policía Ministerial de Sinaloa. También recibí la versión: "Fue 'El Chapo'", pero nadie lo confirmó.

Ese mismo día Lizeth Pérez de Solórzano conducía su automóvil en Guatemala. Dos matones le dispararon cinco veces y la hirieron. Afortunadamente vive. Pero en otro lugar de la misma ciudad sí mataron a una mujer casi a la misma hora: Miriam Patricia Castellanos. Tras su auto, iba el de la señora Rosa Leal, madre de Lizeth y esposa del general Otto Pérez Molina. Esto provocó un titular en la prensa guatemalteca y rebotó a la mexicana: "Vinculan al 'Chapo' con atentado en Guatemala". El motivo: en 1993 fue capturado Joaquín en ese país cuando huía tras el asesinato del cardenal Juan Jesús Posadas y Ocampo. El general Pérez Molina participó y, por eso suponen, ahora la venganza. La insistencia de acreditarle los atentados a "El Chapo" fue descartada por el propio militar, pero la prensa lo informó allá medio perdido. Ni siquiera destacó su declaración: "Es una cortina de humo para desviar la atención sobre el atentado, el cual tiene móvil político", según el cable de las agencias informativas AFP y EFE. El señor general acusó de tal maniobra al ministro de Gobernación, Byron Barrientos, pero este señor no es conocido y "El Chapo" sí. Aparte, no se tomó en cuenta otro detalle: el hijo del militar fue tiroteado en noviembre de 2000. Entonces, no se culpó a Joaquín.

Soy el menos para defender a Guzmán Loera. Pero entre policías y mafiosos es sabida la regla no escrita: las venganzas de los capos son contra sus enemigos. Respeto a los familiares. En la mayoría de las ocasiones no los tocan. Un ejemplo: la ejecución de José Contreras Subías, segundo de a bordo que fue de Rafael Caro Quintero. En una Cherokee era acompañado por su madre. Los matones le dispararon muchas veces. La señora terminó sin un rasguño. Hay excepciones: la matanza en el rancho "El Rodeo" de Ensenada fue una salvajada; hubo niños inocentes. También la ejecución de Yadira Meza Castaños y su bebita en 1998 en Tijuana. Ninguna de las dos tenían que ver con las censuras públicas de su madre a los Arellano Félix. Fue una venganza maldita. En la gran mayoría de los atentados, los pistoleros matan a sus víctimas. Unos prefieren disparar hasta cien o más veces desde diez o quince metros con ametralladora. Otros uno o dos disparos a bocajarro en la cabeza.

Si a la policía le interesa mucho saber dónde está "El Chapo", a mí más para solicitarle una entrevista. Pero mientras pase o no, estoy seguro: Joaquín no fue ni mandó a Guatemala para atentar contra los familiares de su captor. Hubiera acabado con el general y, en el peor de los casos, no habría dejado vivos a los parientes. He recibido muchos comentarios sobre su paradero. La mayoría me indica que está en su tierra, Badiraguato. Incluso, hubo quien me aseguró de una fiesta en su honor en el poblado de Jesús María. A todo, simplemente diría: hasta no ver, no creer.

Nuevo cártel

"Éste es el cártel California", me dije cuando vi el programa *60 minutos*, de la cadena televisora CBS. No lo podía creer. En los bosques y parques de esa región estadounidense siembran mariguana de mayor calidad y precio que en cualquier parte de México. Son enormes sus cultivos. Los capos de este cártel ganan entre 5 mil y 10 mil millones de dólares al año, tres veces más de lo que cuesta una cosecha normalmente extensa de tomate o uva. Quedé sorprendido cuando el señor John Gaines, agente especial de la DEA, reconoció lo que nunca su propio gobierno: "Esto es el crimen organizado, no hay vuelta de hoja". Pero me estremecí al ver en la pantalla el descubrimiento de un plantío: la reportera Vicky Mabrey informó que, como en casi todos, utilizan a indocumentados mexicanos. Cuando salen de su poblado o de la ciudad en México ya saben a lo que van, pero no a dónde. Al contratarlos en territorio estadounidense, siempre les vendan los ojos para transportarlos a los plantíos. Viven aislados, en medio de la soledad boscosa. Los ponen a sembrar, riegan con sistemas especiales, cuidan y cosechan. Duermen y descansan en tiendas de campaña. En las escenas se vio cómo la policía desenterraba alimentos enlatados por montones, tantos como para poder vivir por lo menos unos tres o cuatro meses. Estufas de gas con tanques portátiles y las infaltables tortillas refrigeradas en pequeñas hieleras. En lugar de andar sufriendo en las ciudades, con el peligro de ser descubiertos por la Patrulla Fronteriza, la tienen más segura cuidàndo los plantíos de la mariguana. Les pagan "unos cientos de dólares al mes", calculo que entre 400 o 500. Se quedan con esa cantidad libre de polvo y paja, pues no pagan hospedaje ni alimentación. Un jornalero jamás ganará cinco mil pesos al mes en México. Aparte, se evitan los malos tratos de patrones.

La audacia de los capos propietarios de estos sembradíos en Estados Unidos es mucha: reciben una grata y bien pagada complicidad de la policía. Han llegado a lo increíble: siembran en los territorios públicos de los parques y bosques nacionales y fundaron granjas donde se localizaron, de un solo golpe, hasta 59 mil plantas de mariguana. Los periodistas estadounidenses clavan su mirada en Sinaloa, Oaxaca, Jalisco, Guerrero, Michoacán, Tijuana, Ciudad Juárez o Chihuahua, pero no se fijan que nada más en California y durante 2000 se destruyeron 345 mil plantas. Se calculó que con esa cantidad pudieron haberse elaborado por lo menos 310 millones de cigarrillos. Un comparativo significa que, si se distribuyeran, alcanzaría para cada habitante de Estados Unidos y varios para los residentes de California. Pero, según el ex congresista Dan Hamburg, hay por lo menos "600 u 800 mil plantas que no han sido tocadas". Conocedor de la situación, el político dijo en el programa: "los productores de mariguana están dispuestos a sacrificar una cierta parte de su cosecha", previendo que sean descubiertos algunos cultivos, "porque literalmente aquí la mariguana vale más que el oro".

En *60 Minutos*, incluso con subtítulos en español, no se informó quiénes idearon sembrar mariguana en los parques y bosques públicos. Tampoco se tocó el tema. Pero cuando un funcionario de la agencia antidrogas habla de que eso ya es crimen organizado, no me queda duda: hay un nuevo cártel en California. Sus capos, indudablemente, deben estar auxiliados por algunos policías. Tomo como base para escribir esto: si el año pasado hubo tantas destrucciones, significa que la autoridad es indiferente, cómplice o de plano incapaz.

¿Están los hermanos Arellano Félix financiando la siembra y ocupando a los indocumentados mexicanos? No tengo bases para afirmarlo, pero temo que sí. Los cárteles de Ciudad Juárez o del Golfo no se movilizarían de un extremo a otro del país solamente para sembrar mariguana. Ellos comercializan más con la cocaína. Pero sea quien sea, los hechos demuestran cómo Estados Unidos ha sido penetrado por las mafias dedicadas antes solamente a la distribución de la droga y ahora hasta la producción, siguiendo el ejemplo de nuestro país y Sudamérica, y también sazonados por la corrupción. Aparte de ser el mayor consumidor, Estados Unidos va camino a convertirse en un gran productor de mariguana. Los informes en *60 Minutos* no anotaron tampoco dónde se vende tanta hierba, pero el ex congresista Hamburg dijo que el cultivo es de gran importancia. Aseguró que "cada libra se vende hasta en cuatro mil dólares". Estamos hablando de casi medio kilo.

John Gaines, agente de la DEA, no identificó a los capos. Eso me parece una inocentada en un país distinguido por su gran capacidad policiaca y por sus recursos técnicos. Dijo solamente que se sospechaba de narcotraficantes independientes unidos con pequeñas bandas, principalmente de México. "Se trata de ganar mucho dinero. De obtener ganancias, sacar el dinero de Estados Unidos y llevarlo de regreso a México." Esto no es de dudarse. Supongo que los capos mexicanos han decidido financiar la siembra en Estados Unidos, aliados con hombres adinerados de ese país. Así, evitan problemas con el traslado desde el centro de la República a la frontera. Hay entonces un lavado de dinero a la inversa. No de sur a norte como normalmente va la corriente. Sembrar en Estados Unidos, acabar con el riesgo de la revisión en la frontera, otorgar más sobornos, zafándose del peligro de ser detenidos y encarcelados en México, donde estarían en condiciones más incómodas.

Las sospechas de que puedan ser los Arellano Félix los capos de este "cártel California" se ligan con la captura realizada hace meses de sus operadores en Estados Unidos . Todo empezó cuando uno de los indocumentados comisionados para proteger un sembradío de siete mil plantas disparó y mató a un policía. "Eso pasa cuando este tipo de gente se involucra en el negocio y se esfuerza tanto para ganar dinero. Protegen lo suyo", dijo el ex congresista Hamburg. "Lo cuidan bien y eso significa que hay más armas, más violencia y la gente sale lastimada." Pero ni el político ni la televisión resaltaron ese punto, todo lo contrario a cuando sucede algo en cualquier parte mexicana. A raíz del tiroteo al policía, se realizó una investigación que terminó con la captura de 41 personas, algunas de ellas ligadas a los Arellano Félix, como los Magaña. Estas personas, nada más en cinco años, ganaron entre 40 y 50 millones de dólares, según le consta al político estadounidense.

Pero es increíble: una mujer de ascendencia latina, Sonya Barna, encabeza el CAMP, siglas en inglés de la Campaña Contra la Producción de Mariguana. Su trabajo tiene como punto de partida el vuelo de helicópteros. Cuenta con experiencia para descubrir desde el aire los plantíos en medio del verdor de los bosques y parques. Según ella, las hojas de la mariguana son más brillantes comparadas con el resto de la vegetación normalmente tupida. Aparte tiene un método no utilizado en México: en vuelo, dejan caer desde el helicóptero a dos personas sujetas a una cuerda. Sentadas, "vuelan" al ras de los árboles para poder descubrir con más precisión los cultivos. Lo hacen a una distancia de 45 metros entre el aparato y ellos. Barna se inició como detective encubierta combatiendo el mininarcotráfico. Ahora es una experta en la localización y destrucción de plantíos. Nada más en 2000 arrasó 345 mil plantas. "La gente de California ha decidido que no quiere esto en su Estado y por eso estamos nosotros."

Barna es madre de tres hijos y está comprometida en la lucha contra las drogas. Dirige CAMP y su figura es singular. De baja estatura, unos 35 o 40 años, morena, bien formado cuerpo, vestida como si fuera a una expedición, con cachucha, lentes negros y una enchinada cola de cabello. Mientras algunos grupos políticos dicen que Barna y su CAMP están en una lucha de antemano perdida, el ex congresista Dan Hamburg elogia su trabajo y asegura: si logró destruir miles de plantas, quiere decir que hay más.

Pero al norte de California, en el condado de Mendocino, no pueden ver a Barna. Allí los electores votaron por unanimidad poder utilizar la mariguana con fines medicinales. Se basan en una ley de 1996. Pero después de meses con mucho debate, el Tribunal Superior de Justicia del Estado de California decretó no utilizar la hierba con tal fin. Por eso cuando el CAMP llega a la zona en busca de plantíos, los habitantes se comunican entre sí por radio y advierten la presencia de los destructores de droga. Incluso difunde sus movimientos la difusora local. Y cuando Barna y su grupo bajan en Mendocino, no les hablan, los ven feo y no les sirven ni agua en los restaurantes. Esto subió de tono cuando el CAMP llegó hasta los cultivos de la familia Littlefield en ese pueblo. Tenían 120 plantas en su huerto particular. Dijeron que se apoyaban en la ley de 1996, pero Barna no se tragó el cuento. Les destrozó casi todo. Solamente les dejó siete pequeñas plantas para el supuesto uso medicinal, pero amenazó con regresar a destruir todo, apoyada por la ley californiana.

En Mendocino se ha llegado a tal grado que los habitantes muelen la mariguana hasta el punto de mantequilla. La mezclan con Rice Krispies o Corn Flakes para hacer pasteles. Vi en el documental cómo se los mostraban al camarógrafo recién salidos del horno. Tenían un infaltable verdoso en la superficie. Los habitantes de Mendocino dijeron que "estamos marcando el camino que el país entero deberá seguir. Somos adultos y podemos decidir qué leyes seguir". Su problema es que el estado de California decidió considerar ilegal el uso de mariguana para curaciones y Barna volverá pronto para dejarlos sin una planta.

Después de todo, hay una realidad. En California funciona un nuevo cártel con la diferencia de la discreción de los capos protegidos por la policía y la ausencia de violencia. El auténtico crimen organizado. Lo más notable: se siembra más y mejor mariguana que en algunos estados mexicanos y deja millonarias utilidades. Me imagino que pronto necesitarán también una certificación.

De muertes y mafias

Ahora las ejecuciones en el Distrito Federal son tan continuas como en Culiacán, Los Mochis, Ciudad Juárez o Tijuana. No tengo bases para asegurar quiénes las ordenaron y las realizaron, pero tengo dos hipótesis: la primera, que alguno de los cárteles ha tomado como su plaza de operaciones la ciudad de México. No creo que los Arellano, tal vez el de Ciudad Juárez y su rama de Cancún o del Golfo. Es necesario ir a fondo sobre el origen de las víctimas; si antes fueron policías, si se conocen los vehículos y su actividad y si se realiza una investigación alejada del manoseo ligado a las mafias, se podrá conocer con cercanía o exactitud cuál de los tres cárteles está dominando. No creo tampoco en uno nuevo que tenga como sede el Distrito Federal. Significaría la competencia. Forzosamente deberá estar ligado a los demás, como está resultando con los que, unos, están consolidándose y, otros, fortaleciéndose en la frontera sur. Y la segunda hipótesis: que ex agentes federales recientemente retirados están realizando esas ejecuciones. Esto podría ser por las ligas que tenían. Fuera de la corporación ya no recibirían los beneficios y por eso tomaron venganza.

A partir de esas dos hipótesis, la primera impresión que dan estos asesinatos es de una de dos cosas: limpiar el camino de competidores o vengarse de los incumplidos en el negocio. El sistema de ajusticiamientos es uno de los tradicionalmente mafiosos. Uno, dos o tres tiros en la cabeza. Atarlos por los tobillos, las manos atrás y en el pecho para sujetar los brazos. Esto les facilita el manejo del cuerpo inanimado y su debida colocación en las cajuelas de los autos. De otra forma, les resulta muy difícil controlar el cuerpo. La bolsa de plástico en la cabeza tiene su razón: la sangre se queda adentro y no escurre del automóvil al piso, lo que en dado momento permitiría un más rápido descubrimiento de los cadáveres. En su mayoría los observadores dirían que es un acto de la mafia, pero cabe la posibilidad de una actuación de ex agentes federales, utilizando precisamente los sistemas del narco para alejarse de la sospecha.

Para dar un ejemplo, estas ejecuciones de encajuelados no tienen paralelo con la del cómico Paco Stanley. En su caso, como cientos en Tijuana, actuó un hombre probado para eso, que ya había estudiado los movimientos rutinarios de la víctima. Y se hizo a la luz del día, con un fin muy normal: para que otros tomen en cuenta lo que les puede pasar si no cumplen con los compromisos. En este caso, el matón actuó acompañado de otro resguardándolo. Uno más esperándolo en un auto, normalmente robado y para escapar, que será abandonado a poca distancia. Esto permite que si hubo testigos y vieron la fuga del vehículo, lo identifiquen precisamente. Por eso lo abandonan y suben a otro que en ningún momento fue utilizado para la ejecución y por ello nadie lo puede reconocer.

El caso de los encajuelados es distinto. Normalmente las víctimas son visitadas en su casa, sorprendidas o capturadas. Les interrogan. Reclaman lo que no han pagado. O como fueron descubiertas trabajando por su cuenta o a favor de otro, obtienen la información deseada. Entonces con toda normalidad les disparan a la cabeza. Todo esto sucede en el interior de alguna casa. Pocas veces en el automóvil y menos en la cajuela. Es normal que sean atados de pies, manos y tórax antes de ser ejecutados y colocados en una silla o en el suelo.

Algunos son sometidos a la tortura, como el caso del joven abogado que defendía a Jesús "El Chuy" Labra, capo de los Arellano Félix. Detenido que fue en un campo de futbol y solamente con una pistola, el abogado promovió de inmediato y obtuvo un amparo. Pero la inteligencia militar actuó con rapidez. Lo trajo de un cuartel a otro y de allí a la delegación de la PGR para dar tiempo y transportar a Labra en avión especial desde Tijuana a México. Creo que el abogado sabía bien de la falla cometida. Por eso se trasladó a México e hizo la lucha, sin lograrlo, para ver a su cliente. Dos, tres días después, amaneció encobijado y atado de manos, pies y tórax, pero sin disparos. Lo abandonaron en una colonia del Distrito Federal. Fue evidente la tortura en algún domicilio, tal vez un hotel, para luego ser ejecutado en despoblado y encobijado. Sigo sospechando de la venganza.

En cambio, la ejecución del abogado Eugenio Zafra en la ciudad de Toluca fue igual a la de Paco Stanley. Estudiaron sus movimientos, esperaron el momento y le dispararon solamente a él sin tocar a su familia, que le acompañaba en el auto recién estacionado y del que se disponía a bajar. Con el comediante pasó igual. El matón fue sobre Stanley únicamente; el chofer no sacó ningún rasguño. Si otra persona resultó muerta, fue por la maldita suerte de que iba caminando en el lugar equivocado, a la hora equivocada y cuando una bala ya no pegó en la humanidad de Stanley.

Las ejecuciones en el Distrito Federal como en otras partes del país, en mi opinión, son síntoma de la presencia, todavía, de policías corruptos en las corporaciones. De alguna forma u otra intervienen para desviar la investigación. Esto tradicionalmente ha pasado en Tijuana, Los Mochis u otras ciudades.

Por ley, el Ministerio Público del Fuero Común debe atender los casos. Por costumbre, el fiscal elabora el acta, busca declaraciones de testigos en el lugar, marca el piso con gis para indicar dónde terminaron los casquillos, busca huellas en los autos, identifica el cadáver, lo envía al forense… y se acabó. No sigue la investigación. En lugar de legalmente fundamentar y justificar que se trató de un delito del orden federal, por la sospecha de narcotráfico, crimen organizado y uso de armas prohibidas, simplemente lo archiva. Cuando se rompa este círculo, entonces habrá grandes descubrimientos.

No dejo a un lado la versión sobre venganzas de robacarros, ojalá y así fuera. Pero estos señores nunca actúan así. En el último de los casos pensaría en ajuste de cuentas a soplones por el operativo en Tepito.

"El Chapo"

Estoy seguro de que a "El Chapo" Guzmán le dio mucho gusto cuando supo la noticia de su fuga. Me imagino que alguno de sus canchanchanes le llevó *El Debate* a la cama con un cafecito negro y bien caliente. O releyó *Zeta* mientras se despachaba unos huevos revueltos con machaca y mucho chile. A lo mejor con una Pacífico se enteraría de lo publicado. Sobre algunas declaraciones de funcionarios se reiría y comentaría los detalles a sus cuates con alegría. Más o menos me imagino a cuantos estaban a su alrededor. Parecerían como los nietos cuando la abuela les lee un cuento, embebidos unos, cautivados otros, boquiabiertos algunos, escuchando la narración del episodio sobre cómo lo dejaron salir. Dicen que llegó a Badiraguato por la noche, directito de Puente Grande, Jalisco. Todo lo tenía arreglado. En cuanto pusiera un pie afuera del penal lo transportarían tan rápido como el piloto Adrián Fernández le da las vueltas a la pista en su auto de carreras. Ya sabía que allí en Sinaloa y a la hora que llegara estarían mil agentes de la Policía Federal Preventiva. Pero ya estaba enterado: "Solamente se mueven durante el día". Ahora sí, como dice la vieja referencia, "El Chapo" les pasó de noche. De tarugo iba a llegar a su casa. Joaquín López Dóriga se las olió. Con la intuición y hartos recursos, mandó a sus compañeros de Televisa a Badiraguato. Dieron con la residencia de "El Chapo", pero este hombre se les adelantó. Ya los veía venir.

Por eso no encontraron nada ni a nadie. Pero como en el juego infantil, cuando uno anda buscando cierta prenda: anduvieron calientes, calientitos, más calientes. Lástima que no mando videograbar las carreras parejeras que hubo en Ciudad Juárez el domingo. Una estimada amiga me contó que allí estaban los de Sinaloa con todo y sus caballos. Pero a la hora de las carreras no les importó si perdían. Brincaban de gusto al saber la noticia de que "El Chapo" salió por la puerta principal de Puente Grande.

De una cosa no hay duda: si existe en el mundo algún lugar donde esté seguro "El Chapo", es en Sinaloa. Allí lo protegen sus paisanos. Si se diera el caso de ser interrogado alguno o varios por la policía, podrían quemarles los pies como a Cuauhtémoc, pero no dirían nada. Figurémonos a esos camaradas como su primer anillo de seguridad. Se la rifan y son capaces de morirse más por amistad y cariño a "El Chapo" que por interés; la segunda tapia para protegerlo es la Policía Judicial Federal, la tercera los agentes ministeriales del estado y, finalmente, los agentes municipales. Apalabrado con todo mundo, está bien protegido. Y ay de aquel que diga una sola palabra. Ya sabe: abrir la boca es como para abrirle un boquete entre pecho, cuello y cabeza.

Irónicamente, cuando "El Chapo" pisó tierra sinaloense, los funcionarios de Seguridad Nacional y la Procuraduría de Jalisco apenas estaban anunciando la fuga. Y las cosas se movieron con precisión para Joaquín. Salió pisando para no caminar sobre las huellas que dejó su última captura. Seguramente recordó —¡qué casualidad!—: en aquel 1993 a él sí lo persiguieron y a los Arellano hasta los dejaron subir a un *jet* de Aeroméxico. Cuando estaba en Sinaloa, la atención oficial sobre "El Chapo" se torció y desembocó en una discusión entre las comisiones de Derechos Humanos. "Que yo denuncié a tiempo cómo estaba encarcelado y con qué privilegios", "que no me hicieron caso", "que metían bebida y mujeres", "que la comisión de Jalisco le dijo a la Nacional y archivaron los papeles", "que la Nacional sostiene lo contrario"; total, se enfrascaron en una discusión intensa sin resultados.

Pero de pronto aparecen posibilidades extraordinarias: primero, todo mundo piensa: Joaquín va sobre el cártel Arellano Félix para matar a sus jefes. Por su culpa estuvo en prisión. Mientras tiritaba en Almoloya, sus contrincantes viajaban cómodamente en avión desde Tijuana, acompañados de un padrecito y llegaron sin problemas hasta la Nunciatura Apostólica en el Distrito Federal. Hasta utilizaron al representante papal Girolamo Prigione para llevarle un mensaje al presidente de la República, asegurando no haber matado al cardenal Juan Jesús Posadas y Ocampo. Naturalmente, culpando a Guzmán. Con todo eso en el recuerdo, cuando le abrieron las puertas de Puente Grande indudablemente no pensó en ir a dar gracias al cártel. Taimado, se lanzará sobre sus enemigos como lo suponen muchos. Se esperará. Primero, se alejará de los reflectores de la persecución. Todo a su tiempo. Y lleva una ventaja: todos, o casi todos, los sinaloenses del narcotráfico se le sumarán. Perseguirán a los Arellano hasta el último rincón de este planeta.

La segunda posibilidad: lógicamente los Arellano están pensando: "Vamos a matar a 'El Chapo' antes de que nos encuentre", acordándose cómo en la discoteca *Christine*, de Puerto Vallarta, estuvo a punto de hacerlo, y que ellos fueron en 1993 a Guadalajara exclusivamente a tirotearlo y Joaquín se les escapó. Los burló. No pudieron encontrarlo y allí estaba. Me supongo entonces un temor más grande en ellos. Están a la defensiva y tienen una desventaja: su grupo de sicarios, algunos de Tijuana y otros del Barrio Logan, actúan por dinero y por camaradas. No son tantos como los sinaloenses dispuestos a morirse por "El Chapo", por paisa. Por hombre.

La tercera posibilidad: a ciertos funcionarios y a muchos policías no les conviene capturar a Joaquín ni localizar a los Arellano. Si se tratara de "El Chapo", confesaría para empezar a quiénes sobornó o cómo le hizo para darse el lujo de salir sin escándalo de Puente Grande. Lo preferirían muerto antes que hablando. Y en el caso de los "aretes", como le dicen a los Arellano, también hay bastantes ex funcionarios, ex policías y muchos en servicio que serían "descobijados" y terminarían en prisión. También quisieran eliminarlos.

Frente a esas tres posibilidades debería existir una acción oficial donde se anteponga la inteligencia a la fuerza. En 2000, tres agentes del ministerio público federal fueron secuestrados, torturados, asesinados y tirados en una barranca en la sierra de La Rumorosa, porque andaban muy cerquita de los Arellano. Estaban trabajando sin impresionar, sin "apantallar". Lo hacían con inteligencia. Solamente la traición de sus propios compañeros de la PGR al servicio de los Arellano les impidió pisarles los talones. De algo estoy seguro: esos tres fiscales hicieron más comparados con los mil policías de la Federal Preventiva acantonados en Tijuana según eso para "barrer" la ciudad como lo pregonó el presidente Fox. La realidad es definitiva: no han "barrido", ni limpiado, ni recogido la basura; solamente han logrado que no se levante polvo.

La Policía Federal Preventiva está bien para recuperar la Universidad Nacional Autónoma de México o desalojar a residentes de la lengüeta arenosa de Ensenada, no para ir tras los Arellano ni "barrer" Tijuana. El secretario de Seguridad Nacional, don Alejandro Gertz Manero, está actuando —por lo menos en Tijuana— con sus estrategias fracasadas en el Distrito Federal. Debería seguir los ejemplos del ejército o de los delegados de la PGR del ejército. Capturaron a "El Kitty" Páez, Amado Cruz, Ismael "El Mayel" Higuera y a Jesús Labra, todos capos clave del cártel Arellano Félix. Actuaron simplemente con inteligencia. Los capturaron en momento y lugares precisos. Con una distinción: no dispararon ni una sola vez. Y me consta, no capturaron a los Arellano por una sencilla razón: no estaban en territorio mexicano.

Por los hechos pienso que la Secretaría de Seguridad Pública Nacional puede convertirse en simple espectadora de una gran guerra entre "El Chapo" y los Arellano Félix. La delegación PGR-Tijuana y Sinaloa, así como las procuradurías de esos dos estados, podrían resentir algunas bajas. No tanto por resistirse contra los mafiosos, sino como blancos del sinaloense.

La Gran Cruzada contra el Crimen Organizado anunciada por Vicente Fox no es el envío de tropas federales preventivas a donde hay capos. Primero, y sería lo más atinado, "barrer" la PGR con todo y sus delegaciones. Luego, las procuradurías estatales y las policías municipales. En todas está metido el narcotráfico.

La "barrida"

El inicio de la persecución oficial levantó el telón para la captura o muerte de los Arellano Félix. Simbólicamente el banderazo se dio cuando el presidente Fox visitó las instalaciones de la Secretaría de la Defensa Nacional la semana anterior. Así, prácticamente el ejército lleva la delantera. Pero como si esto fuera una competencia, pistoleros profesionales, tal vez extranjeros, también estarían buscando a los Arellano para matarlos antes de ser capturados. ¿El motivo? A policías, ex policías, funcionarios, ex funcionarios, incluidos ex gobernadores y notables federales, no les conviene la detención. Si sucediera, podrían confesar con cuántos dólares sobornaban a Fulano, Zutano y Mengano. Entonces el ejército se iría sobre los cómplices, les interrogaría y esto significaría la cárcel por complicidad o la muerte por soplones. Por eso no es conveniente para muchos la captura de los Arellano. Resultarían embarrados. No dudo sobre la existencia de grandes negocios y riquezas en manos de inimaginables personas. Preferible, entonces, contratar a matones expertos y acabar con los capos. Desgraciadamente, si fuera éste el caso, llevarían una importante ventaja sobre el ejército: tienen los conductos y las formas para saber dónde están.

A esa posibilidad se agregaría la de policías ejecutando sin piedad a los inmediatos contactos para el narcotráfico. Algunas de las recientes pero numerosas ejecuciones en Sinaloa,

Guerrero y Tijuana tendrían esa factura. Ya no se trataría de combate entre mafias, sino de matar para silenciar.

Fox iba en el *jet* presidencial de Mexicali a Reynosa a fines de diciembre. Declaró entonces a los reporteros: "vamos a capturar a los Arellano", advirtiendo: en un término de seis meses "darle una barrida a Tijuana donde está la mera 'mata' de ellos". Dudamos de tal declaración. Algunos periodistas le reprocharon haberlo dicho ya lejos y no en el lugar de los hechos. Incluso cuando proclamó "enviaremos dos mil policías a la frontera", sabíamos que no los tenía la Procuraduría General de la República, ni disponibles en la Federal Preventiva. Pero durante la reunión en la Secretaría de la Defensa Nacional se acordó el Plan Cien Días contra la Delincuencia Organizada; de allí la orden para el inmediato transporte de numerosos soldados a Tijuana y seguramente también los más expertos elementos de la Policía Judicial Federal Militar. Ha sido la primera experiencia en materia de narcotráfico —por lo menos para mí— de que Fox sí va de las palabras a los hechos. Utiliza de inmediato a los que durante su campaña afirmó que no comisionaría: los militares. Zedillo los empleó entre 1996 y 1998. Sus razones tuvo para retirarlos. El gobernador panista se quejó de ellos a pesar de los excelentes resultados. Ahora no ha dicho ni una sola palabra.

Por lógica, el ejército ya inició la estrategia con base en acciones de inteligencia y no de fuerza. Puede considerarse que nunca como ahora los militares están presionados con ese plazo fijado por el presidente. Entonces, todo el poder de la milicia, disponible a la medida del objetivo, se utilizará cuando estén plenamente seguros de las capturas. Así lo hicieron en 2000 con Ismael "El Mayel" Higuera, Jesús "El Chuy" Labra y el ex director de la Policía Federal de Caminos, Enrique Harari Garduño. Además, tienen excelente información, lograda por hábiles oficiales bajo las órdenes de importantes miembros del ejército, cuando estuvieron y están asignados a la región y zona en Mexicali y Tijuana desde 1996.

La llamada "barrida" de Tijuana proclamada por Vicente Fox seguramente se enfocará más a las infanterías y no tanto a los mandos del cártel Arellano Félix. Podría partir desde los cultivos de mariguana en Jalisco y Michoacán, y descubrir quiénes les facilitan la vía libre a sus cargamentos en los más de diez retenes entre esos estados y la frontera. Me inclino a pensar sobre la ampliación de tal acción a Sinaloa, más por urgencia que por estrategia. Nada más en diciembre ejecutaron a casi 80 personas, la mayoría jóvenes. Mucho de eso, presumo, tiene su razón: ciertos sinaloenses se caracterizan por ser los sicarios más notables en Tijuana, igual a los de Barrio Logan de San Diego. Viajan con ese propósito y se regresan. Más de 75 por ciento de los recluidos en el penal tijuanense son de otros estados de la República. Cometieron delitos al no poder emigrar, imposibilitados para regresar a su tierra, o de plano sabedores de la incapacidad policiaca. De esa cifra, por lo menos dos terceras partes son de Sinaloa, incluidos narcotraficantes, secuestradores y ladrones. Los de Logan, adivínelo, son intocables. Ni el famoso FBI puede capturarlos.

Es curioso: mientras en diciembre las ejecuciones descendieron en Tijuana comparadas con otros años, en Sinaloa aumentaron. Las razones pudieran ser el retiro de los matones ante el anuncio de la "barrida" en Tijuana, y simultáneamente la ejecución en Sinaloa por parte de los propios policías que los contrataban, a nombre de las mafias, para viajar a Tijuana y asesinar.

Tiene mucho que ver en esto del crimen organizado y desorganizado con la pasividad, incapacidad, desinterés y complicidad de las procuradurías estatales, hasta el punto de engañar a los gobernadores. No dudo sobre las manzanas podridas en cada corporación, tanto en Sinaloa como en Baja California.

Hay muchos reconocidos como mafiosos, pero intocables. Tampoco creo en la inocencia de los gobernantes como para no darse cuenta. En los casos concretos de Juan Sigfrido Millán (PRI) y Alejandro González Alcocer (PAN), me da la impresión más de temor a las mafias que de complicidad. Uno y otro, como sus antecesores y desde hace por lo menos quince años, permitieron el crecimiento, desarrollo y fortalecimiento de las bandas primitivas que se convirtieron hasta lo que hoy son: cárteles sofisticados. Es coincidente cómo uno y otro recurren a la Federación y piden auxilio hasta cuando tienen el agua al cuello. En Sinaloa y Tijuana, fueron mandatarios priistas los que abrieron las puertas a mafiosos.

Total, ante el anuncio de Fox y la acción del ejército, ésas son las repercusiones inmediatas. Otra importantísima: los hermanos Arellano Félix no permanecerán resguardados en alguna de sus tantas casas de seguridad, temerosos de ser detenidos. La lógica indica: se irán de Estados Unidos y no volverán a Tijuana. Como jefes y con sus conexiones, pueden esconderse lo mismo en Colombia o en Rusia, tal vez en China, Perú o Ecuador. El problema será de sus infanterías. No tienen la misma facilidad y en cambio corren más peligro, están más visibles, tanto para ser capturados e interrogados por el ejército como asesinados por policías al servicio de los Arellano.

Y de una cosa estoy seguro: ausentes, perseguidos o capturados los Arellano, encarcelados o ajusticiados sus cómplices, seguirá el narcotráfico. La razón es muy sencilla: no pueden parar la demanda en Estados Unidos. La introducción, venta y distribución de yerba, heroína o cocaína la tienen más organizada. El soborno a la policía es más grande que en México. De otra forma no pasaría ni un gramo de droga por la frontera méxico-estadounidense.

Traffic

Mucho se ha comentado sobre esta película. Los lectores de *Zeta* tuvieron la primicia; una amplia crónica y comentarios de la editora Adela Navarro Bello se repitió casi en términos exactos en otras publicaciones. Por eso es obvio entrar en detalles. Coincido con mi compañera en lo más significativo de la película: el reconocimiento al gran consumo de drogas en Estados Unidos. A pesar de lo dramatizado, me conmovió mucho ver cómo se envicia la hija de un importante funcionario estadounidense, cabeza de una familia adinerada. El padre la rescata en un barrio donde la jovencita ofrecía favores sexuales a cambio de droga. Es apenas una muestra de los dramas, por miles, en Estados Unidos.

De alguna forma recordé a esas figuras de la realidad tijuanense: los narcojuniors. Uno de ellos es personificado en la cinta. Me sorprendió ver, aunque fuera dramatizado, cómo termina muerto. En la vida real lo doy por vivo y como testigo protegido de Estados Unidos. Pero hubo y hay muchos más jóvenes importantes. Recuerdo cuando por vez primera publicamos la lista en 1996. Sus padres, molestos, encorajinados, nos reclamaron fuertemente en la mayoría de los casos. Amenazaron con denunciarnos penalmente. Cuando meses más tarde fueron descubiertos o ejecutados, solamente el familiar de uno vino tristemente a verme para reconocer la verdad.

El narcotráfico es un tema inacabable. Solamente éste de los narcojuniors daría para otra película tan o más extensa que *Traffic*. Lo mismo el caso de Colombia: los sufrimientos del campesino productor de coca ante la guerrilla, el dominio de la mafia, la astucia para transportar, la inteligencia para sobornar, la sangre fría para asesinar periodistas. Nada más en 2000, once fueron ejecutados por comentar asuntos de los cárteles.

La Ley de Herodes es una excelente película que refleja la realidad política mexicana. Como *Traffic*, no trató todos los asuntos, pero sí el palpitar principal. Me encantaría mucho que, con esa capacidad y calidad registrada en el llamado nuevo cine mexicano, se filmara sobre temas del narcotráfico. No por morbo, sino para revelar la verdad. Estoy seguro: si utilizaran la misma mezcla de experiencia, realidad y dramatismo de *La Ley de Herodes*, tendríamos una excelente película. Hasta podrían incluir a los tres gobernadores panistas que ha tenido Baja California.

Las ejecuciones "ilustran"

Prensa, radio y televisión informaron que un "comando paramilitar" estaría realizando las ejecuciones. *Zeta* no quedó a salvo de señalarlo. Me parece una referencia tan riesgosa como alarmante. Primero, nadie ha visto ese comando. Luego, no hay pruebas de su existencia. Hasta donde sé, la versión es suposición entre policías estatales, y mi opinión es que se trata de darles material a los compañeros reporteros para distraerlos un poco. El peso angustioso de la crítica rebasó las justificaciones de incompetencia de la Procuraduría General de Justicia del Estado.

Solamente tengo constancia de un comando. El que actuó el año pasado en la carretera escénica Tijuana-Ensenada. Utilizó los populares "conos" anaranjados y "mechones" ardiendo para desviar a dos vehículos transportadores de valores; mataron e hirieron a sus conductores; huyeron y jamás se supo de ellos. También se habló de que un "comando" mató a casi veinte habitantes del rancho "El Rodeo" y no hubo nada. Un rumor parecido soltaron sobre la autoría de los llamados "levantados", siete, en el valle de Mexicali. Tampoco fue comprobado.

Que me perdonen el gobernador sustituto y su concuño procurador, pero creo que los autores de las ejecuciones no son —como aseguran— los que vienen de Sinaloa u otros estados y resultan los menos. Hay más del Barrio Logan de San

Diego y de Baja California. Conocen Tijuana y Mexicali. Saben quiénes son las personas a victimar y el lugar donde deben actuar o tirar los cuerpos. Un principio lógico es que los sicarios sinaloenses o de Logan vienen cuando se trata de ejecuciones ordenadas por o contra el cártel Arellano Félix. Al contrario, el mayor número de víctimas tiene relación con el narcotráfico al menudeo, y en este caso todo apunta a viciosos empujados a matar. Si la Procuraduría de Justicia actuara contra los mafiosos igual que captura a los secuestradores, aun fuera de Baja California, sería excelente. Pero lamentablemente se frenan, a querer o no, en las investigaciones.

Mi opinión personal es que las ejecuciones ya son parte del escenario bajacaliforniano, así como en un tiempo fue la prostitución, el nudismo y los abortos. El ejemplo: un hombre fue secuestrado hace dos semanas. Su familia pagó el rescate. De todas formas lo mataron, y abandonaron su cuerpo atado y cubierto. La policía dijo a los periodistas y publicaron: "Fue una ejecución del narcotráfico". Su hermana visitó *Zeta*. Aclaró que se trató de un plagio y no cosas de la mafia. Lo patético no es la equivocación, sino el desentendimiento de la policía. No ha hecho nada por aclarar.

Las ejecuciones de enero han sido tantas y tan impresionantes, que en Estados Unidos y en el interior de la República ya están viendo con temor nuestra ciudad. Familiares de compañeros en *Zeta* hablan telefónicamente alarmados desde el otro lado. Y la semana pasada el periodista defeño José Martínez, al presentar su libro en Tijuana, dijo con toda naturalidad que cuando invitan a un reportero para visitar Tijuana, inmediatamente dice que no.

Los empresarios primero, en 1997, convocaron a los directores de prensa, radio y televisión para que no magnificaran la oleada criminal. Luego ellos mismos, en 1999, exigieron al gobierno poner un alto a las ejecuciones. Están convencidos de que no es posible esconder esta desgracia. Pero el gobernador sustituto piensa diferente: culpa a la Procuraduría General de la República, pero no cumple con su papel para responsabilizarla. *The New York Times*, el principal periódico de Estados Unidos, apuntó y desnudó la tragedia de Tijuana. *Reforma*, el principal periódico de México, también. El miércoles por la noche fue estrujante el reportaje de Televisa sobre la zona norte de Tijuana. El gobernador sustituto es un lector y televidente más. Si no estuviera en ese puesto, si fuera un panista más frente a una administración priista, indudablemente no pensaría igual.

Mensaje de los Arellano

De alguna forma y varias veces, los hermanos Arellano Félix me enviaron mensajes. En todos, aseguran que en ningún momento ordenaron la emboscada donde murió mi amigo y escolta Luis Valero Elizaldi. En principio no acepté su versión porque no sabía si era original. Luego ofrecieron hablarme telefónicamente. Tampoco lo admití; no les conozco la voz; por eso no sabría quién hablaría. Tampoco quise correr el riesgo de que intervinieran la llamada, los detuvieran y me llamaran traidor. Entonces sí, volverían a dispararme. También les dije que la prueba más clara en su contra fue que en el sitio de la trampa quedó el cadáver de David Corona Barrón, "El CH", uno de sus pistoleros. Me contestaron que este joven no era exclusivo de ellos, que hacía sus "trabajos" aparte. Incluso me mandaron decir que ellos eran los más interesados en que no me pasara nada: "Ni un catarro". Me acordé de los Hank.

Luego de varios intentos, mis condiciones para creerles fueron dos: una, que me lo dijeran a los ojos; y otra, que si aseguraban inocencia, obligadamente sabían quién ordenó matarme y yo quería estar enterado. Solamente así —les dije— podría publicar en primera plana y a grandes titulares que ellos no tomaron la decisión. Al llegar a ese punto de ida y venida de mensajes, la conexión se rompió. No se reanudó para nada. Antes de este episodio recibí un insistente correo electrónico, una visita y una información:

181

El primero. Una persona desde Miami, Florida, me pidió 80 mil dólares porque, aseguraba, con ese dinero podía convencer a los Arellano Félix de no matarme. Indudablemente se quiso pasar de listo pensando que yo estaba temblando de miedo. No me imagino a los Arellano vendiéndose por tan poco dinero. No tengo antecedentes de que tal sea su estilo y es un absurdo que el mensajero supiera dónde encontrarlos. Además, si oficialmente estoy enterado que hay dos contratos para matarme, uno de 80 mil dólares y otro de 250 mil, la cantidad pedida no se justificaba.

El segundo. Un joven que se dijo tijuanense y narcojunior llegó a mi oficina. Me aseguró ser hijo de una familia muy importante, pero no me dio nombres. Dijo que tenía órdenes de los Arellano para matarme, pero que si le daba cinco mil dólares se iba de la ciudad para zafarse de la mafia. Mi respuesta fue que hablara con sus padres pidiéndoles apoyo, y mi consejo, que ni se le ocurriera acercárseme en la calle: once hombres con armas de alto poder lo matarían. Son los que me protegen día y noche. Le deseé buena suerte y lo acompañé hasta la puerta. Pecó de inocente queriendo pasarse de vivo.

El tercero. Vino para revelarme el motivo de los Arellano Félix para matarme y asesinar a mi compañero Valero: haber mencionado detalles sobre la captura y declaración de Everardo "El Kitty" Páez días antes de la emboscada. A esta persona, con tal mensaje y como las otras, no las conocía.

Todo esto viene a propósito de la situación legal que vive Everardo "El Kitty" Páez, ampliamente conocido en la sociedad tijuanense y compadre de uno de los Arellano. Capturado en noviembre de 1997, logré una fotocopia de sus declaraciones y las publiqué. Aparentemente esto causó molestia al cártel de los Arellano Félix, sumado a la famosa carta dirigida a Ramón por la señora María Castaños reclamándole el asesinato de sus hijos y el dinero que no les pagaron. También los encorajinó la revelación sobre David "El CH" Corona Barrón como sospechoso de asesinar a dos agentes de la PGR frente a los juzgados de distrito en Tijuana.

Páez fue detenido a petición de Estados Unidos "por ser un caso excepcional". Internado en Almoloya, Páez no ha podido ser extraditado porque un juez federal le concedió el amparo para que la Secretaría de Relaciones Exteriores no lo entregara al gobierno estadounidense. Según el juzgador, no se fundamentó bien eso de "caso excepcional". La PGR no estuvo de acuerdo con la sentencia y la impugnó. Ahora el defensor de Páez alega que el pleito no es con la PGR, sino contra Relaciones Exteriores. Todo este caso es una excepcional jurídica conocida como "queja de quejas", la cual le puede permitir a Páez la libertad.

Que conste.

Hipótesis

Si mi hipótesis es finalmente valedera, Ciudad Juárez, Monterrey, Saltillo, Nuevo Laredo, Matamoros, Reynosa, San Luis Potosí, Oaxaca, Chiapas y Quintana Roo se convertirán en las ciudades más tupidas para el transporte de droga rumbo a Estados Unidos. Ésta es mi sospecha:

El titipuchichal de mariguana sembrada, no cosechada pero desenterrada y quemada por el ejército, no era del cártel Arellano Félix. No me imagino poderosos a los autores pero estoy seguro de su temeridad. Lo hicieron como nadie. Cuarenta kilómetros al sur de la frontera con Estados Unidos, en territorio bajacaliforniano. En medio de un lugar inimaginable: la sierra. Indudablemente iniciaron el sembradío poco después de perder a Ismael "El Mayel" Higuera, su principal operador, capturado por militares. Escogieron el clima adecuado, antes de empezar las heladas y vientos. Localizaron una hondonada perfecta, cercana a un manantial. Improvisaron un sistema primitivo de riego y pusieron a trabajar la tierra. Hasta construyeron cerca unas casitas de ladrillo. Ni a quien se le ocurriera pasar por allí. Todo esto confirma la ausencia de vigilancia federal y estatal. En consecuencia, cero investigación, nada de seguimiento al origen de la hierba.

Los sembradores ya habían cultivado y, a juzgar por los indicios logrados por el ejército, hasta empaquetaron para transportar. Fue poco. Por eso debe suponerse que la vendieron entre los "poquiteros" de Tijuana, o la pasaron al otro lado por la vía de los indocumentados. Naturalmente a la PGR-Tijuana y a la del estado les pasó como *strike* de las Ligas Mayores disparado por el yanqui Don Larsen. Ni lo vieron.

Pero el ejército también confiscó once toneladas y media de mariguana entre San Luis Río Colorado y Sonoyta del estado de Sonora, muy cerca de Baja California y de la frontera con Estados Unidos. Ésa sí, creo, era para el cártel Arellano Félix. Mi primera razón: ese cargamento debió pasar por lo menos diez retenes si, como dijo el chofer del tráiler, como el Caballo Blanco de José Alfredo, iba con la mira de llegar al norte, habiendo salido de Guadalajara. Hay dos motivos para sobrevivir a las revisiones: la primera y más lógica, soborno. La segunda, una maniobra de federales con mafiosos para congestionar los retenes y obligar a los militares a acelerar el trámite.

Su infortunio fue cruzar la frontera imaginaria de la II Zona Militar distinguida por frenar el narcotráfico también con la II Región de Tijuana. Debe recordarse: estos señores del ejército han detenido a los hombres clave del cártel desde 1997 y nunca la PGR: Higuera, lo máximo en las maniobras para la transportación de mariguana; Jesús Labra, "El Chuy", cacumen de los dólares; Harari, otro operador de muchos años; "El Kitty" Páez, compadre de Ramón Arellano Félix y enlace con los traviesos narcojuniors de Tijuana, la mayoría de ellos bajo tierra con una cruz o sobre tierra en Almoloya; Amado Cruz, ex dueño del periódico *Al Día*, ya desaparecido igual que su fino restaurante *Viviana's*. Comúnmente a este caballero se le identificó como el clásico lavadólares. Por eso considero que Baja California se irá convirtiendo poco a poco en terreno más difícil para que opere el cártel.

En cambio, algo me llama muchísimo la atención: el nacimiento, crecimiento, desarrollo y multiplicación de los llamados superlaboratorios en el suroeste californiano de Estados Unidos, principalmente en San Diego, a unos pocos kilómetros de Tijuana, línea internacional de por medio. Y no lo digo yo. Hay un reporte del señor Joseph D. Keefe, agente en jefe de la División Operativa de la DEA. Esos superlaboratorios, a mi juicio, están financiados por los Arellano con vistas al futuro. Tengo una múltiple sospecha: primero, los mafiosos se evitan mantener a un gran número de colaboradores directos y funcionarios, incluidos los matones entre unos y otros. Terminarían con la persecución terca y efectiva del ejército. Le ponen fin a las continuas ejecuciones, tan generalizadas a estas alturas, que hasta les acreditan los crímenes ajenos. También pararían el millonario desembolso para untarles las manos a los agentes estadounidenses en San Ysidro, Chula Vista, National City, San Diego y más adelante.

No encuentro justificación en la policía de Estados Unidos para no capturar a los capos del cártel y clausurar los numerosos superlaboratorios. Estoy seguro, absolutamente seguro, de que saben dónde están unos y otros. Por eso, creo, reciben mucho dinero. Una muestra del conocimiento es la referencia del señor Keefe. Aseguró recientemente que 90 por ciento de las fábricas de metanfetaminas instaladas en Estados Unidos se encuentra en San Diego "y están causando un caos en todo el país". Su reporte tiene otro punto interesante. Casi todos los laboratorios ocupan pocas personas, de dos para arriba.

La mayoría se surte en farmacias de Baja California. Hay un punto muy ilustrativo y concreto: San Diego tiene 400 farmacias para atender a 2 millones 700 mil habitantes, con capacidad económica o cubiertos por seguros privados. Tijuana tiene menos habitantes, un millón 200 mil, pero más boticas: 950. La mayoría de los fronterizos mexicanos se autorreceta con medicinas primitivas o acuden al Seguro Social.

Mi hipótesis ubica a todos estos fabricantes caseros surtidos por farmacias mexicanas y sostenidos por el cártel. Resulta más barato que transportar la cocaína desde Colombia —lo que no hacen desde hace tiempo— o pagar en Jalisco para sembrar, cultivar, procesar y trasladar la mariguana hasta la frontera. En esta hipótesis incluyo el propósito aparente del cártel para cambiar los hábitos de consumo en Estados Unidos. Ponerles a su disposición una nueva droga de efectos fantásticos a precio más bajo y alejada de riesgos por traerla en la bolsa del pantalón o de mano. Esta hipótesis tiene otro factor importante: si el ejército mexicano actúa severamente en la frontera, los estudiantes han decidido reforzar su equipo humano para contener la oleada de droga. Edward Logan, agente especial de operaciones aduanales, reportó que 60 por ciento de la droga destinada a Estados Unidos se decomisa en las garitas entre Baja California y California: Tijuana, Otay, Tecate, dos en Mexicali y el en poblado Los Algodones.

Nada más en la aduana de Otay el tráfico ha crecido en 107 por ciento comparado con 1999. Y los que vivimos en la frontera sabemos cuándo resulta imposible revisar cada vehículo que cruza. Sé de trampas utilizadas precisamente cuando hay largas filas. Autos de mafiosos se colocan en un determinado lugar donde hay tantos otros esperando que pasan rápidamente sin ser inspeccionados.

Termina mi hipótesis con la información proporcionada por un amigo estadounidense y conocedor de los cárteles. Las últimas amenazas de explotar bombas en la garita Tijuana-San Ysidro tuvieron el fin de interrumpir por horas el paso, crear congestionamiento en la puerta alterna de Otay y obligar a un cruce rápido para transportar más fácilmente la droga procedente de las boticas y que, para acabarla, no puede ser descubierta por los perros entrenados para olfatear solamente mariguana o cocaína.

En fin. Las hipótesis dejan de serlo cuando se confirman o

se desechan. De todas formas, sean los Arellano u otros los creadores de este sistema, son muy inteligentes. Por eso veo convertidas a Ciudad Juárez, Matamoros, Reynosa y Nuevo Laredo en unas aduanas muy concurridas para el paso de la mariguana, superior al que ahora tienen para la cocaína.

Mariguana

En Oakland, California, funcionaba la única cooperativa de compradores de mariguana. Pero en todo el estado, incluido San Diego, operaban clubes que adquirían la hierba ilegalmente para venderla legalmente a sus socios. En ningún momento se trataba de surtir a viciosos. Únicamente a enfermos del mortífero sida, previamente anotados en un padrón. Según eso, la mariguana les ayuda. Dicen que si la fuman continuamente, no sufren tanto las inevitables náuseas, dolores en todo el cuerpo y una destructiva pérdida de peso. Estas cooperativas y clubes funcionaban con autorización del gobierno californiano desde 1996, cuando los ciudadanos votaron favorablemente, a través de la Proposición 215, incluida en las boletas normales. Infortunadamente para promotores y usuarios, debieron cerrar oficialmente —y por ello forzosamente—. La Suprema Corte de Justicia de Estados Unidos estudió el caso a petición del presidente Bill Clinton. Y tomando como base que una droga no debe ser utilizada con fines medicinales, prohibió la compra, venta y distribución. La votación de los magistrados fue mayoritaria: siete a uno.

Sin hundirme en los vericuetos legales estadounidenses, creo acertada la decisión de la Suprema Corte. Sin darle muchas vueltas al asunto, los directivos de cooperativas y clubes tenían tratos con los narcotraficantes para comprar la mariguana, ya de por sí un acto fuera de la ley. Eso me resulta inexplicable fiscal y moralmente. Primero, es obvio que el vendedor de droga no va a extender una factura. Pero, en cambio, los consumidores al adquirirla reportaban ese gasto al fisco. Lógicamente, los números no cuadran y, siendo tan estricto el fisco estadounidense, no se me hace que le pasó todo esto de noche. Y en segundo lugar, Estados Unidos se las da de mucho puritanismo certificando a México como país productor o de mafiosos. Y, en cambio, permite crear cooperativas y clubes para comprar, distribuir y vender legalmente la mariguana, una droga calificada de ilegal en su territorio y en el resto del mundo.

La votación 7-1 de la Suprema Corte provocó las naturales discusiones. Por ejemplo, el juez John Paul Stevens dijo que su gobierno le falló a los enfermos y moribundos, negándoles una medicina necesaria. Pero el criterio de los magistrados fue clarísimo: "la mariguana no tiene propósitos medicinales y no puede administrarse de manera segura bajo supervisión médica". En contraparte, la Novena Corte del Circuito de Apelación de Estados Unidos determinó: "la necesidad médica debe ser una defensa legalmente reconocida". Bajo ese criterio, un juez autorizó nuevamente la operación de cooperativas y clubes. Pero la decisión de la Suprema Corte obligó a cerrarlas con un argumento irrebatible: "Solamente se está dando armas a los narcotraficantes para operar, invocando la necesidad de los enfermos".

Por eso, la Escuela de Medicina de la Universidad de California en San Diego (UCSD) decidió organizar un programa que investigara los usos potenciales de la mariguana. Y para el caso, los directivos universitarios ya tienen presupuestados nueve millones de dólares para los tres años que se llevará el estudio. Calculan que en ese tiempo podrán probar científicamente si la hierba ayuda a los enfermos de sida. Y de paso a los de cáncer, esclerosis múltiple, dolores crónicos, daños en el sistema nervioso y otros malestares. En vías de mientras, el doctor Igor Grant de la UCSD testimonió que los afectados por sida comen más y pierden menos peso cuando fuman mariguana por lo menos tres veces al día. El médico llamó a este fenómeno "una tendencia intrigante". Pero sobre esto hay quienes tienen sus dudas, porque eso de quemar hierba mañana, tarde y noche ni siquiera un consumidor normal lo hace.

Supe que en Gran Bretaña se está produciendo Marinol, una pastilla con moderado contenido de la hierba, también usada para hacer más llevadera la vida terminal de enfermos de sida. Pero aparte, están probando un *spray* para aplicarlo solamente en la lengua, que según eso puede ser más activo. No dudo de las buenas intenciones de los médicos creando pastillas y elaborando *spray*. Pero me imagino que cuando estén definitivamente en el mercado, tendrán una mayor demanda por parte de los mafiosos y viciosos que por los enfermos. Y que, naturalmente, al conocerse las fórmulas de su contenido, podrían ser utilizadas por el crimen organizado para fabricarlas bajo su control. O bien, se desataría un contrabando mundial.

Mientras tanto, me imagino que en el estado de California seguirán comprando la mariguana "por abajo del agua". Es lógico: un enfermo que sintió mejoría fumándola una, dos o tres veces al día saldrá a comprarla a la calle, o los directivos de cooperativas y clubes se las proporcionarán después de obtenerla ilegalmente. Ni unos dejarán de fumarla ni otros de comprarla. De cualquier forma, hubo, hay y habrá un trato evidentemente penado desde antes, durante y después de la decisión de la Suprema Corte. Han pasado varias semanas de tal orden. Hasta el momento, no he sabido de alguna detención porque los compradores de clubes y cooperativas adquieren la hierba ilegalmente. Tampoco de algún enfermo muerto por no tener mariguana que fumar.

Hay otra situación obvia: los narcotraficantes, al enterarse de la orden legal, subirán el precio de la hierba. En consecuencia, más cargamentos pasarán principalmente por las fronteras de Baja California y Chihuahua, particularmente Tijuana y Ciudad Juárez, para rematar en diferentes puntos del estado de California. Además, se presenta otra gran posibilidad: aumentará el contrabando en pequeña escala precisamente por parte de los afectados o sus familiares. Su punto más inmediato es único: Tijuana. Esta situación puede traer consecuencias graves: la delincuencia desorganizada tendrá más actividad y eso provocará un pleito de los poquiteros por el mercado inesperado de los estadounidenses. Aparte, la demanda atraerá a narcotraficantes foráneos, ajenos al tradicional mercado, que inevitablemente serán rechazados a punta de ametralladora por los que dominan el mercado. Lógicamente, si se convierte en realidad tal serie de escenarios del lado mexicano, lo más seguro es, como siempre, la absoluta tranquilidad en suelo estadounidense.

Hay otra cuestión que me llama mucho la atención: la noticia de la prohibición para consumir mariguana en California no se ha difundido en prensa, telediarios o radiodiarios mexicanos, particularmente fronterizos. Ese curioso y enigmático silencio contrasta con la gran difusión acostumbrada por los colegas estadounidenses, cuando sus paisanos vienen a Mexicali y compran legalmente medicamentos autorizados, pero no con el visto bueno de su país. O en su caso aprobados, pero abusan llevándoselos en gran escala sabiendo que su contenido puede ser utilizado para otros fines ilegales. Publican fotos de las farmacias, las ubicaciones, los empleados, dueños y las listas de medicinas, incluidos contenido y precio. Como reza la vieja conseja mexicana: dicen el pecado, pero no el pecador.

A la serie de escenarios, preguntas y discusiones sobre la

prohibición para el funcionamiento de cooperativas y clubes de consumidores de mariguana en California, se suma mi temor de que en alguna forma el narcotráfico, como siempre, es una de las manos que mecen la cuna.

El cártel Arellano Félix en la PGR

No es noticia que cuatro genízaros federales mataron a la mala y con saña a tres de sus compañeros. Desde que los secuestraron, torturaron y desbarrancaron en La Rumorosa, era tan fácil de saber como para un chaval de *kinder* aprender que dos más dos son cuatro. Su captura en la Delegación Tijuana de la Procuraduría General de la República resulta simple referencia y no sorpresa. Desde que se descubrió el triple asesinato, era tan sabido como la trampa al marchista Bernardo Segura. Capturarlos fue lógico pero también tardado. Hasta donde supe, los asesinos estaban muy confiados en el poderío de sus jefes del cártel Arellano Félix. No se tomaron la molestia de huir, solicitar su traspaso a otra delegación o renunciar. Es obvio: después de asesinar a sus compañeros, siguieron sirviendo a los capos. No dudaría si me dijeran que "en esa delegación permanecen ojos y oídos de los Arellano Félix". Eso significaría que, otra vez, se apoderaron de la PGR-Tijuana.

Pero me llama mucho la atención cada captura de agentes traicioneros o mafiosos. Primero, ya son una costumbre los arraigos. A excepción de algunos enviados directamente a la prisión de Almoloya, los demás han permanecido en espera de comprobarles el delito o quedan libres. El sobrino de Jesús "El Chuy" Labra y el licenciado Cuauhtémoc Herrera Suástegui, uno capturado por aparentes ligas con el cártel y otro con el cártel de Juárez, obtuvieron su libertad. Pero a los consignados y trasladados a la cárcel se les inicia el proceso para demostrar su participación en el crimen organizado. Luego todo se va en apelaciones y amparos. Los recientemente ganados por Ismael "El Mayel" Higuera dejan ver posibles fallas en la consignación. Pero me resulta inexplicable un punto: si públicamente son ligados a los Arellano, por qué nunca se obtiene una declaración firme para la captura de los hermanos mafiosos. Hay un ejemplo: Everardo "El Kitty" Páez, Amado Cruz, Jesús Labra, Ismael Higuera y Enrique Harari obligada e indudablemente negociaron, pasearon, compartieron banquetes, gozaron y hasta residieron con ellos. Detenidos todos, los interrogatorios fueron normales, sin llegar a la insistencia enérgica para saber su ubicación. No sé si es por miedo o por precaución.

Faltan

Sinceramente, no creo que solamente haya iraquíes como presuntos culpables de traficar con indocumentados de su país y por eso están bajo proceso. Pienso en la obligada participación de mexicanos y particularmente funcionarios o policías. Luego de ser descubiertos los nativos de Irak en las Suites Royal de Tijuana, una mujer traductora dijo que hace semanas uniformados mexicanos estuvieron en ese lugar y les pidieron dinero. Inexplicablemente, el testimonio de esta persona no se tomó en cuenta. Toda la atención fue centrada hacia presuntos traficantes iraquíes; el principal, Raymond Barno, dedicado desde treinta años atrás a tramitar asilo a sus paisanos. Según las declaraciones de residentes estadounidenses y familias cercanas a la Iglesia católica, Barno es inocente de los cargos.

Si desde hace tres años estos y otros iraquíes ocuparon las Suites Royal para esperar a solicitar asilo político en Estados Unidos, se me hace imposible no haber sabido de ellos. Indudablemente las autoridades estaban enteradas, desde las municipales hasta las federales. Y a juzgar por las declaraciones de los extranjeros, si pagaban a uniformados para seguir con tranquilidad en ese lugar, no hay evidencia más clara. La utilización de Suites Royal coloca a Tijuana como un eslabón clave de bandas internacionales. Operan, sin duda, con tantas o más utilidades que los cárteles del narcotráfico. Uno de los iraquíes dijo haber gastado hasta 45 mil dólares durante tres meses esperando pasar a Estados Unidos, clara punta de la madeja para suponer operaciones millonarias.

Quien viaje de México a Tijuana verá siempre largas filas de mexicanos del sureste o centroamericanos esperando en el aeropuerto. Vienen para cruzar a Estados Unidos. Suben al avión como si nada y bajan sin tener problemas. Los hoteles a donde llegan son conocidos. Cuando asesinaron al director de Seguridad Pública, don Alfredo de la Torre, los policías se fueron directamente a las hospederías de la Zona Norte. Supusieron: "los polleros ordenaron el crimen". Esa creencia pone en claro el poderío de las bandas. Los policías dieron como hecho la utilización de un comando armado para matar a su jefe. Y un grupo así cuesta mucho dinero.

Foxistas en peligro

Exactamente debajo de la cabina del piloto, en un estrecho compartimiento cercano a la palanca del tren de aterrizaje delantero, definitivamente un lugar difícil para que pudieran meter sus narices los perros entrenados en localizar droga, allí estaba intacto y bien acomodado un paquete envuelto en plástico barato conteniendo heroína de aparente malísima calidad. Quien lo puso allí sabía perfectamente lo que estaba haciendo: fue un piloto con mucho conocimiento sobre esos escondrijos, o un espía bien entrenado. Por una de esas casualidades, la droga fue descubierta y ordenaron analizarla inmediatamente. Contra las primeras apreciaciones, la heroína resultó de excelente categoría. Esto provocó dos versiones: se trataba de una acción con fines de contrabando aprovechando el vuelo, o definitivamente era una maniobra para que las autoridades aduanales descubrieran el envoltorio al llegar aquel *jet* a Nueva York, único destino sin escalas. Lo dramático de esta historia es que no se trataba de cualquier avión. Era el que utilizaba exclusivamente el presidente de Colombia, don Ernesto Samper. Y en aquel septiembre de 1996 estaba por abordarlo para viajar y asistir a la reunión de mandatarios americanos, en el siempre imponente edificio de las Naciones Unidas.

Por esos días, el señor Samper no era grato en Estados Unidos. Le cancelaron su visa por motivos y para efectos políticos. Con más razón, sus colaboradores sospecharon de una trampa ordenada desde Washington. Tales creencias crecieron cuando, sin saberse oficialmente el descubrimiento de la droga, los diplomáticos de Estados Unidos acreditados en Colombia se apresuraron a declararse ajenos al incidente.

Si no lo descubren, el paquete le hubiera costado la libertad al presidente Samper. Se supone que sería detectado luego del aterrizaje en Nueva York, pero un mecánico, trabajador del aeropuerto Eldorado de Santafé de Bogotá, Colombia, inesperadamente anduvo buscando y encontró al jefe de la Fuerza Aérea, general Héctor Gil. Sofocado por el susto, atragantándose, le reveló haberse enterado del plan para colocar el paquete de heroína en el avión. Simplemente comentó el motivo de su soplo. Como colombiano, no podía aceptar una quemada de esa forma a su presidente, aunque estuviera en desacuerdo con él. El general tomó dos decisiones rápidamente: primero, revisar el avión y dejarlo en tierra hasta no encontrar el paquete. Y segundo, alquilar otro *jet* para transportar inmediatamente al presidente. Tan peliculesco testimonio apareció en el libro *Aquí estoy y aquí me quedo*, escrito por el señor Samper y editado en su país en junio de 2000.

De esta forma actúan mafiosos y políticos en general, pero particularmente sudamericanos, cuando no pueden, no quieren o no les conviene matar funcionarios opositores al narcotráfico. Recuerdo a propósito cuando cierto compañero periodista me preguntó si no creía en el narcotráfico como la mano que movió la cuna en el asesinato del licenciado Luis Donaldo Colosio. Mi respuesta fue y es: en México, hasta hoy, a los barones de la droga les importa muy poco quién gane las elecciones presidenciales. Les interesa, eso sí, la designación del procurador general de la República, para arreglarse con él. Y si no pueden, tienen otros caminos más fáciles y baratos: los delegados estatales de la PGR, los comandantes de la Judicial Federal y, naturalmente, los agentes. Por eso, presidentes y procuradores no han sido físicamente lastimados en los últimos años. En contrario, algunos delegados, muchos comandantes y más agentes pasaron a mejor vida. No tanto por cumplir su trabajo sino al jugar sucio en los negocios a la mafia.

Ahora me da la impresión de que el presidente Fox está facilitando la tarea a los barones de la droga desde Colombia a Estados Unidos pasando por México. Primero, informó que los señores licenciados José Luis Reyes y Francisco Molina serían los encargados de organizar el aparato para combatir el narcotráfico. Uno fue delegado de la PGR en Guanajuato, el otro de Chihuahua y también director del Instituto Nacional del Combate a las Drogas. Reyes no tiene experiencia en las mafias. Guanajuato fue la cuna del "pollerismo" internacional y no se dio cuenta. Su paso por la PGR fue discreto. Molina conoce el terreno, pero hace años se desconectó y prefirió despachar como senador de la República. No vacilo al escribir que los perversos mafiosos ya contactaron con los colaboradores de los señores Reyes y Molina o están por hacerlo; tal vez lograron introducir a sus cómplices en el círculo foxista. Ni tampoco dudo que saben vida y milagros de ambos caballeros: familia, amigos, costumbres, gustos y hasta disgustos.

Pero creo que Fox puso en el más serio peligro a Francisco Barrio, ex gobernador de Chihuahua, al bautizarlo públicamente como zar contra la impunidad, delincuencia y narcotráfico. Este caballero era empresario como Vicente y por eso ninguno de los dos sabe o conoce forma y fondo del narcotráfico. Me da la impresión, y Dios no lo quiera, que Pancho fue colocado sin saber en algo así como tiro al blanco para la mafia y, desgraciadamente, también a su familia. Barrio, igual que Molina, son originarios de la tierra donde opera el sanguinario cártel de Juárez, del que obviamente saldrán las primeras reacciones. Recientemente, fue etiquetado de liga mayor por el procurador Madrazo, al descubrirle nexos con las principales mafias de Brasil.

Pancho puede absorber conocimientos rápidos pero no suficientes como para encabezar a partir de dos meses más la que Fox llamó la madre de todas las batallas contra el narcotráfico. Soy de la idea de que el nombramiento de Barrio debió guardarse hasta última hora. Mantenerlo en secreto le daba cierto relajamiento para formar su equipo y al menos conocer a los cárteles; viajar a Colombia y hablar con el extraordinario estratega y general Rosso José Serrano Cadena, autor de las capturas más importantes de mafiosos, desde los grupos de César Escobar Gaviria hasta la masiva detención internacional en la Operación Milenio; consultar a las policías españolas, marroquíes, francesas e italianas, expertas en narcotráfico y mafias.

En este país y durante los últimos años, las detenciones de capos tuvieron un común denominador: el servicio de inteligencia del ejército mexicano. Ninguna fue realizada violentamente y precisamente este concepto no es el manejado por otros cuerpos policiacos. Todos siguen la costumbre de persecución aparatosa, espectacular y armada. La inteligencia es el arma del general Rosso José Serrano. Tiene un equipo al margen de las fuerzas armadas. Aquí, en las policías federal y estatal, no funciona la inteligencia. Por eso no se dan cuenta que duermen con el enemigo.

El foxismo sufrió otro descalabro: el espionaje telefónico se metió hasta la cocina de su residencia particular y al *bunker* de la campaña. Son sorprendentes las grabaciones transcritas por *El Universal*. Ya todos conocemos las conversaciones telefónicas Fox-Martha Sahagún. Creo que esta fisgonería no tiene la factura de Gobernación. A esas alturas de la campaña, a Zedillo le importaba más la limpieza de la campaña y el respeto del voto. Hasta donde lo conozco, no es afecto al chisme, y por lógica no quisiera clavarse un puñal a estas alturas, cuando su figura ha crecido desde el 2 de julio. Hizo bien Fox en denunciar el espionaje oficialmente, sin lanzar mandobles como tradicionalmente actúa el panismo contra el gobierno. El PAN a través de Bravo Mena no se zafó de esa política de sonsonete, pero creo que Fox no debe hacer a un lado que eso mismo pueden hacer narcotraficantes sin darlo a la publicidad o filtrándolo para ejecutar una sucia pero efectiva carambola. Son expertos en ese terreno y tienen recursos de sobra. Siento que hoy como nunca aparece el peligro en un equipo presidencial.

Aparte del peligro, se presenta otro hecho más grave: la forma en que los propagandistas de Fox manejaron su figura en prensa, radio y televisión y el papel que los periodistas jugaron en la campaña. Insultar a un periodista "porque su pinche programa no se ve" o porque "pregunta puras mamadas" raya en la grosería y la gravedad. La expresión de cómo manejar a *Proceso*, o reclamarle a *Reforma* por publicar una foto de Labastida en mayor tamaño comparada con la de Fox, me parece una niñada, un capricho de querer ver la imagen de Vicente siempre grande ante todos sus competidores. Referir que en ese mismo diario preferible es hablar con Lázaro del Río porque René Delgado está inclinado para otro lado es como si hubieran levantado el telón de quienes están preparando una obra y no saben cómo. Creo que Fox y en especial Martha Sahagún tendrán muchas dificultades con los periodistas de la ciudad de México. Ya es la segunda ocasión; recuérdese la primera sobre su desprecio a los reporteros al regresar de Estados Unidos.

Habrá quien pregunte si es ético que *El Universal* haya publicado la transcripción de la grabación ilegal. Creo que actuó periodísticamente informando sobre un hecho real y de interés público. Hubiera caído en falta si se refiere a una plática muy personal, por decir, entre ambos personajes, y que no tuviera nada que ver con la campaña en la que estábamos interesados todos porque íbamos a tomar una decisión. Más que graznar sobre la ilegalidad de la grabación, como actores al descubierto, deben modificar su conducta. A *Zeta* han llegado o se han proporcionado grabaciones que no publicamos por ser conversaciones de la vida privada entre funcionarios y sus allegados. Por último, apenas puede creerse que militantes de la oposición, sabedores de todos estos riesgos, hayan caído en un pecado de *kinder*.

El terremoto

El mismo día que un espantoso terremoto mató a defeños por miles y causó enormes destrozos, también *Zeta* publicó en su primero plana: "La mafia invade Baja California". Un colaborador del entonces presidente de la República, Miguel de la Madrid, me dijo que si esa desgracia no sacude a México, desde 1985 hubiera sido retirado el gobernador del estado, Xicoténcatl Leyva Mortera. *Zeta* mostró la inédita y sucia complicidad entre los narcotraficantes y la autoridad. Pero lo más importante fue de hecho la primera acción formal de los entonces jóvenes que ahora comandan el poderoso y feroz cártel Arellano Félix.

Funcionarios del gobierno leyvista fueron descubiertos en esa ligazón y la respuesta de tal administración estatal fue comprar cuanto ejemplar encontraran en las calles y expendios. Su acción no tuvo el exitoso resultado que esperaban: a falta de periódico, ausencia de información e ignorancia popular del caso, el efecto se revirtió. La no circulación de *Zeta* causó expectación entre los lectores y a la semana siguiente se multiplicaron. Aquel septiembre de 1985, ningún periódico en Baja California fue solidario con el evidente ataque a *Zeta*; tampoco hicieron referencia al artículo donde se reveló: "La mafia invade Baja California".

Fotógrafos de *Zeta* captaron la escena cuando agentes de la Policía Judicial del Estado cargaban los bultos de ejemplares a camionetas y autos. En las gráficas aparecían las placas de circulación. Se confirmó que pertenecían a vehículos propiedad de la Procuraduría General de Justicia del estado. Pero en ese 1985, como ahora sucede, el gobierno del estado guardó silencio a sus acciones. Tuvo la fortuna de que el interés por los efectos del terremoto atrajeron la atención del gobierno y partido centralistas, evitando así el derrumbe.

Escribí en el libro *Una vez nada más* y hoy lo repito: las puertas que el gobierno de Xicoténcatl Leyva Mortera abrió al narcotráfico nadie las ha podido cerrar.

En silencio

ADIÓS CONFIANZA

El 21 de agosto apareció muerto Armando Figueroa Constantino en Mazatlán. Era delegado para Sinaloa y Nayarit de la FEADS (Fiscalía Especial para la Atención a Delitos contra la Salud). Estaba flotando en las aguas de la manga de El Sábalo. Su automóvil, en el fondo. Naturalmente, la primera sospecha fue: lo mató algún mafioso. Tenía un golpe en la frente y otro en la nuca. Pero otra resultó la realidad: un importante funcionario de la PGR me confió que horas antes de morir, desde la ciudad de México, le pidieron su renuncia. Tenían motivos suficientes para ya no confiarle nada. Después de recibir tan infortunada noticia, este caballero llamó a los asistentes de sus jefes. Les dijo que no la amolaran, que no se valía, que no lo corrieran. Pero solamente encontró como respuesta un "ni modo, órdenes son órdenes". La persona que escuchó el reclamo reportó a sus superiores: "Llamó Figueroa y está... hasta atrás". Al día siguiente se supo de su muerte. La investigación dejó en claro: tomó tanto como para no poder controlar su auto y se fue a pique. Solamente tenía un golpe en la frente. Mi informante aseguró que a la hora de la autopsia se le encontró droga. Días antes participó en la confiscación de un gran cargamento de cocaína, pero la FEADS le encontró sus pecados y lo cesó.

Me lo dijeron muy en reserva: un agente de la Policía Judicial Federal asignado en la delegación de la PGR-Tijuana se borró solito de las filas. Ni el sueldo cobró. No es que hubiera sentido vibras para dejar el puesto. No. Se dio cuenta de que, como a los venados, el cazador lo tenía en la mira y le puso velocidad a su escapatoria. Las investigaciones subieron el telón de la sospecha y apareció como el principal protagonista sobre el escenario. Fue el eslabón entre la policía y el cártel Arellano Félix para informar los pasos que daría don Pepe Patiño y sus ministerios públicos de la FEADS. Sí. Este señor andaba muy cerca de los mafiosos; por eso fue secuestrado en abril. Torturado, le pasaron un vehículo sobre el cuerpo. Y muerto, con sus compañeros, los lanzaron dentro de su auto a un barranco de la bajacaliforniana sierra La Rumorosa. Su compañero de la PGR, el que le puso el dedo, desapareció.

LOS FEDERALES

José Antonio Zorrilla todavía está en la cárcel. Dicen que ordenó asesinar al periodista, amigo y maestro don Manuel Buendía el 30 de mayo de 1984. Era su amigo. Indudable informante, pero, por su cercanía, sabedor de lo que escribiría el columnista. Mi hipótesis en este caso no ha cambiado: a Buendía lo mataron por algo próximo a publicar sobre esa relación funcionarios-narcotraficantes. Pero la autoría no fue de Zorrilla, director entonces de la Federal de Seguridad. Creo, como dicen los políticos, que estaba más arriba.

Cierto día en Ciudad Obregón, Sonora, a punto de anochecer, una camioneta se emparejó en el alto de crucero a la conducida por Rodolfo García Gaxiola, apodado "El Chipilón". Fue comandante de la Policía Judicial Federal en Hermosillo y Tijuana. Me imagino que cuando sintió a su lado otro vehículo, volteó a ver a sus casuales acompañantes del asfalto. Pero más tardó en mirarlos que en recibir tantos disparos como flechas de comanches en una película de John Wayne. Aquí sí cabe aquello de "el que a hierro mata, a hierro muere", pues años antes García Gaxiola hizo lo mismo: emparejó su vehículo a la *pick-up* donde iba el director de la policía municipal en Tijuana, licenciado Federico Benítez. Auxiliado por un agente federal, casi despedazaron al abogado con dos ametralladoras AK-47. La hipótesis es que la mafia ordenó a "El Chipilón" matar al funcionario. Delicados: nada más por no aceptar seguramente cuantioso soborno para permitir vender droga afuera y cerca de las escuelas.

El licenciado Isaac Sánchez Moreno salió de su domicilio defeño rumbo al *bunker* de la Procuraduría General de la República. Luego de ocupar varias subdelegaciones y comandancias regionales, estaba trabajando en algo especial: investigar a los policías judiciales en malos pasos. Como en sus anteriores comisiones, le puso muchas ganas. Pero esa mañana cuando salió de casa se dio cuenta inmediatamente. Primero lo iban siguiendo y luego persiguiendo. Me imagino que tanteó regresar a su casa por estar más cerca y no continuar a la PGR. Dicho y hecho. Llegó rápido. Lo malo fue cuando bajó de su auto y caminó apresuradamente a la puerta de la residencia: lo ametrallaron. Hasta hoy nadie ha podido demostrar lo contrario: fueron policías.

SECUESTRADORES

No sé si se entregó por miedo, pero después de organizar y realizar el secuestro del relevante empresario Germán Hernández Estévez, se rindió Javier Martínez Zamora. Este treintañero resaltaba en la Dirección de Seguridad Pública del Estado en Querétaro. Gracias a Dios el plagiado no fue a dar al camposanto, pero el susto lo sufrirá toda su vida. El señor policía tenía su banda y trabajaba muy a gusto con dos ex agentes y tres más en activo. En Tijuana, algo más o menos parecido hizo Marisela Toledo Rojas. Era agente de la Judicial Federal, joven, pero utilizó chapa e influencia para armar un equipo de secuestradores. Traían asustadas a muchas familias de dinero hasta que les cayó lo menos esperado: la policía.

Francisco Fiol Santana estaba muy bien ubicado en la Policía Judicial del Estado en Tijuana. Veinte días antes de ser asesinado Luis Donaldo Colosio, iban en una suburban último modelo varios agentes estatales. Se cruzaron con vehículos iguales repletos de federales que protegían a Ismael "El Mayel" Higuera y a Javier "El Tigrillo" Arellano Félix. Se agarraron a balazos. Como sucede en los accidentes automovilísticos, donde casi siempre se salva el conductor y huye, aquí murieron la mayoría de los policías y no los mafiosos. Los pocos agentes sobrevivientes capturaron a Higuera y a Arellano. El jefe de Homicidios de la Policía Judicial del Estado, Francisco Fiol Santana, les facilitó eficazmente su escapatoria.

Podría seguir con más ejemplos reales donde los policías estaban al servicio de las mafias o asociados. Faltan muchísimos casos. Tantos, que sinceramente dudo que haya un estado en nuestro país y difícilmente un municipio donde no exista esa sucia relación. *Todo el Poder* es una película basada en esa situación. El guión no exagera. Por el contrario, se queda chico. Es peor la perversión real a lo imaginario de la cinta. La corrupción no tiene medida ni a lo ancho ni a lo largo. Tampoco tiene estatura.

Me consta.

EN SILENCIO

Por eso se me hace estratégicamente fuera de tono y política-
mente comprometedor lo que vienen diciendo los señores José
Luis Reyes y Francisco Molina, encargados por Vicente Fox
para reorganizar los cuerpos de seguridad. Siento muy infantil
su propósito de "vamos a darle la oportunidad a que se rei-
vindiquen", refiriéndose a los policías malandrines (*Zona
Abierta*, Televisa, 25 de agosto). Es sabido: el que se metió a la
mafia o con mafiosos no sale ni en brazos de los Arellano. Lo
matan. En esto no hay penitencia para arrepentidos. Creo que
en términos populares los señores foxistas vienen cacareando
mucho el huevo. Están enseñando sus cartas. Aparte de ser el
suyo un protagonismo peligroso, no dudo algo: los mafiosos
también están cambiado sus sistemas y seguramente van adelante de los señores Reyes y Molina. La diferencia es que tra-
bajan en silencio.

La guerra

Desde el primer momento estuvo claro para el jefe nacional antidrogas don Mariano Herrán Salvatti: el asesinato de sus oficiales en La Rumorosa fue "mucho más" que una salvajada del cártel Arellano Félix. La calificó de un reto. Y en declaraciones e imagen transmitidas a todo el país, prácticamente los retó a la guerra.

Enfurecido anunció e in-me-dia-ta-men-te envió a Baja California detectives por docenas y fiscales por decenas. Todos para perseguir a los que según don Mariano fueron los autores intelectuales del triple crimen. En la misión incluyó aviones y helicópteros. En su aparición en los telediarios, don Mariano fue auxiliado por un colaborador especializado en peritajes. Este caballero confirmó que fueron asesinados los tres funcionarios de la FEADS. Para el caso mostró fotografías ampliadas al tamaño medio póster. Se resaltó que el cadáver del licenciado Francisco Patiño, director que fue de ministerios públicos, tenía huellas de que un vehículo le pasó por la espalda. Y se aclaró: ninguna de las llantas del auto desbarrancado coincidió en su dibujo de piso con el rastro en la piel de la víctima. Luego y sin mostrar pruebas, el señor Herrán insistió en que los Arellano Félix ordenaron primero la muerte de los funcionarios y treparon sus cadáveres al auto que normalmente ocupaban para lanzarlo a un barranco de La Rumorosa. Se trataba, dijo don Mariano, de hacer parecer el asesinato como un accidente. Lamentablemente —de veras—, el señor fiscal olvidó que, para acusar, necesariamente hay que probar.

Ha pasado mucho tiempo y, como es costumbre en tan trágicos acontecimientos, el señor Herrán no reaparece en la televisión nacional para informar sobre los avances de la investigación. Los periodistas ya no tocaron el escabroso tema. Lo último fue la exhibición de una videograbación que confirmó la información de *Zeta*: en el momento en que los funcionarios cruzaron la línea internacional de San Ysidro a Tijuana a bordo de su auto, se resaltó una suburban oscura y con vidrios polarizados atrás de ellos. Las versiones de la televisión, no de la policía, fueron que tal vez en ese vehículo iban siguiéndolos quienes más tarde los capturaron, mataron y lanzaron a la barranca.

Una vieja sentencia policiaca advierte que crimen no resuelto de inmediato es más difícil aclarar conforme pasan los días. Ante la ausencia de información o de la precaución de no proporcionarla para no estorbar la investigación y/o persecución, hasta el momento parecen estar descartados algunos puntos:

1. La camioneta suburban no ha sido identificada o, si ya lo fue, no tenía nada que ver.

2. No existen pistas seguras sobre la identificación o localización de los asesinos materiales.

3. Ningún miembro del cártel Arellano Félix fue o está ubicado, detenido o a punto de serlo.

4. Se mantiene la sospecha sobre agentes de la PGR o de FEADS. Posiblemente tuvieron alguna relación informando sobre las actividades de los funcionarios victimados, o se encargaron de interceptarlos, asesinarlos y desbarrancarlos.

5. Esta sospecha se fortaleció con las declaraciones de Herrán Salvatti, a pocos días del asesinato y posteriores a esa

hipótesis de *Zeta*: aseguró que por lo menos once agentes federales eran investigados, pero no se ha informado nada.

En opinión de conocedores de la actividad policiaca, no era necesario que el señor Herrán anunciara cuántos agentes federales y del ministerio público envió a Baja California y para qué. Con eso puso en alerta a los culpables, particularmente, y al cártel Arellano Félix, en general. Los mismos, familiarizados con las actividades de la PGR, opinaron que ése fue un error tan grande como declarar públicamente y en forma concreta que los funcionarios victimados estaban investigando exclusivamente a los Arellano Félix en San Diego o Tijuana, y a los Salcido en Mexicali. Eso coloca en una situación riesgosa a los comisionados. Y por otro lado, en una posición muy difícil a la FEADS si no se ven, como hasta hoy, los resultados.

Pero si la FEADS dejó escapar el sobreaviso, curiosamente la delegación de la PGR en Baja California muestra una pasividad increíble. Y no precisamente por hacerla con sigilo sino por su movimiento, muy bajo, por cierto, comparado con las inmediatas anteriores direcciones tituladas por el teniente coronel Lorenzo Salas Medina y el general brigadier y licenciado José Luis Chávez.

Totalmente opuesta a FEADS y PGR está la movilización del ejército mexicano. De pronto los helicópteros dejan escapar su estruendo sobre Tijuana, al sur de Ensenada o en el valle de Mexicali. Los soldados aparecen en retenes inesperados. Patrullan día y noche lo mismo las colonias de familias pudientes que los fraccionamientos populares. Ni el secretario de la Defensa Nacional apareció en la televisión para declarar qué andan haciendo. Ni el comandante de la región militar retó a la guerra públicamente a los Arellano Félix. Simplemente, están actuando. La reciente captura de Jesús "El Chuy" Labra y el decomiso de un monumental cargamento de mariguana son un par de muestras, y por su naturaleza ocupan espacios en la prensa, telediarios y radiomatutinos.

Estuvieron en *Zeta* estudiantes avanzados de la carrera de Ciencias Políticas de la Universidad de San Diego. Durante noventa minutos escucharon y preguntaron sobre los orígenes del narcotráfico y la violencia. Se les explicó que no es exclusiva de Baja California, que es un problema continental donde hay un país productor, el nuestro donde se trafica, y el consumidor, Estados Unidos. Recibieron la opinión de cómo funciona la contrainformación del narcotráfico en la prensa. Se les detallaron los casos de la supuesta captura de Ismael "El Mayel" Higuera, la desaparición del mayor Felipe Pérez Cruz, la referencia de que el jefe policiaco de Tijuana tenía relación con la mafia y, entre otras cosas, que los funcionarios de la FEADS estaban investigando la compra de terrenos con valor millonario en la zona del río Tijuana, por Ismael, un licenciado hermano de Jesús "El Chuy" Labra.

Creo que indiscreciones como las del señor Herrán, aparte de trastornar una investigación poniéndola al descubierto, empujan a las suposiciones reporteriles. También acusar sin probar o declarar la guerra sin tener ubicado al enemigo. Y en este ambiente, la ansiedad por ganar la noticia a veces provoca la publicación de inexactitudes que en ocasiones sirven más a la mafia que a la credibilidad de los periodistas.

Esto del señor Herrán me recuerda el sobado cuento que nació a raíz de que México se encontraba en difícil situación económica y un colaborador del entonces presidente don Adolfo Ruiz Cortines le aconsejó declarar la guerra a Estados Unidos. Le dijo que Japón y Alemania, que habían quedado destruidos por los estadounidenses, ahora eran potencias mundiales. Don Adolfo, que era un zorruno, le respondió a su consejero con una pregunta. "Está bien. Está bien. ¿Pero… y que tal si les ganamos?"

"El Kitty"

El periódico *The San Diego Union Tribune* publicó en marzo: "Everardo Páez es un joven bien educado, pulcro, de la alta sociedad de Tijuana. Bilingüe, bicultural y conocedor de la cultura popular". Luego, la nota firmada por Lynne Walker explica que el tijuanense está en el centro de una batalla entre México y Estados Unidos, luchando por extraditar jefes de la droga en México. "Páez —escribió la reportera—, de 33 años, fue capturado en noviembre de 1997 por la policía mexicana mientras cenaba en su restaurante japonés favorito en Tijuana". Y fue calificado como "sofisticado y conocedor teniente del cártel de los Arellano Félix", puesto desde entonces en una cárcel de máxima seguridad fuera de la ciudad de México. Hasta donde sé, sus defensores legales esperan que pronto sea liberado. Un oficial del gobierno de Estados Unidos dijo al periódico de San Diego: "estos traficantes han demostrado ser muy hábiles utilizando el sistema legal mexicano y tienen buenos abogados que utilizan todos los recursos a su disposición".

Y no es mentira. Ya llevan mucho tiempo litigando para impedir que Páez sea extraditado a Estados Unidos. Allá tiene cuentas pendientes con varios procuradores. Lo buscaban principalmente en San Diego, acusado de seis cargos federales relacionados con el narcotráfico. Por esa razón quieren que México lo entregue al gobierno de Estados Unidos, pero Páez se resiste. La situación de este joven se encuentra tan discutida, que la Secretaría de Relaciones Exteriores, para empezar, está de acuerdo con mandarlo a territorio estadounidense. Legalmente, lo acepta bajo la solicitud de "causas de excepción" hecha por Estados Unidos. Pero los abogados de Everardo sostienen que no se han especificado tales causas. Por esa razón Páez ha sido amparado contra la extradición en dos ocasiones. Y en las mismas el juez de distrito solicitó a la Secretaría de Relaciones Exteriores fundamentar las causas.

Relaciones Exteriores insistió y por tercera ocasión concedió al gobierno de Estados Unidos la extradición de "El Kitty" Páez. Naturalmente, sus abogados solicitaron amparo. El caso lo decidirá el Juez Segundo de Distrito en Materia Penal de Toluca, en virtud de que el tijuanense se encuentra internado en la prisión de Almoloya, territorio que abarca ese tribunal.

Tuve oportunidad en 1997 de leer las declaraciones que Everardo "El Kitty" Páez hizo a la Procuraduría General de la República inmediatamente después de su detención y las publiqué. Las referencias fueron tronantes contra el cártel Arellano Félix y sirvieron para ampliar otras investigaciones. Sé que tanto las confesiones de este joven como las de Alfredo Hodoyán, videograbadas, fueron tomadas como base para más capturas de importantes miembros del cártel. Páez se encuentra hoy en una situación difícil. Si lo extraditan, Estados Unidos lo condenará mínimo a treinta años y será sometido a interrogatorios tales que pudieran hacerle hablar nuevamente alrededor del narcotráfico. Si lo dejan en libertad, ignoro cuál sea la reacción del cártel Arellano Félix.

Cuatro años

Un 17 de abril, fue ejecutado Arturo Ochoa Palacios. Tijuanense y abogado, dejó este mundo sin ver a su asesino. Un hombre lo esperó en el extremo norte de la pista del CREA tijuanense. Sabía que todos los días iba a correr. A nadie llamó la atención ver a un hombre alto, atlético, con vestimenta deportiva, tenis y cachucha, que de repente empezó a dar zancadas. Alcanzó a Ochoa para dispararle por atrás, primero a la nuca, luego a la espalda. Fue innecesario este segundo balazo. Cuando Arturo caía, seguramente estaba muerto. Muchos presenciaron el asesinato y solamente uno siguió en corretiza al criminal. Se detuvo cuando el sicario amenazó dispararle con la misma pistola calibre 45 que utilizó momentos antes. Precisamente por ser un arma difícil de controlar, la sospecha se clavó en dos posibles autores: David Corona Barrón , "El CH", y Gerardo Cruz Pacheco, un ex militar. Ambos al servicio del cártel Arellano Félix. El primero murió un año y siete meses después, cuando sin querer algún compañero le disparó durante una emboscada. El segundo está prisionero y recién lo sentenciaron al comprobarle, en un largo proceso, que asesinó en Toluca al joven boxeador tijuanense Jesús "El Bebé" Gallardo. Este atleta recién salió de la penitenciaría. Hasta allí lo llevó su relación con el cártel. Pero disgustado con ellos porque lo abandonaron en la cárcel, los maldijo al quedar libre. Hasta donde supe, por eso se adelantaron matándolo.

Eso fue nueve días antes de que ejecutaran a Arturo. Pero oficialmente, ni a "El CH" ni a Cruz Pacheco les acreditaron la muerte de Ochoa. Sin embargo, un par de hipótesis sobre el motivo no ha sido derrumbado: una, siendo Arturo delegado de la PGR en Tijuana, fue cateada la casa de Emilio Valdés Mainero, hombre importante del cártel. Con tan mala suerte que la inesperada presencia policiaca provocó un infarto al coronel Valdés, padre del mafioso actualmente prisionero en Estados Unidos. Se presume que este joven ordenó la ejecución como venganza. La segunda hipótesis: como delegado de la PGR, Arturo recibió en Tijuana al "CH" cuando fue deportado de Estados Unidos. Se ha dicho, sin que nadie lo desmienta, que los Arellano le pidieron dejarlo libre. No aceptó. Cumplió instrucciones personales del entonces procurador general de la República, doctor Jorge Carpizo McGregor, y lo envió a Guadalajara donde era reclamado. Allá las cosas fueron más fáciles para la mafia. Ya lejos del control de la PGR, un juez federal liberó a Barrón "por falta de elementos". Se supone que, al regresar, tomó venganza asesinando a Ochoa Palacios. Perversamente los mafiosos filtraron a la prensa una versión: que Arturo tenía depositados, en cierto banco estadounidense, millones de dólares producto de sucios acuerdos con la mafia. Uno de sus colaboradores fue mencionado como cómplice. Otra más perversa se refirió a casos familiares. Finalmente, esas invenciones manejadas intencionalmente entre periodistas jamás se comprobaron ni nadie se ha preocupado por hacerlo. Hace poco leí las cartas póstumas de Mario Ruiz Massieu en un libro titulado *Entrega inmediata*. Este hombre fue jefe de Arturo en la PGR y escribió que a Ochoa Palacios lo mataron por saber demasiado sobre el caso Colosio. Nada más inexacto. Hay quienes en esa época, con mayor o menor jerarquía que la de Arturo, tenían y tienen más información. La desgracia en su ejecución fue que, habiendo pistas seguras, no hicieron nada las autoridades estatales, entonces encabezadas por el licenciado y procurador general de Justicia, José Luis Anaya Bautista. Hasta hoy el silencio y la inactividad mantienen sospecha. Curiosamente, la Policía Judicial del Estado abundó entonces en declaraciones desorientando a periodistas y ciudadanos. Me inclino a pensar que, también, la mafia las ordenó. A cuatro años de su muerte, sigo considerando que Arturo fue víctima de una venganza.

La señora Hiatt

Me gusta como para que alguien escriba un libro o filme una película. Es la triste historia, emocionante y real, de Laurie Hiatt. Una distinguida dama estadounidense de la élite en Washington. Hace un año debió empacar forzosamente todas sus cosas e irse a Santafé de Bogotá. Ni ella ni su marido podían negarse. Él obedeció órdenes superiores. Como coronel de Estados Unidos, fue nombrado comandante de las Operaciones Militares contra el Narcotráfico en Colombia. Total, viajaron y se instalaron. Ella fue presentada a las esposas y familiares de los diplomáticos y empezó con una feliz vida social. Él puso toda su inteligencia para combatir a guerrilleros y mafiosos; cada quien en su papel. Una hermosa casa para la señora Hiatt; una oficina muy cómoda para el coronel en la embajada de Estados Unidos. La presencia del militar se justificó como parte del programa autorizado personalmente por el presidente Bill Clinton: 1 600 millones de dólares y refuerzo de las Fuerzas Armadas para entrenar personal y reforzar la batalla contra la droga.

Como pasa en las embajadas de todo el mundo, el personal tiene necesidad de enviar a su respectivo país desde información oficial, correspondencia, hasta algunos objetos personales. Para eso se utiliza la tradicionalmente conocida como "valija diplomática", igualita a la de las películas. Normalmente la lleva un caballero esposada a su muñeca. Y sólo hay dos llaves de ese artilugio de seguridad: una del que remite y otra del que recibe. El que transporta no la puede abrir, a menos que desaparezca después de violar la maleta. Pero casi nadie lo hace sabiendo que lo van a perseguir hasta el fin del mundo.

Pues bien, la distinguida señora Hiatt aprovechaba esa gran ventaja para hacer lo que llamó "distintos envíos". Pero no mandaba collares de oro ni esmeraldas, que son tan baratas por allá, tampoco fotografías. Remitía cocaína, lo más que podía. Así, con la famosa "valija diplomática" ni la dama tenía problemas para enviar la droga ni tampoco el destinatario. El chiste de todo fue que la "valija diplomática" no pasaba revisión en la aduana.

Desgraciadamente lo que mal anda, mal acaba. La señora se engolosinó y aparte de tan simpáticos envíos, depositó otros paquetes postales con papelería oficial. Y como vio que no los revisaban, remitió más. Su mala suerte apareció cuando en la aduana de Miami realizaron una inspección de rutina y descubrieron el contenido del bulto. Dicen que las autoridades estadounidenses no lo podían creer, pero investigaron y reconfirmaron que la señora Hiatt estaba introduciendo droga a Estados Unidos. La policía no hizo escándalo. Detuvo en Nueva York a Hernán Arcila, un colombiano encargado de recibir la droga y distribuirla. Y en cierta zona cercana a Santafé de Bogotá capturaron a Jorge Alfonso Ayala, nada más y nada menos que el proveedor de la señora esposa del comandante encargado de combatir el narcotráfico.

Todo esto se ha considerado discretamente en los altos niveles políticos de Estados Unidos como "un motivo de vergüenza para el gobierno de Bill Clinton y particularmente para el Pentágono". Lo tachan de absurdo, precisamente cuando la Casa Blanca está solicitando más dinero al Congreso para combatir el tráfico de drogas.

La historia es de película. Naturalmente, el señor coronel y su esposa ya fueron retirados de Colombia. Los dos están libres bajo fianza y deberán presentarse en una corte de Brooklyn, en Nueva York. Ese día se iniciará el juicio. Me gustaría mucho estar allí cuando el señor o la señora juez les pregunte si se declaran inocentes o culpables. Será muy interesante la respuesta.

Por lo pronto, ya se sabe que la señora contrabandeó droga hasta por 700 mil dólares. Por cierto, la señora Hiatt nunca fue víctima de un mafioso. Siempre le pagaron puntualmente. Llegó a depositar hasta 45 mil dólares en efectivo en la caja fuerte de la oficina de su señor esposo en la embajada. Y ahora resulta que la dama le decía al militar que depositara "pequeñas cantidades" en bancos de Estados Unidos "para no despertar sospechas". Y el señor coronel confesó a la policía que nunca le preguntó a la mujer de su vida de dónde estaba sacando tanto dinero. Pero los señores detectives aclararon que mister Hiatt a veces fue personalmente a los bancos estadounidenses en Colombia para depositar miles de billetes verdes y nunca tuvo problemas. Naturalmente, en Colombia se puede sospechar que medio mundo vende droga, menos un militar estadounidense.

Los que saben de leyes estadounidenses piensan que el coronel fue aconsejado por sus abogados para declarar a la policía que no sabía de dónde salía el dinero. Es que si hubiera reconocido que los dólares eran producto de la droga, recibiría un castigo mayor. Lo acusarían de "lavadólares". Pero si acepta en la Corte que hizo mal en no preguntarle a su esposa de dónde venía ese dinero, no puede ser condenado más allá de 19 meses de prisión y alcanzaría el beneficio de la libertad provisional. Indudablemente, su esposa recibirá una sentencia más dura. Ella no puede salir con pretextos. Ni modo que vaya a decir: "Ay, yo creí que era talco" o que salga con que "nunca me imaginé que pagaran tanto por eso... yo nunca supe que fuera delito transportar cocaína".

¿Se imagina el lector si eso hubiera pasado con una pareja de mexicanos en las mismas circunstancias y lugar? Indudablemente ya hubieran aparecido en la primera plana de todos los periódicos estadounidenses. Gran foto de la droga, del dinero, de la caja fuerte en la embajada, de los mafiosos que surtían y recibían. La historia de la señora desde su infancia y la del coronel desde que andaba cantando al son de Los Panchos, con peinado a la Elvis Presley, su camisa de manga corta arremangada, levantado el cuello, el pantalón de cinturón delgadito, parecido al de nuestros inolvidables "pachucos", su cigarro Delicados, vaso de ron Bacardi con coca-cola o su Bohemia en la mano. Naturalmente, junto a esa historia, la solicitud de extradición.

A lo mejor y la esposa del coronel escribirá un libro que se volverá *best seller* o algún productor se interesa por el caso y filma una película. Si se decidieran, me encantarían como protagonistas Sharon Stone, en el papel de a la señora Hiatt, y Harrison Ford, en el del coronel.

Amolado el general don Jesús Gutiérrez Rebollo. Ése ni le depositó dinero a su mujer ni utilizó la valija diplomática. Nada de libertad provisional. Directito, sin parar, hasta Almoloya.

Rafael Pérez

Estoy seguro de que existen muchos hombres que se llaman Rafael Pérez. Abundan en nuestro país y no se diga en Estados Unidos. Me imagino que también por Centro y Sudamérica. Y creo que en el pasado, muchos con tal nombre se los llevó Dios. Pero hay uno que me llama la atención. Era policía de uniforme en Los Ángeles, California. Por méritos y habilidad lo comisionaron al peligroso vecindario de tupidas pandillas hispanas. Sé que tiene 32 años y que es un antiguo *marine*. Su problema fue que el año pasado lo sorprendieron robándose 3 kilos 600 gramos de cocaína confiscada y depositada en la comisaría de Rampart. Quería revenderla precisamente en la zona que le asignaron para combatir el delito y a los delincuentes. Cuando lo capturaron, confesó que no era la primera vez que lo hacía. Le resultaba una actividad normal. Aparte de que nadie se daba cuenta en la comisaría, ganaba muy buenos dólares extra. Más que los de su reglamentario salario.

Pero como en las películas, Rafael Pérez, luego de ser sorprendido en el robo y detenido, decidió confesar todo. No tanto por decir la verdad, sino para que, antes de llegar a la Corte y previo acuerdo con el fiscal, le rebajaran la condena. Nada más que sus confesiones fueron más allá del robo de cocaína y dejaron atolondrado a medio mundo: habló de homicidios cometidos por sus compañeros agentes, pero que fueron disfrazados como accidentales; ocultamiento de pruebas, creación de otras, torturas, palizas, explotación económica y física de prostitutas. También sobre cómo se utilizaron las patrullas para otros fines personales y hasta ocasiones en que algunos guardianes dispararon sin justificación. Como dicen por allí, los "descobijó".

A consecuencia de las tan sorprendentes confesiones, la superioridad suspendió a más de 20 agentes para investigarlos, según el informe oficial del Departamento de Policía de Los Ángeles (LAPD). Aparte, cuando menos 40 ciudadanos que estaban injustamente prisioneros quedaron en libertad y las autoridades se preparan para enfrentar demandas millonarias de las víctimas.

LAPD tiene 9 mil 475 agentes en la calle. Pero ante el crecimiento de la ciudad y la delincuencia, todos están sobrecargados de trabajo. Aparte, se teme que hay muchos como Rafael Pérez, metidos de lleno en el delito en lugar de combatirlo. Leí en un reporte periodístico que el jefe del departamento, señor Berbard Parks, reconoció la falla. La ubicó "en no revisar cuidadosamente los informes de los policías y no seguir los acontecimientos con atención para descubrir las tendencias". Dijo que eso ha permitido el crecimiento de este cáncer.

Gracias a todo lo que ha confesado, Rafael Pérez solamente estará cinco años en prisión. Debo suponer que los deberá pasar muy protegido para evitar venganzas. Y si Dios le permite salir con vida, seguramente se irá muy lejos de Los Ángeles. Desde ahorita sobran los que no se la perdonan por hablar lo que se supone que no debe.

Sinceramente, no me imagino cuántos como Rafael Pérez existen en las policías municipal, estatal y federal de Baja California. Creo que, siguiendo la opinión del jefe Parks, aquí no han revisado cuidadosamente los informes de cada agente ni seguido con atención las tendencias del crimen alrededor de la actividad policiaca. No vamos a ir lejos; los recientes acontecimientos nos prueban dos cosas: por un lado, varios agentes ministeriales del estado protegiendo narcotraficantes. Está absolutamente comprobado. Por el otro, varios miembros de las Fuerzas Especiales de la Policía Municipal de Tijuana aparecen enlistados como sicarios. Tanto unos como otros operaron impunemente durante meses y, como en el caso de Rafael Pérez, nunca se tomó nadie la molestia de verificar su hoja de servicios y analizar la tendencia de su actividad. Creo que alguien debe ser responsable de esta situación.

A propósito, se publicó en el periódico *Frontera* una fotocopia de la minuta sobre una junta Federación-Estado en la cual el procurador de Justicia del Estado entregó a la General de la República una lista de agentes involucrados en el delito, particularmente señalando a Leopoldo Rodríguez Rementeria, comandante de la Policía Federal comisionado en Tijuana. Fue señalado como sospechoso en la ejecución de otro funcionario el 4 de enero de 2000: Rafael Ávila, jefe del Departamento Jurídico del Grupo Beta, encargado de atender los asuntos de migrantes mexicanos. El aparente móvil es la posible relación con "polleros", "enganchadores" o "coyotes" con la autoridad.

Hasta donde me enteré por la publicación de la famosa minuta, en el gobierno del estado se cree que, por la cercanía física y de hospedaje, el comandante federal participó en la ejecución. Incluso, afirman que fue detenido por estatales, pero lo liberaron por intervención de la PGR-Tijuana. El caso arroja dos primeras revelaciones: primera, si por sospecha tenían encarcelado al policía federal, no debieron bajo ningún concepto liberarlo simplemente por una solicitud desde el cuartel pegerrista. Y segunda, la regla de oro en esto de las denuncias es que, para bien acusar, valen más las pruebas que las palabras.

Lo curioso es que 24 horas después de publicada la copia de la minuta, hubo reacciones diferentes. Una: el señor procurador de Justicia del estado negó a los periodistas haber acusado a funcionarios de la PGR y con ello, obviamente, el contenido de la minuta. Dos: el señor gobernador sustituto del estado, en una entrevista en la ciudad de México con el periodista radiofónico Raúl Peimbert de Multivisión (MVS), lamentó que se hubiera "filtrado" la minuta. Con eso reconoció la autenticidad del documento publicado. Esto es, afirmó todo lo contrario a su concuño. Tres: el periódico *Frontera* no comentó nada.

Supongo que hubo dos originales del documento; uno para la Federación y otro para el estado. Creo que en el estado fotocopiaron. Me inclino a creer en una "filtración" —especialidad de la casa— desde la Dirección de Comunicación Social y que ahora la desmienten. Nada más que públicamente pusieron en ridículo al licenciado González Alcocer: sus colaboradores pasaron por abajo de la mesa documentos a los periodistas y él no se dio cuenta. Ahora que si el gobernador lo dispuso y ahora recula, es más grave. Quien haya sido nunca midió las consecuencias de entregar ese documento a la prensa. Pusieron contra la pared a la PGR luego de las pláticas donde se comprometieron públicamente a una coordinación. Y al dar nombres de sospechosos sin pruebas, también se colocaron en la mira de los mafiosos.

Otro dato simpático: la PGR ejerció la atracción legal sobre la ejecución de la que fue acusado su comandante. Aparte, hay 56 días entre el 4 de enero, que se cometió la ejecución, y el 28 de febrero, que se realizó la reunión con el procurador y secretario de Gobernación. En casi dos meses, no hubo una referencia estatal oficial sobre el comandante federal. Significa que si no hubiera venido la misión presidencial, ni siquiera lo sacan a relucir.

Creo que el gobierno sustituto se ha colocado en un punto realmente crítico con esa acusación y la torpe "filtración". La delicada situación crece cuando está probado que agentes estatales sí participaron en la protección de narcotraficantes. Bajo el supuesto de que la fiscalía estatal siga la ley, deberá consignarlos al Ministerio Público Federal. Allí encontrarán suficientes elementos para turnarlos a un juez que los procesará e indudablemente refundirá en prisión. Esto será una comprobación de la relación de policías estatales y la mafia. Con un grave riesgo: ¿qué tal si, como Rafael Pérez, confiesan todo y dicen que estaban recibiendo órdenes de Fulano de Tal Muy Importante? Se insiste: riesgo.

Pero además hay algo muy curioso: la acusación al comandante federal según la minuta Federación-Estado fue el martes 29 de febrero. Y una semana después, exactamente, el propio procurador de justicia del estado presentó a la prensa a varios sicarios, que realizaron quince asesinatos entre los que se encontraba, precisamente, el del señor licenciado Rafael Ávila Valenzuela, que "se le quiso cargar" al funcionario federal. El doble sentido contrario en que manejó una sola versión el señor procurador, según la minuta, es verdaderamente increíble. Eso por un lado. Por el otro es para alarmar. No se puede estar acusando un día y al siguiente cambiar de parecer para señalar a otro presunto culpable.

Comentaré como punto final que si yo estuviera en el periódico donde se publicó la minuta, jamás les volvería a creer a mis informantes. Me imagino quiénes son. Estoy seguro de que los directivos de *Frontera* actuaron de buena fe. Aceptaron el documento como una primicia periodística. Sería un absurdo pensar que la inventaron. Desgraciadamente, la famosa "filtración" les causa problemas en su credibilidad y ante sus lectores. No quiero meterme en su política editorial sugiriendo que revelen el nombre del "filtrador" y

233

las circunstancias en que se dio el hecho. No. Pero definitivamente no es de caballeros proporcionar un dato confidencial,
si al día siguiente el propio informante lo desmiente públicamente. Eso no lo hace ni Rafael Pérez.

Sucursales

Es un notable narcotraficante. Se llama Ismael, le dicen "El Mayo" y se apellida Zambada García. Desde Sinaloa maneja sus millonarios negocios. Es muy conocido fuera del terruño. La Procuraduría General de la República lo busca desde hace años y también desde hace años no lo encuentra. Su nombre y foto aparecen entre "los más buscados" en Estados Unidos y la justicia en ese país lo reclama. Quieren llevárselo, juzgarlo, sentenciarlo y encarcelarlo, seguramente hasta el último suspiro de su existencia. Retocada, casi hasta parecer retrato hablado, se ha publicado su foto en periódicos, revistas y carteles y fue transmitida en televisión. Normalmente, esto sucede cuando se desparrama alguna noticia espectacular. No puede regateársele su influencia, capacidad, dominio territorial, cómplices y efectividad de sus verdugos. No me consta ni tengo una prueba de si "El Mayo" soborna policías. Pero me hace pensarlo el hecho de su no captura.

Hay muchas historias sobre Zambada. En esto los narcotraficantes se distinguen. Algunas son tan reales como fantásticas. Esto me recuerda al escritor Gabriel García Márquez. Indubitable, diferencia periodismo de literatura. En las noticias, dice, se debe ser exacto para lograr credibilidad. Y en las novelas puede inventarse tanto hasta hacerlo aparecer como verdad. Pero "El Mayo", como otros jefes de cárteles, tiene lo que me parece un sistema solar: los planetas que giran alrededor no se salen de la órbita; y si alguno lo decide, se lo lleva la desgracia. Por este país mueren tiroteados más policías, más abogados y mafiosillos.

Un nuevo capítulo en su intocable vida acaba de escribir "El Mayo" Zambada. Todo empezó con una desgracia. Eran más o menos las cinco y media de la tarde del 8 de agosto de 2001. Lugar: rancho La Campana al norte de Culiacán, Sinaloa. Vicente Zambada Balboa, nieto de "El Mayo", andaba divirtiéndose en una cuatrimoto. Le acompañaba Jorge Leonardo Félix Quiñones, empleado de la finca. Quién sabe cómo sucedió, pero el caso fue que se accidentaron. Dicen que fue impresionante.

No he podido precisar el motivo del accidente, pero sí la gravedad del resultado. Leonardo murió cuando le auxiliaban en el Hospital General. Tenía golpes mortales por necesidad en cabeza y pecho. El pequeño Zambada fue llevado a la Clínica de Especialidades Médicas al oriente de la ciudad. Lo registraron como Manuel Quiñones Borboa y no utilizaron su nombre real, Vicente Zambada Balboa. Esto es costumbre y previsión entre los mafiosos en tales desventuras. Protegen mucho a su familia. Imagínese, si en casos como éste los médicos deben reportar a la autoridad, inmediatamente sabrían de quién se trata. En contraparte, es natural en los hospitales no exigir a los parientes del accidentado su acta de nacimiento para atenderlo. Simplemente lo registran con el nombre que se les proporciona.

Naturalmente, "El Mayo" Zambada estuvo pendiente desde el día del accidente. Ya me imagino lo preocupado. Indudablemente quería mucho a su nieto. Esperaban su presencia pero no sabían cuándo. Y cumplidor, apareció en el hospital precisamente el día 8 de agosto por la noche. Todas las referencias indican que estuvo entrando y saliendo durante el jueves 9. Pero el viernes 10 le avisaron con precisión: se montó un operativo para capturarlo. Seguramente contra su voluntad y pesar abandonó la clínica. Total, se esfumó. Para su malaventura, ese mismo día, pero más o menos a las diez de la mañana, murió el accidentado. El abuelo no estuvo a su lado en el momento fatal.

No dudo de la inteligencia y contactos de "El Mayo". Una muestra es el aviso a tiempo de la persecución. Y la prevención no salió de su cártel. Indudablemente de algún importante policía. Por eso, me queda claro que la Procuraduría General de la República sigue enlodada en el soborno, y también la del estado de Sinaloa. Los hechos hablan: tan sabían de "El Mayo" para no molestarlo, como le avisaron cuando fue descubierto. De todas formas, la presencia y escabullida de Zambada hizo olas. La orden superior fue averiguar primero si estuvo o no en Culiacán y, con base en resultados, irse a fondo para saber por qué no lo detuvieron.

Entonces se inició la averiguación 228/2001 en la delegación de la PGR en Culiacán, pero tiene "la marca legítima de casa" y, naturalmente, no se ha investigado nada. Por eso me temo que la delegación sinaloense de la PGR obedece más al señor Zambada y menos al señor procurador.

Está como uno de los muchos casos en Tijuana. En abril pasado y saliendo de la discoteca *Baby Rock*, dos jóvenes fueron ajusticiados a balazos. Ante la pasividad de la PGR y la ministerial del estado, la municipal detuvo inmediatamente un vehículo del mismo tipo que algunos testigos vieron en el tiroteo. Viajaban tres jóvenes. Se bajaron, dispararon y huyeron. La sorpresa fue que uno de ellos, Arturo Sepúlveda Garza, era agente del Ministerio Público Federal. Le acompañaban agentes también federales. Por eso y para pronto, el licenciado Jorge Alberto Ramos Ramos, delegado de la PGR, reclamó a los cumplidos agentes y exigió dejaran en libertad "a sus muchachitos".

El señor representante de la Procuraduría fue relevado por motivos aparentemente normales. Se regresó a la ciudad de México porque no residía en Tijuana, pero el agente del ministerio público se quedó. Hace dos semanas iba tranquilamente en su auto. Los conductores de varios vehículos le persiguieron en el bulevar de mayor tráfico en la ciudad, el Gustavo Díaz Ordaz. Fue alcanzado en la esquina de la calle Ermita y se lo llevaron. Pocos días después apareció muerto, tirado en un predio del Parque Azteca en Playas de Tijuana, con dos balazos en el pecho y otros tantos en la cabeza envuelta en plástico, atado de pies y mano y señas de tortura; indudable venganza. Todo este cuadro deja ver cómo desde el entonces delegado para abajo hay podredumbre y liga con el narcotráfico. Naturalmente, igual que en el acta de Zambada, no investigarán estos ajusticiamientos. Es un caso fácil debido a la relación mafia-delegado-agentes-ministerio público-ejecutados.

Puedo estar equivocado, pero me da la impresión de que la Procuraduría General de la República no pone la atención necesaria en Sinaloa, Sonora y Baja California. Desde hace tiempo los edificios de la PGR parecen las sucursales de los cárteles.

Narcotúnel de los Arellano descubierto en Tecate el 22 de febrero de 2002.

Narcotúnel...

Narcotúnel...

Farmacia Vida "De los Arellano".

Lino Portillo, pistolero de los Arellano,
asesinado en prisión.

Rubén Castillo Conde, comandante del AFI acribillado en Mexicali por los Arellano.

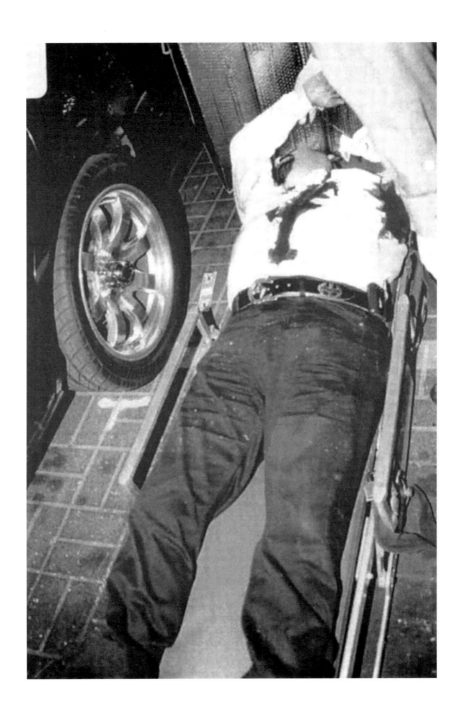

Fotos de la casa de seguridad de los pistoleros de los Arellano.

Marco Antonio Quiñónez Sánchez, "El Pato",
capturado el 24 de abril de 2003.

Nuevo póster, salió el 8 de julio de 2003 en Estados Unidos.

Oficina de la PGR en Baja California; aquí hubo muchos cómplices de los Arellano.

Oficina de la PGR.

Detenidos en Tijuana por militares

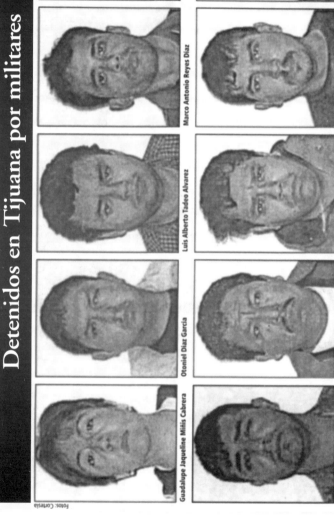

Guadalupe Jaqueline Miñis Cabrera

José Miguel Urive

Otoniel Díaz García

Alfonso Mérida Bautista

Luis Alberto Tadeo Alvarez

Alejandro García Flores

Marco Antonio Reyes Díaz

Jaime Díaz García

Rangel de la Luz Vázquez

Verónica Elizabeth Tizárraga Aguilar

Agentes de la FEADS capturados el 10 de enero de 2003.

La mano que mece la cuna.

Los procuradores en la reunión del 8 de julio, en San Diego, California.

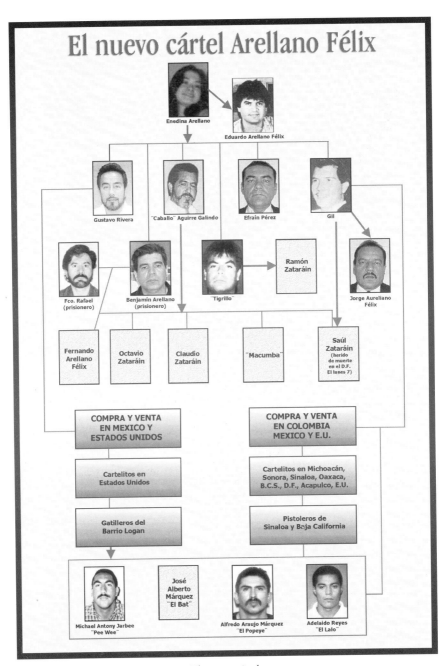

El nuevo cártel Arellano Félix

Enedina Arellano

Eduardo Arellano Félix

Gustavo Rivera

"Caballo" Aguirre Galindo

Efraín Pérez

Gil

Fco. Rafael (prisionero)

Benjamín Arellano (prisionero)

"Tigrillo"

Ramón Zataráin

Jorge Aureliano Félix

Fernando Arellano Félix

Octavio Zataráin

Claudio Zataráin

"Macumba"

Saúl Zataráin (herido de muerte en el D.F. El lunes 7)

COMPRA Y VENTA EN MEXICO Y ESTADOS UNIDOS

COMPRA Y VENTA EN COLOMBIA MEXICO Y E.U.

Cartelitos en Estados Unidos

Cartelitos en Michoacán, Sonora, Sinaloa, Oaxaca, B.C.S., D.F., Acapulco, E.U.

Gatilleros del Barrio Logan

Pistoleros de Sinaloa y Baja California

Michael Antony Jarbee "Pee Wee"

José Alberto Márquez "El Bat"

Alfredo Araujo Márquez "El Popeye"

Adelaido Reyes "El Lalo"

El nuevo cártel.

Tijuana

Muchas personas dicen, y no se puede negar, que Tijuana es una ciudad insegura. Reporteros de otras ciudades y países me han preguntado antes de venir, o cuando están aquí, si pueden andar en las calles sin temor a ser asesinados. Las pocas veces que viajo en México o al extranjero, se sorprenden cuando les digo que vivo en Tijuana. Muchas personas me creen en Estados Unidos. Y cuando preguntan si no tengo miedo de vivir con mi familia y trabajar en la frontera mexicana, siempre les explico: la gran mayoría de los tijuanenses nativos o por adopción no somos la causa de la delincuencia, sufrimos el efecto. Nuestra desgracia son narcotraficantes y migrantes.

Tenemos la desventura de estar geográficamente en el paso natural al estado más rico de la Unión Americana. Allá tienen los mafiosos a su enorme clientela de consumidores. Allá buscan ganar dinero los paisanos hundidos en la pobreza mexicana. Angustiados, con derecho a una mejor vida para ellos y sus familiares.

Transportadores, vendedores y compradores de droga llegan a Tijuana desde otros estados. Se topan en el mercado con los "dueños de la plaza". Estos señores, adinerados y con pistoleros a sueldo o "por cabeza", no permiten la "competencia". Por eso asesinan a los ocurrentes. Estos pobres vienen con dificultades a la frontera. Sueñan con imitar a los capos desde su niñez. Quieren tener su "cuerno de chivo", el matón que los proteja, una camioneta Lobo último modelo, la güera por un lado y hasta su corrido con la tambora. Por eso la gran mayoría de los ajusticiados no es de Tijuana, tampoco los pistoleros. Muchos vienen, para vengar o matar por encargo y pago, de los estados al sur de Baja California. Desgraciadamente también sicarios descendientes de mexicanos nos caen del norte estadounidense inmediato.

Otros llegan para no competir con los poderosos. Producen y venden drogas que no manejan los cárteles: *crystal* y *crack*. La dosis es barata, desde 50 pesos. Rentan un cuarticho o una vivienda. La convierten en lo popularmente conocido como "tiendita". Operan tantas, que antes de ser ejecutado un director de la policía, Alfredo de la Torre, me aseguró que había unas cinco mil. La mayoría, comentaba, propiedad de recién llegados o que no son de Tijuana. Eso, sin contar los "picaderos", llamados así por funcionar bajo los puentes elevados de las avenidas, en lotes y viviendas abandonadas o en las afueras de la ciudad. Allí compran y se inyectan la heroína. Aparte de consumir, desparraman el sida. Son lugares tan conocidos como la ubicación del más popular supermercardo. Estos "negocios" provocan competencia, increíble, tanto en calidad como en precio. Y esa rivalidad nunca se arregla con palabras ni diálogos; se soluciona asesinando: el que más puede sobre el menos armado, la ley de la fuerza. Por eso aparecen de la noche a la mañana "encobijados", luego de ser torturados o ejecutados. Descuartizados en bolsas de plástico, otros con un tiro en la nuca. Y lo que más sorprendió saber: muertos los sumergen en ácido hasta desbaratarlos y tirar sus restos en el drenaje.

El de los migrantes es tan o más grave que el embrollo del narcotráfico. Viajan a Tijuana desde casi todos los estados del país, Centro y Sudamérica, y también asiáticos y europeos.

Muchos se cuelan a Estados Unidos para convertirse en indocumentados, otros tantos no pueden, miles son deportados. Más tardan en regresarlos a territorio mexicano que ellos insisten en regresar hasta una, dos o tres veces. Bastantes lo alcanzan; cientos y cientos, no. Entonces se anclan irremediablemente en Tijuana. Sin dinero para telefonear a su casa, comprar un pasaje de regreso o de perdida para comer, unos buscan y logran empleo decente. Pero muchos encuentran ocupación indecente. Roban en la calle o asaltan casas. Es la única forma que encuentran para sobrevivir. Luego se hacen de una pistola. Hay estadísticas oficiales de la Cámara Nacional de Comercio en Tijuana: muchas tiendas modestas en las colonias han sido atracadas hasta cuatro o cinco veces. Luego se les hace fácil comerciar con la droga y ponerse a las órdenes de la mafia para matar cristianos o transportar. Otros se dedican a desvalijar bancos o a secuestrar adinerados. Y en todo esto hay una clara referencia de los delincuentes foráneos: 80 por ciento de los internos en las cárceles viene de otros estados.

Recientemente, familiares de sinaloenses desaparecidos en Tijuana vinieron y reclamaron a las autoridades. Aseguraron que sus parientes fueron víctimas de un "comando de la muerte" cuando viajaron a nuestra ciudad. Organizaron conferencias de prensa. Aparecieron en televisión y hasta "hicieron plantón" cerca de la Línea Internacional para llamar la atención. Su resultado: nada. En medio de todo esto existe una serie de realidades. Bajo el supuesto no concedido de un "comando asesino", éste sería de las mafias. Y lo más dramático: la mayoría de los desaparecidos debieron tener relación directa o indirecta con el narcotráfico. No se los deseo, pero muchos cadáveres deberán estar en la fosa común por no haber sido identificados, otros fueron desbaratados en ácido y hace pocas semanas informamos en este espacio sobre la desaparición de 39 cadáveres en el Servicio Médico Forense. Aparte, según reportes oficiales, 275 migrantes murieron al intentar cruzar la frontera este año. Muchos no fueron identificados. Solamente en Calexico, California, hay 30 tumbas sin nombre.

Respeto absolutamente el dolor de los familiares, pero debe aceptarse la realidad. En la gran mayoría de sus denuncias no puede ser casualidad que desaparezcan sinaloenses simplemente por visitar Tijuana. Sinaloenses en Tijuana los hay luchones y honrados por montón, emprendedores. He trabajado y trabajo con ellos desde hace mucho. Conozco compañeros que de la nada han hecho su patrimonio decentemente. Y muchos de los principales capitales de Baja California son de distinguidas familias que se vinieron de Sinaloa. Merecen respeto.

En Tijuana nos desagradan los narcotraficantes y también los migrantes fracasados. Unos y otros vienen a cometer delitos, a matar. Nos incomodan nuestras policías estatal y federal. Permanecen como si nada hubiera pasado. Solamente la municipal enfrenta las peores situaciones. Bien claro debe queda: los tijuanenses no hicimos insegura nuestra ciudad, de fuera han venido para convertirla en escenario de crímenes y robos.

Zapopan y Tijuana

La familia de Eduardo Arellano Félix no fue enviada a San Pedro Garza García, Nuevo León, como la de su hermano Benjamín. Permaneció en Tijuana desde 1998 hasta 2000. Pero no se decidió por una colonia de lujo ni ocupó tres chalets. Al contrario, escogió una modesta colonia: la Buenavista, localizada a las faldas de un cerro, entre la populosa zona de Otay y otras más antiguas: Sepanal y Santa Fe. Construyó una residencia de dos pisos y estacionamiento subterráneo. La arquitectura es de estilo californiano. Pintada con colores pastel, resalta entre las casas de madera, en su mayoría de segunda mano, importadas de Estados Unidos, acondicionadas y conservadas con mucho cuidado por sus habitantes. Hay también viviendas bonitas, nuevas, pero no son tantas. Muy cerca está la canalización del Río Tijuana con sus avenidas y vías rápidas laterales. Esto permite a los habitantes de la Buenavista trasladarse rápidamente a cualquier punto de la ciudad y en menos de diez minutos llegar a la frontera. También su avenida principal, al norte, conecta con el Aeropuerto Internacional Abelardo L. Rodríguez. Actualmente la residencia está abandonada. Supe que se construyó sin tener permiso oficial. Además no está inscrita en el Registro Público de la Propiedad.

Eduardo es médico cirujano. Tiene 46 años y nació exactamente el 10 de noviembre de 1956. Me han referido que influye demasiado en su hermano Benjamín. Lo ha impulsado para dominar el narcotráfico en una importante zona del occidente mexicano. Igual que sus hermanos, Eduardo tiene una historia singular. Vivía en la calle Elota sin número del fraccionamiento Las Bugambilias, segunda sección en la delegación Mesa de Otay. Ésta es una mejor zona comparada con la Buenavista. Pero el 23 de noviembre de 1998, quién sabe cómo explotó un calentón. Por infortunio, la esposa y sus dos hijos sufrieron quemaduras. Inmediatamente los trasladaron a un hospital de especialidades en San Diego, California. No tuvieron problema con los agentes de Inmigración de Estados Unidos al cruzar la frontera.

La DEA estuvo vigilando el hospital en espera de Eduardo, pero no apareció. Cuando dieron de alta a la señora y a los pequeños, fueron seguidos por los detectives hasta la línea divisoria. Esto fue divulgado por el periódico *The San Diego Union Tribune* en un extenso reportaje. Hace tres meses me lo confirmaron oficialmente. En aquel tiempo, los policías de Estados Unidos avisaron inmediatamente a la delegación de la Procuraduría General de la República en Tijuana. Me supongo que les dijeron: "Van para allá". El chiste era seguirlos en territorio mexicano para ubicarlos y esperar la visita de Eduardo. Pero "inexplicablemente" los agentes federales, según eso, ni cuenta se dieron cuando entraron a nuestro país. Fue lógico que lo ignoraran sabiendo de quién se trataba. No dudaría si alguien me dijera que, al contrario, recibieron protección al cruzar la línea internacional y trasladarse a donde vivirían temporal o definitivamente.

No sé dónde se alojaron. Ni certeza o informes tengo para asegurar que a la misma casa donde sucedió la explosión. Pero el grupo de inteligencia que persigue a los Arellano desde el año pasado encontró la nueva residencia. Estuvieron al pendiente, en espera de Eduardo. Igual que en San Pedro

Garza García con Benjamín, pero nunca aparecieron. Naturalmente, los investigadores no molestaron a la señora y los niños. Pero cuando abandonaron la residencia en la colonia Buenavista de Tijuana, indudablemente fueron seguidos. Ahora, me imagino, están bajo vigilancia en otro lugar que no me ha sido confiado. Sólo supe que mientras estaban sitiados, los perseguidores dijeron haber visto vehículos de modelos 1998 a 2000, así como una motocicleta.

El grupo de investigadores también localizó el lugar donde vivió Enedina Arellano Félix. Utiliza el nombre de María Celia Félix Amézquita, es licenciada en Contaduría Pública y fue representante de la compañía Grupo Constructor del Noroeste. Los investigadores sospechan que esta empresa fue manejada ilegalmente. No está inscrita en el Registro Público de la Propiedad. Enedina no escogió San Pedro Garza García, Nuevo León, ni Tijuana, Baja California. Vivió en el condominio Castilla, en la calle Sendero de los Álamos en el fraccionamiento Puerta de Hierro, en Zapopan, Jalisco. Estuvo casada con Luis Raúl Toledo Carrejo. A este señor se le identifica como "lavadólares" negociando con compra y venta de casas, principalmente en Sinaloa y Tijuana. Tiene órdenes de aprehensión por delitos contra la salud y acopio de armas. Es oficialmente sospechoso de participar en el asesinato del cardenal Juan Jesús Posadas y Ocampo. Este hombre pocas veces fue mencionado en el caso del religioso asesinado en el Aeropuerto Internacional Miguel Hidalgo, de Guadalajara. Enedina está casada ahora con Othón Zazueta Beltrán. Dos personas con estos mismos apellidos viven, una, en el fraccionamiento Royal Country en Zapopan, colindante con Puerta de Hierro. Otra, en el fraccionamiento Lagos del Country en Zapopan. También está identificado Demetrio Zamora Gaxiola, como otro importante operador de billetes y casado con una hermana más de los Arellano Félix. Los datos le señalan como constructor en las más hermosas zonas de Mazatlán.

"Tenemos ubicados a todos los familiares de los Arellano Félix", me comentaron ciertos investigadores. Y en su opinión, ahora se encuentran en una situación más difícil comparada con la que vivieron los últimos 15 años. Cada vez detienen a más de sus hombres o mujeres clave y disminuye el número de policías a su servicio incrustados en las policías federal, estatal y municipal de todo el país. Me dijeron: "no es un juego de palabras, pero creemos que su captura no será muy fácil, pero ahora es menos difícil que hace meses". Pero no me pudieron responder una pregunta: si los detienen, ¿serán enviados directamente a Estados Unidos o se quedarán en México?

San Pedro Garza García

Donde menos se esperaba descubrieron las residencias de Benjamín Arellano Félix: en San Pedro Garza García, Nuevo León. Este municipio, como los de Guadalupe, San Nicolás y Santa Catarina, fueron absorbidos por el crecimiento de Monterrey. Prácticamente nada los separa. La familia de Benjamín vivió en la calle Marsella de la colonia San Patricio. La banqueta del lado derecho tiene pinos y un par de pequeños árboles de ornato. Está en una cerrada y con dos entradas. Para las personas, a la derecha e inmediatamente, una enorme puerta de madera empotrada en impresionante material gris como si fuera cuadro; a los lados, tres ventanas pequeñas. Se necesitaría brincar y poder alcanzarla con los brazos; subir luego a fuerza el cuerpo para poder ver el interior. Pero hubiera sido imposible. Los guardaespaldas impedirían el intento. La otra entrada es para vehículos; tiene techo volado; en la pared derecha, los medidores de la luz y el gas a media altura. La puerta es negra. Desde afuera se ve un segundo piso y no más. La tapia cubre el resto de todo el interior. La calle, naturalmente pavimentada. Éste, como los otros chalets que ocupó la familia, se localiza al sur del Club Campestre, donde asiste lo más destacado de la sociedad regia.

En otros días, la parentela ocupó una casona de Magnolias de la Colorines. Está construida al filo de una calle en declive, con árboles en las banquetas, frondosos, un poste metálico de alumbrado a la izquierda antes de llegar y enfrente otro de madera con un transformador. La casa es de dos pisos. No resalta entre el resto. La zona se ve y se siente tranquila, agradable y limpia. También habitaban otra residencia en calle Cirene, entre Bezancio y Decápolis de la colonia Jardines de San Agustín. Por lo menos debieron estar viviendo allí, en una u otras, cerca de un año.

Investigadores al fin, un grupo especial para perseguir a los Arellano Félix pudo descubrir las casonas debido a viajes que realizaba la familia entre San Diego, California, y San Antonio, Texas. Se dirigían al sur, cruzaban la frontera mexicana por Nuevo Laredo y tomaban la autopista hasta Monterrey. Se agazaparon en las cercanías de estas residencias durante meses. Vigilaron los movimientos de la familia, pero no las tocaron en ningún momento, ni tampoco las molestaron. "Ellas no tienen nada que ver", me dijo uno de los investigadores. "Esperábamos que tarde o temprano cayera por allí Benjamín. Entonces sí lo íbamos a detener a como diera lugar. No nos importaba cuánta vigilancia tuviera. Estábamos preparados".

Sus palabras me recordaron las del doctor Jorge Carpizo. Ya no era procurador general de la República cuando le dijo claramente a Joaquín López Dóriga, conductor del programa *Chapultepec 18*: no autorizó detener a los Arellano luego de que visitaron al nuncio apostólico. El maestro razonó: la fuerza armada de los Arellano en aquel momento era muy poderosa. De haberse ordenado la captura, sucedería un enfrentamiento mortal y numeroso. Pero ahora fue distinto. Los perseguidores iban superpreparados. Hasta donde me enteré, si ahora se presentara la ocasión de ataque, en unos segundos rodearán la zona donde esté uno o todos los hermanos. Aparecerán vehículos equipados con armas de alto poder y otros con hombres muy bien equipados. En las calles inmediatas habrá más personal y helicópteros sobrevolarán la zona rápidamente.

Benjamín nunca fue a reunirse con su esposa. Tal vez lo hacía en San Antonio, Texas, o en San Diego, California. Pero supongo que de alguna forma se dio cuenta o descubrieron la vigilancia. De inmediato abandonaron las residencias en San Pedro Garza García. Tal vez por la ansiedad de salir, olvidaron un video. Contiene escenas de cierto festejo infantil. Según los investigadores, fue grabado en Tijuana. La cinta les sirvió para lograr gráficas de familiares y lugares. Aparte, los agentes descubrieron algunas fotos. No las han mostrado.

Estos objetos y las preguntas en la zona permitieron saber más: las hijas de Benjamín estudiaban en el Centro de Educación y Cultural del Valle de San Pedro en la calle Alfonso Reyes 400 Oriente, también de la colonia San Patricio. Si acaso se buscara en ese plantel antecedentes de "Arellano", no se encontrarán. La escuadra de persecución confirmó que las niñas fueron registradas con los apellidos de la madre. Los investigadores obtuvieron fotos de sus archivos. Las vi. Una de las chamaquitas cursaba primaria y otra secundaria. Cuando reportaron su retiro de los estudios, justificaron tener que atender a las niñas con médicos especialistas en Estados Unidos. Esto coincide con las declaraciones que ya hizo Ivonne Soto Vega, "La Pantera", que confesó más detalles sobre la vida de la parentela. También estaba la suegra. De esta señora hay un dato más preciso. Dejó Nuevo León el 15 de febrero de 2001.

Desde que recuerdo a los Arellano Félix en 1985, ésta es la primera ocasión que una de sus familias fue localizada y vigilada. Debo suponer que los investigadores la siguieron al salir de San Pedro Garza García. Seguramente, de nueva cuenta la tienen ubicada en espera de Benjamín. Recuerdo otra ocasión: estuvieron los capos del cártel muy cerca de ser descubiertos. Del agente del Ministerio Público Federal José Patiño podría decirse como en el viejo refrán: "los tuvo a tiro de piedra", pero sus compañeros de la PGR lo traicionaron. Fueron sobornados por los Arellano. Al honrado fiscal que les tenía medida la huella le costó ser secuestrado, un tormento sanguinario y la muerte. Su vehículo fue lanzado al fondo de una barranca en la serranía de La Rumorosa, entre Tijuana y Mexicali.

En todo esto hay algo claro: el grupo especial que persigue a los Arellano no se da por vencido. Hasta fueron enterados de otra situación especial: igual que Humberto Rodríguez Bañuelos, "La Rana", y Amado Carrillo Fuentes, "El Señor de los Cielos", Ramón cambió su rostro y su cuerpo. Las fotos de este famoso capo hay que archivarlas y esperar las nuevas. Cuando me informaron de su transformación comentaron: "cualquier día de éstos y en el lugar menos esperado se pasearán y no los conocerá nadie". Por eso, supongo, debió utilizar un excelente cirujano plástico. Y hasta donde sé, sus facciones cambiaron bastante. Más que "La Rana" o "El Señor de los Cielos". También modificó su cuerpo. Posiblemente se sometió a la famosa liposucción con todas sus prevenciones o tuvo un programa rígido de ejercicios. Ahora es muy cortito el pelo de Ramón, contrario a su tupida cabellera negra, con una distinción especial: se lo dejó crecer solamente en la nuca y luce una "cola de caballo" limpia, cuidada y sedosa.

Supe de su buen vestir. Normalmente camisa de seda manga larga o camiseta estilo "polo". Se va a los extremos cuando usa saco, negro o blanco, pero elegante. No usa corbata. Está muy lejos de la imagen tradicional del mafioso, ése con sus infaltables lentes negros, bigote largo, medallas estrafalarias de oro, pantalón livais y "cinto pitiado". Nada, todo lo contrario. Viaja mucho a Europa. Lo hace preferentemente cuando sabe de la persecución o siente que la policía anda cerca.

Por eso no puede subir al avión todo chamagoso. Cuando no está en el Viejo Continente permanece en San Diego. Y si quiere viajar a Baja California, ya no lo hace por Tijuana. Utiliza la garita de Tecate, donde sus hombres vigilan el transporte de la droga.

Benjamín también se transformó. Lo primero: se quitó la "papada", ordenó modificaciones ligeras en el rostro, también adelgazó y, como su hermano, dejó el peinado que luce en las fotos tan conocidas. Ahora lo trae cortito sin "cola de caballo" y no es cierto, como dijeron por allí, que se lo pintó.

En barata

Como si fuera en barata, compró una comandancia de la Policía Judicial Federal. Le gustó la de Tijuana. Cuando escuchó el precio, no regateó, inmediatamente cerró trato, por lo menos 300 mil dólares. Los pagó al contado, me imagino, convencido de hacer una buena inversión, seguro de recuperarla y hasta multiplicarla 10 o 15 veces más. Para empezar le garantizaron: "No tendrás problema con el delegado de la Procuraduría General de la República", dándole a entender que este señor, como dicen los taurinos cuando el matador no hace faena: "Ni fu, ni fa". También le garantizaron: esto no lo sabría ni el mismo procurador, general brigadier D. E. M. don Marcial Rafael Macedo de la Concha.

Así, tranquilamente llegó a Tijuana don Martín Armendáriz. Primero estrenó su charola de comandante de la Policía Judicial Federal. Luego, llamó a su amigo Artemio Flores y, sin pedirle permiso a nadie, lo convirtió en segundo de a bordo, su hombre de confianza. Por eso le enjaretó una misión muy delicada: buscar e iniciar trato con Ernesto Angulo Hernández, el afamado "Quemado". A este hombre se lo sugirió quien le vendió la plaza: "Búscalo. Es el contacto del cártel Arellano Félix para cualquier trato con la Policía Judicial Federal".

La primera sorpresa de don Martín Armendáriz fue la respuesta de "El Quemado": ya no necesitan a la Judicial Federal para resguardar cargamentos de droga. Ernesto Angulo Hernández aclaró: ese blindaje lo arreglaron especialmente con la División de Caminos de la Policía Federal Preventiva (PFP). Por eso no tienen problemas para pasar mariguana o cocaína en los retenes. Además, la transportación a Estados Unidos también está arreglada. Solamente pidieron al nuevo comandante Armendáriz dos cosas: informes de las operaciones antinarco ordenadas desde la ciudad de México y conocer los movimientos del ejército mexicano para capturas y decomisos. Con eso, el hombre del cártel no necesitó decir al recién llegado jefe policiaco federal que con los militares no hay arreglo. Total, "El Quemado", haciendo bueno el apodo, chamuscó al comandante que esperaba maletas llenas de billetes y apenas llegó a portafolios.

Así, a falta de dólares, buenos fueron los pesos. Hay informes muy graves contra Armendáriz: se dedicó a proteger secuestradores. Por eso hubo tantos en Baja California durante el fin de 2001. Mientras todo mundo se deshacía en suposiciones sobre el cobijo a los plagiarios, el comandante de la Judicial Federal cosechó billetes, pero no los esperados. Decidió entonces pedir ayuda al hombre que tan amablemente le ofreció y vendió la plaza, pero ya no estaba en funciones. Renunció a su cargo para defenderse de graves acusaciones. Se las fincó oficialmente don Alejandro Gertz Manero, secretario de Seguridad Pública, porque cuando este caballero tomó a su cargo la Federal Preventiva, encontró un verdadero desgarriate económico.

Dicen por a'i que "para un roto siempre hay un descosido". No faltó quién llevara todo este rosario de tan desagradables noticias a la ciudad de México. Fue como un gol desde fuera del área, limpiecito. Pero en la nueva Agencia Federal de Investigaciones (AFI) alegaban *off-side*. Al final de cuentas, el general Macedo de la Concha sacó la tarjeta roja y dejó fuera de la cancha al comandante Armendáriz. Lo mandó a la banca precisamente dos días antes de la Navidad de 2001. O como escriben los cronistas deportivos: "a las regaderas". Lo curioso resultó cuando, a pesar de su falta, no hubo mayor castigo. Ni siquiera se le consignó penalmente por los delitos cometidos.

Lamentablemente, el remedio resultó peor que la enfermedad. Muchos en la PGR quedaron intrigados con el nuevo nombramiento y dibujaron varios escenarios. Primero: no se explican cómo le están fallando sus hombres de confianza al general Macedo de la Concha al expedir nombramientos. Segundo: se les hace muy raro que el procurador no se dé cuenta. Tercero: está confirmada la inexistencia de "filtros" y pruebas antes de las designaciones importantes. Cuarto: la corrupción es tanta como para tener "reservas" a quienes venderles plaza. La PGR parece manejarse al parejo del narcotráfico. Los mafiosos cobran "derecho de piso" a los contrabandistas ajenos a su familia. Los federales subastan las comandancias.

Total, Arturo Bautista Salazar suplió al expulsado. Este hombre estuvo comisionado por la Policía Judicial Federal en el aeropuerto internacional de Tijuana. Precisamente cuando el cártel hacía y deshacía en la terminal, un antiguo policía de apellido Pinacho apareció como brazo derecho de Bautista. También trajo a otro defeño de apellido Jaimes. Inmediatamente establecieron comunicación con el famoso "Quemado". Este señor nuevamente les leyó la cartilla, igualito que al expulsado Armendáriz. No hubo peros y se pusieron a trabajar, con tan mala suerte que el olor a podredumbre llegó otra vez hasta el Distrito Federal. Nuevo despido.

Lo más dramático de este asunto: a Bautista le acompañó un hombre casi leyenda azabache: Amado Nava Ramírez. Se trata del ex policía de Interpol que estuvo bajo proceso en

Hermosillo, Sonora, averiguación 34/91, por la desaparición de dos personas. Derechos Humanos le comprobó tortura a reos en Tijuana en 1990. Al siguiente año fue encarcelado en Guaymas, Sonora, por robo de camionetas en el extranjero. Formaba parte de una banda. Lo capturaron en el Distrito Federal y lo trasladaron al puerto. Se le comprobó el hurto.

El periodista Roberto Zamarripa, del diario defeño *Reforma*, le descubrió en una foto cuando custodiaba como policía al argentino Ricardo Miguel Cavallo, aquél del famoso RENAVE. El 5 de septiembre de 2000 lo publicó con certeras referencias. La autoridad aceptó el señalamiento del diario y dio de baja al agente Nava Ramírez. Casi inmediatamente fue detenido por extorsión en el Distrito Federal. Y es sorprendente: colaboró directamente con el señor comandante de la Policía Judicial Federal en Tijuana, Arturo Bautista Salazar. No dudo: como Martín Armendáriz, pagó por la plaza.

Si con estos soldados va a la guerra el señor general Macedo de la Concha, ya estuvo que la perdió.

Las credenciales

1991-1994. Sergio Sandoval Ruvalcaba era agente de la Policía Judicial del Estado. El procurador de justicia, licenciado Juan Francisco Ríos, lo escogió para su escolta. Por eso se convirtió en el hombre de confianza. Unos lo sabían y otros mejor se callaban: Sergio estaba conectado con el cártel Arellano Félix. Ni modo que el procurador no estuviera enterado del doble papel que jugaba su escolta: al mismo tiempo de guardarle las espaldas, le cuidaba el helicóptero a Ismael Higuera, "El Mayel". Era un aparato luciendo el logotipo de la Procuraduría General de la República, propiedad de y lo pilotaba un estadounidense. Transportaban mariguana por cientos de kilos a Estados Unidos. Sergio se encargaba de enviarla y en ocasiones también de recibirla al otro lado, hasta cuando de plano decidió darse de baja en la Judicial y causar alta con los Arellano. Allí elevó su jerarquía. Era de hecho el "Hombre San Diego". Distribuía toda la mariguana y cocaína en el sur de California. Ganó mucho dinero. Compró un yate. Para su malaventura, el gusto le duró nada más cinco años. El 2 de mayo de 1999 lo arrestaron. Estaba viviendo en lujosa residencia al otro lado, en la exclusiva zona de Bonita, para ser más exactos, número 1472 de la calle Rimcrest Court. Allí estaba también su hermano Ernesto y hasta el piloto del helicóptero. Con otra docena terminó en prisión.

Un oficial de la DEA se infiltró en el cártel y los descubrió. Como en las películas, el policía fue sacado de Estados Unidos, ahora tiene otro nombre y otra ocupación, y su familia también.

Mientras trabajó para Ríos Franco, obtuvo credenciales de la Policía Judicial del Estado. Un socio de los Arellano ahora encarcelado confesó y, como dicen los abogados, "obra en autos": el procurador en el gobierno del licenciado Ernesto Ruffo personalmente las firmaba. Las vendía lo más bajo en tres mil dólares y llegó a cotizarlas en cinco mil. Ramón y Benjamín Arellano Félix las tenían. También Fabián Martínez, "El Tiburón". Fabián Reyes, "Pedro", "Juvenal", David Corona Barrón y algunos más. Las credenciales fueron descubiertas de pura chiripada. Las traían pistoleros que protegían a Benjamín Arellano y que murieron en la balacera de la discoteca *Christine* de Puerto Vallarta, atacados por grupos de "El Chapo" Guzmán.

Entonces las credenciales provocaron un escándalo; que sí eran legítimas, que no, que eran falsificadas. Fueron examinadas. En Baja California los peritos aseguraron: "Son copia". En la PGR, expertos del procurador Morales Lechuga comprobaron su autenticidad. Pero cuando todo estaba en dime-que-te-diré, sucedieron dos eventos: el fiscal nacional fue relevado. Luego vino el asesinato de Luis Donaldo Colosio y aquello se olvidó.

El caso de las credenciales resucitó después. Las traían algunos secuestradores en Tijuana. Eran copias. Utilizaron una original y procesaron varias en sistema computarizado. Servicios Periciales de la Procuraduría lo comprobó, rápidamente. No se tardó, nunca una verificación tan rápida. Exhibieron con detalle las diferencias. Las mostraron especialmente en proyección amplificada a los periodistas. Nadie tuvo duda. Pero contrario a tal rapidez destaca silencio y olvido:

no ha informado la procuraduría quién proporcionó la credencial original a los plagiarios para obtener copias. Es curioso. Los especializados en investigación no pueden resolver este caso. O como se dice desde hace muchos años: en la casa del herrero, azadón de palo.

Fabián

A Fabián "El Tiburón" Martínez no lo mataron en Ciudad Juárez, se suicidó en Guadalajara el 23 de marzo de 1998, frente a los policías, antes de ser capturado. Me imagino que vio a los genízaros cuando lo asediaban. Entonces se agazapó en una caseta telefónica. Hizo la última llamada de su vida. Jamás lo habían acorralado. Al contrario, los policías le protegieron: municipales, estatales y federales siempre le amparaban para huir y hasta borraban sus huellas criminales. Así le pasó a cada rato en Tijuana, Distrito Federal, Ciudad Juárez, Culiacán o hasta California. Solamente una vez se vio en apuros hace cuatro años y pico. Viajó de Tijuana a Houston, Texas. Manejaba una van con placas de California. Cometió una infracción y no fue solamente recibir una boleta. Lo llevaron a la Corte, pagó fianza y salió libre, pero le indicaron fecha para asistir a juicio. Apenas salió de la oficina, una mujer radicada de ascendencia mexicana le sorprendió. Años atrás lo conoció en California, pero estaba en Texas empleada por el Servicio de Inmigración y Naturalización. Avisó a la superioridad. Le buscaron sin hallarle.

Un funcionario texano llamó a *Zeta* para verificar sus fechorías en el cártel Arellano Félix. Habían logrado información muy alarmante: Fabián iba especialmente para matar a un *sheriff*. Nunca supe ni me dieron las razones. Lo real fue su fuga. Semanas después llamé a la policía. "Se desapareció.

No lo encontramos", dijeron asegurándome: "Pero eso sí, en Texas no está, ni mató a nadie". Y el texano comentó alegre: "Una infracción le salvó la vida a cierto policía". Contrariamente pensé: "De la que se escapó 'El Tiburón' en Texas".

Pero en Guadalajara le sucedió como en las películas. Leí la prensa reportando su muerte. Obtuve copias del parte policiaco sobre los sucesos. Consulté a compañeros periodistas y ésta es la historia reconstruida:

Fabián andaba con dos gatilleros, los tres con pistolas calibre .38 y todas Colt. No me explico dónde dejó su ametralladora. Ni "cuerno de chivo" ni Uzi. El grupo estuvo espiando a Napoleón Flores Gaxiola, en ese entonces de 37 años, ingeniero, domiciliado en el 2054 interior 2 de la colonia Chapalita. Llegó hasta el estacionamiento de avenida Guadalupe 5960. Estaba por subirse a una *pick-up* rojo modelo 92, placas XX-76751 de Jalisco. "El Tiburón" y sus camaradas le dispararon por la espalda. La víctima tenía dos órdenes de aprehensión por despojo en el estado de Sinaloa.

Ese 23 de marzo, de casualidad, iban pasando frente al estacionamiento, en su patrulla Z-254, los policías Tomás Carlos Flores y Lorenzo Gutiérrez Cervantes. "Escuché como quince detonaciones", dijo uno de los agentes. Dejaron el vehículo para ir hacia el lugar donde calcularon sucedió el traqueteo. Primero vieron a dos jóvenes huir en un Tsuru negro placas HVS-2051. Luego, encontraron el cadáver.

Se lanzaron a la persecución, pero se dieron cuenta: había otro asesino. No pudo subirse al auto. Se fue corriendo por un lote baldío. Pero sus camaradas, actuando rápida y certeramente, dieron vuelta a la manzana y lo rescataron. Huyeron con las patrullas tras ellos. Y aquí empezó la tragedia: en las calles Asesores y J. Brahms de la colonia Arcos de Guadalupe, el auto de los malandrines sorpresivamente humeó muchísimo del motor. "Empezó a tirar aceite y agua", comentó un patrullero. Por eso el trío de asesinos abandonó rápidamente el armatoste desconchinflado. Pararon un taxi Nissan 91. Lo manejaba Martha Ramírez de Cortés, que fue sacada a empujones. Para su fortuna no le mataron. Se llevaron el auto de alquiler. Al mismo tiempo, llegaron más patrullas.

Como si fuera película, "El Tiburón" y compañía entraron a la calle Asesores, pero no se fijaron en algo importante: estaba cerrada. Inmediatamente, dejaron tirado el segundo auto. Iba circulando cerca de ellos otro Nissan conducido por el señor Juan Hernández Soto, que le pasó lo mismo que a la taxista. Se treparon y aceleraron, pero entre bajarse, robar y encaramarse, la policía se acercó. Los alcanzaron en avenida Vallarta y Miguel Ángel.

Vieron muy cerca a los patrulleros. Abandonaron el auto, todos a correr. En las primeras zancadas, Miguel Ángel Gálvez Castro fue herido en una pierna. El mismo patrullero que le disparó lo desarmó y esposó. El resto de los policías, ya en buen número, se fue tras el más visible: Fabián Martínez. "El Tiburón" llegó hasta el bulevar Da Vinci y avenida Patria. Entró en una caseta telefónica, hizo una llamada rápida, colgó. Mientras su otro acompañante huyó, empezó a disparar a los policías hasta que se acabó las balas. Los agentes se dieron cuenta y le gritaron pidiéndole que se rindiera: "Estás completamente rodeado. No tienes para dónde escapar". Era la primera vez en su vida que Fabián vio tantas armas apuntándole. Seguramente podría herir o matar a un policía, pero inmediatamente todos le dispararían. Ni modo, lo matarían.

Debió calcular: "de ésta no me salvo". A lo mejor pensó: "me detienen y torturan como a Hodoyán". Quién sabe si supuso: "voy a ser extraditado" o "si no me matan los policías en el interrogatorio, de Almoloya no salgo vivo". Tal vez imaginó que cuando se dieran cuenta quién era, le daban el tiro de gracia. No sé si, como a unos, se le apareció en segundos toda una vida de recuerdos. Tal vez rezó. A lo mejor pensó en sus padres, en su esposa, en sus hijos.

Sacó de su bolsa otro cargador repleto, expulsó el vacío, metió el nuevo. Los policías le vigilaban esperando su rendición o listos para dispararle. Todavía tuvo coraje para gritarles que no se acercaran. Desmayado su brazo derecho, con la pistola apuntando hacia el suelo, dio algunos pasos. Miró fijamente a los uniformados, subió lentamente su mano como dibujando un medio arco, puso el cañón en su cabeza y disparó. Cayó boca arriba, cabeza ladeada a la izquierda, sangrando por nariz y boca, las piernas casi tirantes, pero los pies también hacia la izquierda, su mano derecha bajo el muslo. Y en su entrepierna quedó el arma. "Todavía tenía signos vitales y por eso le subieron a una camilla de la Cruz Roja", me comentó un experimentado reportero recordando los hechos, "pero en el traslado murió".

"La sangre fría con que actuó uno de los gatilleros que ejecutó a un ingeniero en Jardines de Guadalupe dejó pasmados a los policías que estaban por aprehenderlo". Ése fue el primer párrafo de la nota publicada el 29 de marzo de 1998 por el periódico *Ocho Columnas*. La titularon "Gatillero suicida". Ningún otro periódico publicó fotos. Es que la tragedia fue cerca del diario.

El agente del ministerio público, licenciado Javier Zamora Reyes, dejó escrito en su acta sobre el joven suicidado: solamente se le encontró una tarjeta electoral a nombre de Héctor Felipe Vargas Vargas, pero no se le concedió mucha validez; por eso también se le identificó en el expediente con las iniciales "NN", significado de no identificación. Vestía camisa a cuadros blancos y azules de manga corta, zapatos color café, calcetines negros, pantalón azul de mezclilla marca Jeans. "Complexión delgada. Tez morena. De aproximadamente 1.75 de estatura. Pelo negro, corto y lacio. Frente amplia.

Ojos café. Cejas pobladas. Nariz recta. Boca chica. Labios gruesos. Bigote poblado y barba rasurada." El acompañante herido y prisionero dijo que Fabián cargaba una mochila con varios celulares y pistolas. Días antes los invitó a robar autos. Anduvieron de un lado a otro con el pretexto de buscar a un vehículo especial, hasta que localizaron a la víctima. Sacó de su mochila un teléfono y simplemente dijo: "Ya lo tengo, Don Chuy". Pero en la escapatoria se les cayó la petaquilla. No volvieron a verla.

Tres días después del suicidio, el procurador general de Justicia del Estado de Jalisco, licenciado Félix Javier Ledesma, emitió un boletín de prensa. Explicó que se investigaba todo lo necesario para aclarar los motivos del crimen y la verdadera identidad del suicidado. A propósito, "consideró que el sujeto que participó en el asesinato y luego se suicidó lo hizo por algún compromiso previo y para no verse ante la posibilidad de declarar ante la autoridad. La Procuraduría del Estado sigue todas las líneas de investigación posibles en torno al caso".

Nunca se supo dónde terminó el cadáver de Fabián, pero informantes relacionados con servicios de inteligencia y seguridad nacional confirmaron entre 1999 y 2000 la identidad de "El Tiburón". No tuvieron duda: "Es el hombre que se suicidó en Guadalajara". Por lo menos entre 2001 y 2002, no hay referencias sobre la existencia de Fabián Martínez. Se considera inexplicable su ausencia en Mazatlán cuando fue muerto Ramón Arellano Félix. Luego, ilógico no haber estado al lado de Benjamín cuando lo capturaron en Puebla. Seguramente, en ambos casos, "El Tiburón" hubiera sido más efectivo en Sinaloa y muy precavido en la captura.

Fabián Martínez era de los principales narcojuniors. Hicieron época a mediados de los años noventa. Su fama se extendió, rebasó fronteras, casi se convirtieron en leyenda.

"El Tiburón" se destacó por haber participado en grandes movimientos de droga. El apodo le vino de una ocurrencia de Jesús "El Bebé" Gallardo, su camarada también ejecutado por el cártel Arellano Félix en Toluca. Se le ocurrió porque Fabián tenía los dientes encimados.

"El Tiburón" vivió mucho tiempo en Estados Unidos sin ser perseguido por la policía. Hay una presunción: en Imperial Beach realizó dos ejecuciones curiosamente jamás aclaradas por la tradicionalmente eficaz policía estadounidense. Cometió innumerables en Tijuana, espectaculares, estremecedoras. Su bautizo como sicario fue cuando disparó y mató a los Olmos en Colinas de Agua Caliente; al doctor y subdelegado de la PGR, Ernesto Ibarra Santés en la ciudad de México; a varios de sus compañeros de generación.

Uno que ahora está prisionero lo pintó curiosamente: nada más se ponía hacia atrás la visera de la cachucha y ésa era la seña: Fabián ejecutaría a una o varias personas. Acompañaba siempre a Ramón, Benjamín y Francisco Arellano Félix en las discotecas, sus parrandas y viajes. No hay duda para anotarlo: mucho del poderío logrado por el cártel de los hermanos se debió a Fabián. Visitaba con toda confianza la casa de la familia y de ser un tímido estudiante, sin necesidad económica o antecedentes familiares, se convirtió sorprendentemente en matón sin compasión. No hay una cifra exacta sobre las personas que ejecutó, decenas. Pero siempre lo hizo sin piedad, a la mala. Al saber sobre el suicidio, recuerdo la decisión de los mafiosos colombianos retratada en reportajes, crónicas y libros: más vale una tumba en mi tierra que una cárcel de lujo.

Fabián Martínez González nació el 27 de febrero de 1969 en Tijuana, a las ocho de la noche con 14 minutos.

Las fotos

Ágil, fortachón, parecía un acorazado de bolsillo, pecho como de levanta-pesas, brazos para "nocaut", melena al aire, sudando, cabeza fría, sin angustia, mirada panorámica, muslos recios. Nunca sentí que corría sobre el césped; cuando lo vi parecía que apenas lo tocaba. Manejaba el balón con tanta exactitud como elegancia. Por eso, Maradona, chaparrito entre gigantes, los ridiculizaba. No le podían parar. Muchas veces, driblando inesperado y espectacular, dejaba sorprendidos a los hombres en la media y defensa. Me daba la impresión de que rayaba en lo travieso. Por miles compartían su dolor cuando le ponían los tacos por delante para lastimarlo, más por envidia que por competencia. Y millones caían hasta la histeria al verlo chutar desde cualquier parte y convertir el balón en imparable para los humanos, solamente a la red.

En la final de la Copa Mundial en México en 1986 se zambutió en la historia. Entró como rayo aproximándose a la portería. El inglés Peter Schilton era tan alto que el argentino ni al hombro le llegaba. De pronto sale un tiro bombeadito. Maradona impulsó con todo el resorte posible, pero no alcanzó el balón. Colocó su brazo sobre la cabeza y fue como pudo rematar a gol y ganarle así a Inglaterra. Todo mundo lo vio, la televisión retransmitió y cuando le tocaron el tema a Maradona, sólo dijo que el gol fue con la mano de Dios.

Después la fama arrastró a la maravilla futbolera hasta el

sótano de la drogadicción. Recuerdo a Jacobo Zabludovsky cuando transmitió en su telediario *24 horas* tan desgraciadas escenas. Maradona, ya regordete, perdida la mirada, abierta la boca a punto de babear, vestido estrafalario, recién apresado en una residencia, drogado. Hubo argentinos llorando y muchos perdonándole su pecado. Le podían pasar todo. Por eso fue una tragedia cuando en 1994 quedó fuera de la Copa Mundial: resultó positivo en las pruebas *anti-doping*.

Su vida, como la letra del viejísimo tango, fue cuesta abajo y de rodada. Y a tono con los argentinos, se tiró a la milonga. Abusó de la droga y sus paisanos sintieron tal desviación como una desgracia castigo del cielo con todo y relámpago, furia del cielo con ausencia de luz en el mar. Un batacazo más terrible que la devaluación. Alzó más polvo que el divorcio del presidente Menem y Zulema, o la boda del mismo caballero con la escultural chilena Cecilia Bolocco. Por cierto, de las pocas cosas buenas que hizo el mandatario.

Entonces sí, la mano de Dios tomó a Maradona y se lo llevó a Cuba. Allí le curaron. Lo alejaron de la cocaína y el gusto por aspirarla. Recobró su lucidez, la chispa, pero ya no la agilidad. Con la panza que se carga y los años que le pesan, vive más del recuerdo. La gloria se fue. Cuando se inauguró el Mundial en Corea-Japón, fue triste pero ni modo: no le admitieron ni como visitante. Para los anfitriones, Maradona es un mal ejemplo. No me gustó que los argentinos pusieron una enorme manta cuando jugó su equipo al inicio de este torneo: "Pelé es rey. Maradona, Dios". La sentí irreverente. Se pasaron. Pero de todas formas, la aparición de su equipo en las canchas asiáticas dio pie para recordar aquel famoso gol que el autor calificó ejecutado "con la mano de Dios". Naturalmente, el video fue transmitido una y otra vez dejando ver: no fue precisamente de cabezazo como anotó el maravilloso chaparrito.

El padre Gerardo Montaño, dicho en términos futboleros, estaba en fuera de lugar en mayo de 1993. Hasta ahora se ve una realidad en fotos: bautizó al ahijado de Benjamín Arellano Félix. En las gráficas aquí impresas, se ve claramente a los dos personajes en tan importante ceremonia. Pero un hecho que contrasta con lo tantas veces dicho: el bautizo no fue en la iglesia de la zona del Río. Sucedió en un domicilio particular. Recuérdese el viejo adagio: una foto dice más que mil palabras. En abril 26, el padre Montaño ratificó en declaraciones publicadas por el diario *Frontera*: el bautizo se realizó en la capilla del río, que por no ser iglesia el registro se llevaba en la Divina Providencia. En fin. Así lo declaró al periódico *Excélsior* en 1994 y ante el ministerio público en 1998.

Otra referencia futbolera sería que cometió *penalty*. Lamentablemente las gráficas hasta hoy conocidas no tienen fecha. Eso permitiría, lógicamente, saber con exactitud el día en que fueron tomadas, y evitaría pensar si el bautizo fue efectivamente el día que asesinaron al cardenal en Guadalajara o fue antes. Esta duda salta y fuerte. Debe recordarse cómo el padre Montaño prácticamente exculpó a Francisco Javier asegurando que estaba en la ceremonia y no en el aeropuerto de Guadalajara. Pero en la serie de fotos tomadas antes, durante y en el festejo del bautismo, el joven no aparece. Es como para tomar muy en serio el hecho.

Estas fotos las logré gracias a los contactos e informantes que amablemente me auxilian. Fue así como hace unos cinco años obtuve la de Fabián Martínez González, "El Tiburón", en vida. En su oportunidad, la publiqué cuando se le buscaba. Luego a pocos días de ser capturado Everardo "El Kitty" Páez a fines de 1997, precisamente porque el detenido hizo referencia a Fabián. En abril de este año, un informante me detalló el suicidio de Fabián. De principio no lo creí por su transformación de carácter: de pusilánime pasó a decidido, violento y por ello autor de muchas ejecuciones. Fue preciso consultar a fuentes de inteligencia federal. En el estado no se tenía ninguna referencia. Luego me auxilié con mi compañero Luis Carlos Sáinz de Guadalajara. Logró copia del expediente donde se anotó el crimen cometido por Fabián y acompañantes, y que derivó luego en el suicidio del famoso "Tiburón".

La consulta se ahondó hasta las hemerotecas de Guadalajara, logrando obtener un recorte del periódico *Ocho Columnas*. También obtuve un facsímil del acta de nacimiento. Pretendí hablar con sus padres pero no fue posible. Solamente me informaron que oficiales federales los consultaron y confirmaron la muerte. Nada más publiqué las fotos y se interesó en el caso el licenciado Francisco Castro Trenti, de la Procuraduría General de Justicia del estado. Me explicó que Fabián tenía órdenes de aprehensión pendientes y que para la fiscalía era vital confirmar si estaba o no muerto. Le pedí y lo hizo, solicitándome las fotos mediante oficio. Le facilité una que no me atreví a publicar. Se ve a Fabián con el orificio enorme de la bala en la cabeza y la salida por un párpado.

La procuraduría logró sus estudios y llegó a una confirmación casi cien por ciento. Le falta un mínimo porcentaje por la forma en que aparecen colocadas las caras en la foto. Pero en realidad, sí es Fabián. Me hubiera gustado estar en la conferencia de prensa cuando los funcionarios de la procuraduría confirmaron la identidad de Fabián. Lamentablemente, no fue posible. Comprendo y es natural la desconfianza de mis compañeros poniendo en duda la autenticidad. Hubo quienes se atrevieron a considerar que las gráficas me fueron "filtradas" por la procuraduría, pero nunca se tomaron la molestia de llamarme. Y digo que me hubiera gustado estar allí para aclararles. Los dedicados a este negocio nos brota el celo pequeño, regular o grande cuando algún compañero nos gana la noticia. Y si quien lo hace utilizó el procedimiento profesional, entonces no es pecado.

Desgraciadamente, algunos compañeros confunden investigación con "filtración". Posiblemente por la costumbre que viven, menosprecian el trabajo de otros cuando son superados. No puedo negar el enojo al perder una noticia, pero la vida me ha enseñado no a reprocharla, sino a seguirla y buscarle mejor ángulo. Descalificar es caer en la impotencia. Por eso presento aquí los testimonios que ni siquiera la procuraduría tiene. Así, continuando la onda futbolera, los comentarios sobre mi trabajo están en *off-side*.

Y las fotos sobre el bautizo con el padre Montaño y Benjamín Arellano no me las "filtraron". Mi trabajo me costó. Sudé la camiseta.

Mofletudo

Jesús Albino Quintero Meraz quiso matar a mi compañero periodista Jesús Barraza, pero, gracias a Dios, fracasó. La de este hombre es una historia curiosa. El mafioso operaba a mediados de los años noventa en San Luis Río Colorado, Sonora. Entonces era "poquitero". Así se conoce a los malandrines cuando manejan cualquier cosa de droga y nunca llegan a cargamento. Son un grado superior a los "burreros", individuos dedicados normalmente a viajar de una ciudad a otra, o a cruzar la frontera con una pequeñez de mariguana y cocaína. Jesús Albino era harto conocido en la pequeña ciudad sonorense, frontera con la estadounidense San Luis, Arizona. No se atrevía a cruzar el río Colorado y poner un pie en territorio bajacaliforniano. Lo hubieran ejecutado. "El Mayel" y "Gilillo" Higuera, operadores del cártel Arellano Félix, le conocían muy bien. Nunca solicitó autorización a los hermanos para maniobrar. Se negó a pagar "impuesto" o "derecho de piso" para operar. Pero "El Mayel" y "Gilillo" no necesitaban pedir permiso para matarlo si acaso se metía en la plaza del cártel. Que ni llegara el olor de su loción al otro lado del río. Era suficiente para que el corazón dejara de latirle.

"El Señor de los Cielos", Amado Carrillo Fuentes, siempre quiso matar a los Arellano. Dicen que los dientes le rechinaban de coraje. No olvidaba cuando lo quisieron asesinar a la mala los pistoleros arellanescos en el Bali-Hai defeño y se salvó. Pero juró venganza. Por eso cuando supo de Jesús Albino en San Luis Río Colorado, le palpitó la oportunidad. Cercano al territorio de los Arellano, este hombre les provocaría problemas si recibía más mariguana o cocaína. Fácil la contrabandearía a Estados Unidos; hasta la clientela quitaría a los Arellano. Es que, aparte de los hermanos, no había quién surtiera el suroeste de Arizona.

Quintero Meraz nunca soñó con pertenecer a un cártel. Cuando le dijeron sintió como que llovían dólares y no agua. Aprovechó la ocasión y empezó a trabajar para "El Señor de los Cielos", sin fallarle al recibir y despachar embarques, remitiéndole puntualmente el dinero. Nada de escándalos, tampoco muertitos, cero pleitos, mucho soborno y por eso efectividad. Entonces le parpadeó la luz de la atención a Carrillo Fuentes y lo llamó. Se conocieron y formalizaron más los negocios. Realmente a Quintero Meraz no le interesaba acabar con los Arellano. Tenía puestos los dedos en la cartera para abrirla y retacarla de dólares. Y a "El Señor de los Cielos" le importaba muy poco el dinero. Quería ver a sus competidores metidos en estuche de lujo de cualquier servicio funerario.

Con el paso del tiempo, Albino se acercó más a Carrillo Fuentes. Por eso le propuso dejar a personas de su confianza en San Luis Río Colorado. Total, el mercado ya estaba asegurado. Pero se podía extender más y dañar a los Arellano. Necesitaba hacer un cambio: irse a la frontera sureña cancunera y desde allá surtir a la norteña sonorense, cerquita de Baja California, para jeringar a los Arellano. El plan de Albino le encantó a Carrillo Fuentes y el "poquitero" se convirtió en "hombre clave" del cártel. Quintero Meraz desapareció de San Luis Río Colorado. Allá de vez en cuando llegaban noticias creíbles e increíbles, hasta que de pronto su nombre saltó a la prensa con la etiqueta de narcotraficante importante, ya para entonces muy buscado pero sospechosamente no encontrado por la PGR. Albino tuvo en el sur lo que le faltó en el norte: dinero, casonas, autos, mujeres, billetes y, lo más importante, poder. Bueno, si en Sonora se le dificultaba cruzar el desierto, en Quintana Roo tenía facilidad para pasársela sobre las olas.

Jesús Barraza, excelente periodista, descubrió la ubicación del mafioso y publicó un detallado artículo sobre antecedentes y anexas. La noticia viajó de frontera a frontera cinco mil kilómetros. Le llegó a Quintero Meraz primero de oídas, luego con el respectivo recorte de periódico. Impertinente y bravucón, el mafioso soltó la amenaza al periodista. No se escondió. Todo mundo en San Luis Río Colorado lo supo, y por eso el gobierno del estado comisionó a un policía judicial armado para cuidar a Barraza. Lo acompañaba a todas partes.

Sucedió entonces lo dramático: a Barraza le informaron y se fue rápidamente a donde estaban algunos policías de caminos pendencieros y en escándalo callejero. No solamente tomó nota, también los fotografió. La reacción fue encorajinada. Lo persiguieron como si fuera delincuente. Alcanzó a llegar a su casa. Zarandearon con furia al escolta estatal robándole su arma. El agente se fue a pedir apoyo a sus compañeros. Entre tanto, quedó descubierto Barraza, cero protección, como tiro al blanco. Por fortuna el periodista se encerró y sus compañeros hicieron público el caso inmediatamente. Los federales indudablemente al servicio del mafioso no tuvieron otra: recularon. Con eso se esfumaron los intentos para tirotear a Barraza y disfrazarla como "muerto al ser perseguido", o a punto para que cualquier malvado le disparara. Así se ajustaría cuentas por andar mencionando a Quintero Meraz, pero no se les hizo. Seguramente al saberlo se le derramó la bilis al mafioso.

El procurador general de la República, licenciado Jorge Madrazo Cuéllar, fue informado telefónicamente. De inmediato ordenó retirar de San Luis Río Colorado a los agentes federales sospechosos de pretender asesinar al periodista. A los policías de caminos no se les tocó ni con la hoja de una sanción. De allí no pasaron las cosas.

Albino no recibió regaño, llamada de atención o citatorio ante un tribunal. Esto último era obligado. La agresión al policía estatal fue un hecho y de resonancia pública; el intento por matar a Barraza también. Debió perseguirse de oficio, pero ni cosquillas le hicieron. Ahora, cuando su nombre resurge, queda en claro: los agentes de la PGR estaban atendiendo instrucciones de Albino, apoyado en el poder de Amado Carrillo. Ésta es una de las razones inequívocas de por qué el ejército mexicano y no la procuraduría capturó al mofletudo Albino. Pudo más la inteligencia militar frente al soborno de federales.

Por ejemplo, en Veracruz era harto sabido: el hijo de Albino siempre se acompañaba de los sicarios Mario Alejandro Valdés y José González Tapia. Hasta son conocidos popularmente como "Los Norteños". A ellos se les achaca la ejecución de Irving Montiel Landa, joven universitario que tuvo la desdicha de discutir en una discoteca con el hijo de Albino.

Quintero Meraz no está curtido totalmente como mafioso. Corrió con suerte. Primero la muerte de Carrillo, luego las capturas de "El June" y "El Metro". Todo fue muy rápido. Por eso tengo una impresión: su mentalidad no ha ido más allá de un "poquitero" en grande. Esto desemboca en la hipótesis más clara: Albino no está impuesto a situaciones dificultosas. Contestará sin engaño a toda pregunta, no mentirá como los mentados "testigos protegidos", y eso será motivo para algo muy importante: nuevas capturas en las fronteras sur y norte. Posiblemente la del capo Osiel Cárdenas Guillén. Al final de cuentas, mientras perdió fuerza el cártel del Golfo, la están recuperando los Arellano Félix.

De lo perdido...

Al expediente del caso Juan Jesús Posadas y Ocampo no le faltan mil fojas. El Juzgado Cuarto de lo Criminal en Guadalajara lo tiene completito, cada uno de sus 35 tomos iniciales. Y es normal la continuidad que se lleva a cabo. Pero eso sí, a tal expediente nunca le fueron turnadas oficialmente las declaraciones del nuncio apostólico Girolamo Prigione, exhibidas en varios programas de televisión y por el ex procurador general de la República, doctor Jorge Carpizo. De esos documentos hay copias en muchas partes, pero no existen antecedentes, documentos o testigos que demuestren que fueron agregadas al expediente de Guadalajara.

Zeta se enteró de que hace tiempo la Procuraduría General de la República solicitó las mil copias certificadas y se le enviaron, pero si las extraviaron es muy distinto a que se hayan sustraído del original. *Zeta* consultó a la licenciada Felícitas Velázquez Serrano, Juez Cuarto de lo Criminal en Guadalajara. Para evitar interpretaciones, se transcribe la entrevista, tal cual.

—En relación con el informe que dio del caso Posadas la PGR en la ciudad de México, en el sentido de que fueron sustraídas más de mil fojas del expediente, ¿tiene usted el reporte de algún faltante?

—No existe ningún reporte de faltante en el expediente, en los 35 tomos iniciales, que nosotros conocemos en este juzgado, la continuidad de fojas se lleva a cabo, está en cuestiones normales. Pudiera ser que sea otro expediente, apreciando que tenemos el conocimiento del fuero común de delitos de esa naturaleza, y hay otros delitos federales. Entonces, sí hay otros expedientes con constancias respecto a esos delitos. Este fuero estatal sólo conoce de los delitos que le corresponden.

—*¿Entonces el expediente está completo y no hay motivo de preocupación para usted o para la ciudadanía?*

—Lo que sí es cierto es que los expedientes llevan una relación adecuada y sobre todo que no hay ningún reporte ni hay ninguna circunstancia irregular respecto del expediente que aquí se lleva.

—*Nos han explicado que pudiese tratarse de copias certificadas de este expediente, pero ¿esto no quiere decir que se trate de un faltante en este proceso penal?*

—Bueno, de este expediente fueron muchas copias las que fueron remitidas al sistema federal, a la integración de las averiguaciones en materia federal, sobre todo que la procuraduría del estado fue la primera que conoció de los hechos y todas las primeras actuaciones se levantaron aquí en Jalisco. Entonces, sí existieron muchas copias que se fueron certificando y se fueron remitiendo para la integración sobre todo de los expedientes del orden federal.

—*Las copias certificadas en sí ¿llegan a formar un expediente por sí solas?*

—No, claro que no. La reposición por la pérdida de copias fotostáticas es fácil y no son parte de un expediente, a no ser que sean copias de otras constancias que vengan a formar parte de una probanza. Pero en sí, el expediente original en sus integraciones no lo forman copias fotostáticas, todas son originales.

—*En cuanto a la declaración formulada por el nuncio Girolamo Prigione ¿fue incorporada al expediente del fuero común?*

—No tenemos nosotros el conocimiento de que se encuentre integrada dentro de nuestras actuaciones.

Vacilada

Ricachón, vivía en chalet lujoso. Resaltaba en la zona más pudiente de Boston. Tenía una camioneta Cadillac negra recién comprada. Su esposa manejaba un Mercedes Benz. Sus hijos: él, una Cherokee, y ella, de cinco años, soñaba con un BMW convertible. Por lo pronto, no soltaba de la mano a su mamá y asistía a la mejor iglesia católica. Toda la familia estaba asociada al club campestre. Su participación en las fiestas era tan necesaria como las gotas de agua para la lluvia. Más envidiado que admirado, pero muy poquitos sabían: aquel hombre no navegaba en los negocios, era mafioso. Por eso se daba la gran vida y tenía una cuenta muy hinchada en el banco.

De pronto, lo traicionaron sus camaradas. Por eso lo pescó el FBI. Pero en lugar de entabicarlo lo trataron con galantería y lo engatusaron: "Tú nos informas todo sobre la mafia y no te enviamos al juez. Te salvarás de la cadena perpetua". El amigo sabía perfectamente que no le estaban bromeando. Cuando preguntó a cambio de qué, la respuesta fue rápida: inscripción en el programa de "testigos protegidos". Abandonar la ciudad fingiendo un cambio de negocio. Lo treparían a un *jet*. No sabría el destino. Sería alojado en una fortaleza disfrazada de fábrica en las afueras de alguna población. Adentro, una casa modesta pero cómoda. Recibiría un entrenamiento para cambiar de vida y de nombre. Le entregarían nuevas identificaciones, afiliación al seguro social, licencia para conducir y constancias de estar al corriente con sus impuestos. Terminado el adiestramiento, lo transportarían en avión a Seattle. Tres mil dólares para un auto usado, 1 800 dólares mensuales; le conseguían un trabajo de por lo menos 40 mil dólares al año. "¡Cuarenta mil dólares! ¡Eso gastaba en cada fiesta que daba!" Ésa fue su primera frase de berrinche.

Pero ni modo, firmaron un contrato para transformación y protección. Siempre la policía estaría cerca de ellos sin darse cuenta. Él se llamaba Robert Botton y le decían Bobby Batts. Cambiaría por William Cooper, un nombre compatible étnicamente. Así permanecieron en la casa escondida entrenándose. La señora a tender camas, barrer el piso, cocinar, lavar y planchar la ropa. Adiós uñas bien cuidadas, nada de servidumbre. El joven, cero bailes y noviecita. La niña, adiós amiguitas y juguetes. A estudiar. Transfirieron sus calificaciones de Boston a escuelas de gobierno. En principio le hicieron asco y luego aceptaron. El padre, en lugar de apostar, divertirse con otras damas y dirigir mafias, a leer los diarios de Seattle, buscar trabajo en el aviso económico y aprenderse calles y costumbres.

Entonces surgieron nerviosismo y pleitos en la familia. La mujer quería salir de compras. El chamaco, ver a su novia; y la chamaquita, a sus amigas. Se acabaron los trajes Georgio Armani y los vestidos Versace, hasta la comida de lujo. Además, no se acostumbraban a tener otros nombres. Por eso un día se empleitaron. Primero el señor y luego el hijo decidieron abandonar el programa. Instructores y policías les advirtieron: está bien. Antes, le mostraron las fotos y videos de asociados mafiosos: una docena muertos quién sabe por quién al abandonar el programa de "testigos protegidos". Otros tantos hijos de mafiosos: "muertos accidentalmente". Por si fuera poco: si decidían incumplir su contrato, el padre iría directo a prisión y por toda la vida. No sería todo. Encarcelado podrían asesinarlo por encargo de sus camaradas que destapó. Para ir de las palabras a los hechos, también le mostraron fotos y documentos certificando la muerte en las celadas de conocidos suyos.

Finalmente aceptaron, se resignaron, salieron del escondrijo vestidos como una familia clasemediera. Cuando llegaron al aeropuerto de Seattle, el FBI comprobó las declaraciones del "testigo protegido", logró pruebas, obtuvo testimonios. Entregó todo a un fiscal y varios personajes de la mafia bostoniana fueron detenidos. Esta historia de la vida real, cambiando nombres de ciudades y personas, fue convertida en película. Es el dibujo de los famosos "testigos protegidos" en Estados Unidos. A veces, cuando se trata de líos más graves, hasta nacionalidad les cambian y son enviados a otro país. Si es necesario, cirugía plástica. Todo como en las películas. Pocas veces son descubiertos.

En México, 1999, la Procuraduría General de la República copió torpemente ese modelo de "testigo protegido". Contrariamente a Estados Unidos, no hay un notable delincuente en tal situación. Abundan, eso sí, los mafiosillos. Jamás los protegen como debe ser. Nunca son entrenados para una nueva vida. Siguen conservando su nombre o no falta alguien que "lo filtre". Y a veces sin que ellos lo sepan, utilizan su nombre para otras acusaciones.

En Baja California está resultando una vacilada eso de las "confesiones de testigos protegidos". Dos declararon a la PGR, o por lo menos así lo informó esa procuraduría: 42 funcionarios policiacos están ligados al cártel Arellano Félix. Ya es histórica la trampa para echarles el guante: espectacular y costoso movimiento de vehículos, agentes, militares y aviones para transportarlos a México. El gobernador del estado, licenciado Eugenio Elorduy, aplaudió. El Partido Acción Nacional le hizo segunda. Los diputados locales entraron al coro de alabanzas. A la prensa se le proporcionaron fotos y nombres indebidos. Eso causó justificado enojo. Y en la ciudad de México los cargos fueron risibles. Sé de una persona acusada de haberse reunido con narcos de Mexicali. Que recibía dinero, dijeron, pero realmente nunca ha salido de Tijuana. Lo probó con documentos oficiales. No hubo una prueba de cierto depósito en el banco, alguna compra extraordinaria, auto, nueva casa o mejor rentada o viajes, ninguna grabación, videograbación y menos confirmación. A otro le acusaron de que un mafioso de Tecate le regaló una suburban, pero el denunciado no la tiene porque no la recibió; por eso no la vendió, tampoco la puso a nombre de su esposa. No hay documento que lo pruebe: ni factura de la automotriz, placas, nada.

Al subprocurador Delgado Neri le endilgaron: en marzo recibió dinero del cártel Arellano Félix, y hasta dieron el día, con tan mala pata que ese día precisamente estaba en Hermosillo, atendiendo una reunión nacional de procuración de justicia. La razón: remover 50 agentes para proteger narcos. Busqué y no encontré oficios firmados para justificar el movimiento. En el Departamento Administrativo y Asuntos Internos de la procuraduría no hay referencia.

Otro cargo: su secretario particular, Aldo Gabriel Barud, era el enlace con la mafia. La realidad: nunca ocupó ese puesto dicha persona. Ya no trabaja en la procuraduría. Una acusación más: es amigo de Adolfo Villaspere Muñoz. Me informaron personas serias que ni siquiera lo conoce, pero se volaron la barda: todavía no era subprocurador y lo acusaron como si ya lo fuera de estar recibiendo dinero del grupo "Los Gatilleros". Es la primera ocasión que oigo de ellos. Pregunté en varias partes y nadie supo dar razón.

En otros casos, el documento anónimo de "La Fraternidad", denunciando agentes inmorales, fue la prueba escrita de mayor peso, increíble. Y así por el estilo. Ya es sabido: de 42 solamente consignaron a ocho. Salvo los policías municipales de Mexicali apoyados por el ayuntamiento, el resto debió pagar injustamente sus propios gastos para regresar a Baja California.

Me sorprendió la actitud del gobernador. Primero afirmó: por el solo hecho de ser sospechosos, ninguno de los trasladados en montón a México sería reinstalado. Reculó. No todos, pero sí volvieron a sus puestos. Obviamente él autorizó. Lo desconcertante del licenciado Eugenio Elorduy: en México declaró al periódico *Reforma* que "hay muchos policías relacionados con el narcotráfico" en su administración. ¡Pero no los ha detenido! Mientras no lo haga, se convierte en cómplice.

Todo eso derrapa en lo tontucio. Se presta a burlería. No es posible regresar a su trabajo en la procuración de justicia a quienes se pregona son turbios sospechosos. Y entre esos vericuetos, resalta algo inquietante: la PGR, a través de la desorientada UEDO, prácticamente tiene en sus manos el destino de funcionarios estatales, culpables o no. Basta una firma para reaprehenderlos y poner en vergüenza al gobierno elorduyista. Entonces resultaría picoteado: "¿Cómo que les volviste a dar empleo si son mafiosos?"

Está como esa cacareada revelación de un "testigo protegido". Según el periódico *Reforma*, 250 mil dólares de los Arellano Félix a un oficial de la Armada. Cada vez tal cantidad si avisaba dónde estaban los buques oficiales para burlarlos y transportar cocaína. Justificadamente la Secretaría de Marina desmintió de inmediato. Dio sus razonamientos y no ha tenido rectificación del diario que difundió ni de la oficina que "protege al testigo".

La diferencia entre los "testigos protegidos" de Estados

Unidos y los de México es enorme. Aquéllos revelan nombres y ubicación de culpables. La policía fundamenta, prueba y detiene. Luego se juzga y sentencia. No hay falla. La identidad del "testigo" nunca se conoce. Ni en apodo. Hasta 1999 por lo menos 30 delincuentes se ampararon con todo y familia cada mes y tres mil personas al año.

En México, no hay cifras oficiales y se ha desfigurado totalmente la Ley Federal contra la Delincuencia Organizada, creadora de los "testigos protegidos". Entró en vigor el 7 de noviembre de 1996. En los capítulos sexto y séptimo, artículo 34 al 39, no hay pierde: retiro de investigación o reducción de pena a los delincuentes que aporten "pruebas reales suficientes para sentenciar a otros miembros de la delincuencia organizada". O cuando sean "pruebas suficientemente valoradas por el juez". La ley es clarísima. Protección a testigos delincuentes y reducción de sus penas. Pero la realidad es otra. Las declaraciones de los mafiosos no son valoradas o investigadas cuidadosa y discretamente por el ministerio público. Consecuentemente no hay motivo para consignar. Y por lógica, nada puede juzgarse en un tribunal.

Al contrario: la información es "filtrada" por la PGR, abogados del narcotráfico o políticos en el poder. Todo esto refleja una violación a los derechos humanos. Inexplicablemente, sus directivos, tan dados al protagonismo y exhibicionismo cuando el ejército mexicano persigue a narcotraficantes, ahora no aparecen al ser acosados inocentes. Existen en cambio declaraciones de asociados a cárteles desde 1995, 1996, 1997 y 1998 muy bien armadas. Las he visto fundamentadas, firmadas por los denunciantes, testigos, agentes del ministerio público, elaboradas por la PGR. Allí deben estar en los archivos. Contienen datos exactos, direcciones, nombres, cómplices, ejecuciones, fechas, empresas y hasta funcionarios. Inexplicablemente nunca fueron atendidas. Jamás se investigaron. No son ocurrencias, es verdad pública. Los documentos en la PGR todavía son valederos. Pero ésos no se "filtran" ni se tocan: cuidado, los nombres son de mafiosos y personajes importantes.

Protegidos

No puedo asegurar cuántos, pero sí supe de algunos bajacalifornianos aceptados en calidad de "testigos protegidos" por el gobierno estadounidense.

A uno tijuanense se le da por desaparecido, pero hasta donde he sido enterado, vive tranquilamente. Otro, con todo y familia, está residiendo allá desde hace por lo menos cinco años. Uno y otro relacionados en favor y en contra del cártel Arellano Félix.

Aparte supe de un caso concreto: Mohammed Alí Hoy Casas, agente de la Policía Judicial del Estado durante el gobierno del licenciado Xicoténcatl Leyva Mortera. Con un par de compañeros aceptaron la proposición de un juez estadounidense: detuvieron en San Felipe al mexicano René Martín Verdugo; lo llevaron encapuchado en un auto hasta la línea internacional, por la zona desértica entre Mexicali y La Rumorosa; fue entregado a varios agentes de migración que inmediatamente lo detuvieron "por estar en territorio estadounidense sin papeles". Enseguida fue reportado como indocumentado. El FBI lo "reconoció" y turnó precisamente al juez que lo reclamaba. A cambio de la captura, los policías mexicanos recibieron dinero y estancia legal en Estados Unidos, incluyendo a sus familias. A los pocos años hubo tres hechos:

• El juez que reclamó a Verdugo reconoció haber pagado.

• Verdugo cumplió su sentencia, pero injustamente lo mantienen encarcelado.

• Las autoridades de Estados Unidos deportaron a los agentes mexicanos que tenían protección, debido a su pésima conducta.

De ellos no se sabe nada.

Túneles

De repente se oscurecía todo. Ni una lucecita. El ruido de la plática se apagaba como si desconectaran el radio. Sentado en una banca de tablillas de cedro, me quedé engarrotado. Apenas alcancé la mano de mi madre. "No te asustes", oí, "vamos pasando por un túnel". El traca-traca de las vías con las ruedas del vagón ferrocarrilero donde viajábamos se oía más fuerte. Entraba un penetrante olor a humedad, como que sofocaba. Y otra vez, de repente, la luz. Cuando apenas dejábamos atrás el túnel, nos dejaban sacar la cabeza por la ventana para verlo. Había varios en la vía San Luis Potosí-Tampico. Los conocí a mediados de los años cuarenta. Después le calculábamos cuándo entraríamos a uno, hasta bromeábamos. Luego, en las estaciones del ferrocarril había fotos mostrando fechas exactas de la construcción y los nombres de los ingenieros encargados de la obra.

Volví a ver túneles ya de grande: el del amor en las ferias, los de Disneylandia. Pasé en el metro por el impresionante San Francisco-Oakland, el de Newark-Nueva York, el Ted Williams de Boston y en todos supe cuándo los abrieron, de quién fue la idea y los utilicé cómodamente.

No pasa así con esos llamados "narcotúneles". Señores policías de Estados Unidos siempre los descubren. Inmediatamente llaman a los periodistas anunciándoles: el subterráneo era utilizado por narcotraficantes y para el cruce de indocumentados. Suponen desde cuando. Tantean cómo fue construido y calculan el tiempo que se tardaron en esa tarea. Camarógrafos y fotógrafos aparecen en los extremos del túnel. Casi todos se atreven a meterse. Por la noche, los telediarios informan: "Este túnel fue construido hace un año aproximadamente. Por aquí transportaban grandes cargamentos de droga". El reportero, con un casco amarillo protector, explica: "Se presume que fue construido por órdenes de los hermanos Arellano Félix". Toman respiro, voltean al fondo y vuelven a ver la cámara: "Como se puede apreciar, se utilizó la técnica precisa para evitar derrumbes". Y señalando con el índice izquierdo: "incluyendo la ventilación necesaria para la fácil circulación del aire". En cuclillas: "A mi espalda se puede distinguir una serie de focos conectados a este sistema eléctrico, armado por especialistas". Le acreditan la información a la DEA y también a la PGR, rematando: "indudablemente este túnel también era utilizado para el paso de indocumentados".

Y cuando uno ve la televisión o las fotos en los diarios se imagina una hilera de mexicanos, centro, sureños y extranjeros moviéndose entre rápida y angustiosamente. Como popularmente se dice, "a gatas". Seguramente sin importarles sentir en las rodillas y palmas de las manos el dolor provocado por las piedrecillas y haciendo bueno aquello de "se sufre, pero se aprende a vivir mejor". También se imagina uno a los mafiosos. Descamisados, a un lado chamarra de cuero y camisa Versace, grandes tatuajes en pecho, espalda y brazos, con un paliacate en la cabeza, apoyados en sus botas puntiagudas, jalando bolsas de plástico resistente, paquetes de cartón y hasta cajas de madera con mariguana o cocaína. Seguramente a los extremos del subterráneo, hombres armados, posiblemente todos mexicanos. La única diferencia es que unos envían y otros reciben.

Pero también la imaginación empuja a eso de la construcción. Por ejemplo, no hay rastro fiel de si los túneles fueron abiertos en Estados Unidos, en territorio mexicano o en ambos extremos a la vez. No se sabe si usaron equipo de alta tecnología u otro no tan remilgado, pero con suficientes mañas para buenos resultados. En todo esto hay cosas medio raras. La primera tiene dos posibilidades: los constructores eran tan inteligentes como para no hacer nada de ruido; o todos los por allí cercanos pecaban de sordos. Aparte, obligadamente debieron transportar materiales y equipo en camiones. Y ni modo que los técnicos o los albañiles llegaran a pie. Es un misterio, entre comillas, cómo nadie se dio cuenta de ese ajetreo.

Lo mismo con las drogas. Ni modo que los cristianos llegaran con los costales o cajas en los hombros y caminando en despoblado. Imagínese: se les cae una de cocaína, se revuelve con el terregal y aquello termina como chocolate en polvo. A fuerza necesitaban vehículos, tanto los que metían la droga como indocumentados. Y en uno y otro caso es inexplicable: las policías de Estados Unidos y México nunca capturaron a nadie. Ni en la construcción, ni en la entrada, ni en la salida.

En territorio mexicano funciona el Grupo Beta. Pertenece al Servicio Nacional de Inmigración. Por tierra y aire vigilan a los mexicanos cuando se encaminan a cruzar ilegalmente la frontera. No los detienen, encarcelan ni multan. Evitan que mueran deshidratados o congelados. Los rescatan brindándoles cobijo y alimento, atención médica si es necesaria. Pero también hay oficiales corruptos. Se amafian con los "polleros" o desvalijan a los paisanos. En suelo estadounidense funciona la Patrulla Fronteriza (*Border Patrol*), también en aire y tierra. Armados y entrenados para no permitir el paso ilegal a extranjeros, aunque de vez en cuando se les cuela un terrorista. Si descubren a los escuálidos mexicanos, son detenidos, esposados, encarcelados, fichados y deportados. A veces hasta terminan apaleándolos brutalmente.

Pero volviendo a los túneles, es curioso: ni Beta ni Patrulla Fronteriza supieron o descubrieron indocumentados o narcotraficantes en los pasajes. Otro detalle me llama la atención: la exactitud de la policía estadounidense para decir "este túnel funcionaba desde hace seis meses, un año, o más". No exhiben jamás una prueba. Ni siquiera confesión de cierto detenido. Nada. Aparte, nunca he sabido si policías de uno u otro lados encontraron restos de cocaína o mariguana en los pasadizos. Tampoco huellas, sangre, o algunos zapatos y sombreros dejados por los indocumentados a la hora de "gatear" en el subterráneo. Otra vez, no hay pruebas.

Me extraña la denuncia pública en cuanto sucede el descubrimiento. Creo que lo más acertado sería "montar guardia" a uno y otro extremo para capturar a los narcotraficantes o indocumentados en pleno delito. Y otra coincidencia: luego de encontrar los pasadizos, no se ha investigado a fondo quién ordenó construirlos ni quién se encargó de la obra. Simplemente todo termina con el espectáculo igualmente atestiguado por reporteros, camarógrafos y fotógrafos: la clausura del túnel. No les pasó así a los que conocí en mi infancia.

Le falló

Personalmente, Ramón Arellano Félix estuvo a punto de matar a Joaquín "El Chapo" Guzmán. Fue en 1992. Para más señas, a principios de noviembre y en Guadalajara. Eran como las tres de la tarde, iban en sus vehículos sobre el Periférico. Todo sucedió casi al llegar a la calle Mariano Otero. Ramón le dio alcance y de carro a carro le disparó. "El Chapo" reconoció a Ramón momentos antes de que su chofer acelerara a fondo y no lo pudieron alcanzar.

En su libro *Asesinato de un cardenal*, el doctor Jorge Carpizo y Julián Andrade retoman este episodio. Transcriben la declaración de Joaquín:

> A principios de noviembre de 1992, como a las 15 horas, cuando transitaba a bordo de un vehículo de la marca Cutlass, color negro, modelo 1991, el declarante circulaba por Periférico para tomar Mariano Otero cuando se acercó una camioneta Ram, color blanco, donde viajaban cinco personas de sexo masculino; que esta camioneta le dio alcance en la parte posterior de la unidad que tripulaba cuando tres de ellos descendieron y le empezaron a disparar al automóvil, sin que le causaran ninguna lesión ni tampoco a su acompañante de apellido Palomares.
>
> Palomares laboraba con don Raúl Guzmán Ruiz, como chofer en los camiones de este último. Que no lograron hacerle nada porque el deponente imprimió todo el acelerador a su automóvil

con el fin de evitar que lo mataran, aunque su automóvil sí recibió doce impactos de arma de fuego; que cuando los sujetos se bajaron de la camioneta logró observar e identificar a tres; que uno responde al nombre de Ramón Arellano Félix; que el otro responde al nombre Lino Portillo y el último responde al nombre de Armando Portillo.

Según la narración del libro, "El Chapo" conocía muy bien a Benjamín y le marcó al teléfono celular 77-16-21 y le reclamó. La respuesta del jefe del cártel Arellano Félix fue: "Nosotros no fuimos". "Les perdí desde ese día la confianza", dijo "El Chapo". Eran muy amigos, pero la cercanía se rompió cuando se supo que Armando López había agredido presumiblemente a un pariente de los Arellano. Posteriormente, este hombre fue muerto. Era su compadre.

Este episodio es de los muchos que aparecen en el libro. Antes de salir a la venta causó ya un dime-que-te-diré a través de la prensa, radio y televisión, entre los autores y religiosos. Alejandrina Salazar Hernández tenía un Grand Marquis blanco modelo 92, igualito al del cardenal Juan Jesús Posadas y Ocampo. Con una diferencia y una coincidencia: el de la mujer era blindado. Y los dos circulaban notablemente en la ciudad de Guadalajara. Asociados del cártel Arellano Félix descubrieron el vehículo de la dama. Lo traía para todas partes, pero siempre salía y terminaba en el hotel Holiday Inn. Allí estaba hospedada en la misma habitación con el señor Francisco Villaseñor. Con ese nombre se registró Joaquín Guzmán Loera, "El Chapo". Inmediatamente telefonearon a Ramón. En cuanto supo, no esperó: viajó desde Tijuana con sus pistoleros favoritos para matarlo.

"Don Neto"

Ya se la habían sentenciado: 30 años de prisión por matar a dos estadounidenses: Albert G. Radelat y John Walker. Desde 1985 está encerrado. Algunos años en el Reclusorio Oriente del Distrito Federal, otros en Puente Grande, en Jalisco, y desde que se inauguró, todavía en La Palma, Almoloya de Juárez, Estado de México. Pero el 19 de marzo sucedió lo increíble en su vida y la del narcotráfico: el presidente de la Sexta Sala del Supremo Tribunal de Justicia del Estado de Jalisco le anuló la sentencia de 30 años.

No creo sinceramente que Ernesto "Don Neto" Fonseca se haya puesto muy alegre cuando se lo informaron. Todavía tiene otras sentencias pendientes: 34 años por su relación con los gigantescos sembradíos de mariguana en El Búfalo, Chihuahua, y 40 por el asesinato en Guadalajara de Enrique "Kiki" Camarena, agente de la DEA.

"Don Neto" es el narcotraficante cautivo más veterano, pero también el que fue más poderoso cuando todavía no se ponía de moda la palabra "cártel". Descendiente de familias humildes y a su vez de indígenas, Fonseca ni siquiera logró el aprendizaje básico escolar, pero las referencias tantas sobre su vida le anotan notable astucia para las operaciones matemáticas. Independientemente de tal gracia, "Don Neto" recorrió con habilidad el camino de campesino y brincó al de cultivador de hierba. Al conocer el gran negocio, trabajó por su cuenta hasta convertirse en productor y por ello surtía con eficacia la demanda de mariguana. Empezó sobándose el lomo ganando miserias por largas jornadas entre los zurcos y llegó a embolsarse dólares por miles y hasta millones con su nueva actividad. Fue, desde los años setenta, el hombre marcando la vanguardia en el mercado de la mariguana. El Distrito Federal, Guadalajara, Tijuana y Ciudad Juárez eran sus plazas favoritas.

Ni siquiera hacía ruido. No se andaba metiendo en matanzas, ni disputando territorios. Poco se conocía de él en la prensa por un motivo: no era un tema agradable en las páginas de los diarios. Tiempos aquellos cuando nos decían "nada de meterse con el presidente, la virgencita de Guadalupe, el ejército y los narcotraficantes". De allí en fuera, los aprendices del periodismo en aquellos tiempos "teníamos la libertad para escribir de todo".

No supe de "Don Neto" hasta que lo capturaron y se tejió a su alrededor una historia que entonces sí provocó interés en ciertos diarios. No era posible en aquellos tiempos ver cómo un campesino tercermundista se transformó en millonario por obra y gracia de la mariguana. Además, Fonseca fue el primer hombre que orquestaba realmente lo que ahora es un cártel: sembradío, cosecha, venta y transporte. Indudablemente tenía quien le "tapara" sus delictivas acciones en la policía, sin tanto descaro como ahora. Además, "Don Neto" no era un hombre de carrazos con güeras, borracheras, pistola al cinto, matando al que se le pusiera enfrente ni vistiendo nada que no le iba con su personalidad. Por eso no andaba "faroleando".

Rafael Caro Quintero fue uno de sus discípulos en el narcotráfico y aventajó al maestro, el primer notable en iniciar relaciones con los funcionarios. Empezó con la Dirección Federal de Seguridad, entonces una oficina policiaca de "información y análisis" políticos y de espionaje bajo el mando de la Secretaría de Gobernación. Fue harto conocido pero nunca reconocido periodísticamente en su momento por sus relaciones con el general de división y secretario de la Defensa Nacional, Juan Arévalo Gardoqui. Escribirlo significaba el fin de la vida.

Rafael era más tirado al romance que a la matanza. Por eso raptó a una hermosa señorita de la sociedad tapatía. Precisamente los amoríos lo desbarrancaron y por eso terminó en prisión. Pero quedaron para la historia dos hechos: su escapatoria en Guadalajara amparado en una credencial de la Dirección Federal de Seguridad y el grandioso sembradío de mariguana en El Búfalo, Chihuahua. Contrató a peones sinaloenses como si fueran "braceros", por cientos, y los transportó en ferrocarril desde Topolobampo. Pero fue tan enorme el cultivo como imposible esconderlo. Y ante los reclamos estadounidenses, la Interpol persiguió a Rafael y lo cazó viviendo gran romance en Costa Rica.

Rafael ha tenido mejores abogados y por eso echó abajo varias sentencias hasta acumularlas en una. Pero "Don Neto", aparte de vivir desmoralizado y achacoso, descuidó sus líos. La anulación de la pena le llega por razón de una defensa tardía encabezada por Ricardo, de los mismos apellidos que el ex procurador Juan Francisco Ríos Franco. Aunque la verdad, quitarle 30 años, cuando todavía tiene 74 por dos sentencias, no es como para brincar de alegría. Cuando mucho la satisfacción de no pasar a los archivos como asesino de dos extranjeros.

El problema es otro: ahora se decretó la reposición del procedimiento al anular todo lo actuado, y por eso fueron citadas a declarar varias personas. No hay referencia si algunas murieron, si otras cambiaron de residencia o se fueron al extranjero. Por lo pronto, entre los obligados a presentarse ante el tribunal estaban: Guillermo Iberri Castro, Paula Orozco Escoto, Carlos Soto Turver, Teresita del Niño Jesús Borbolla Martínez, Ramón Márquez Reyes, María de Jesús González Hernández y Alfonso Barajas Rodríguez.

El tribunal ordenó también búsqueda y localización de los testigos Adolfo de la Loza y Sergio Borrayo González, que tiene su domicilio en San Isidro Apizago, en Tlaxcala. Al juez de Primera Instancia en Celaya, Guanajuato, se le solicitó llamar a Marco Antonio Pérez González. El juez anotó: esta persona radica en el número 133 de la calle Hidalgo, según la licencia de automovilista 26392 expedida por el gobierno guanajuatense. Otro citado es Alfonso Barajas Rodríguez. Originalmente señaló como su domicilio oficial el restaurante-bar "La Langosta" en la avenida Mariano Otero de Guadalajara, pero como ya no existe el establecimiento, giraron órdenes a las autoridades en Mazamitla, Jalisco. Se busca también a José Guadalupe Arreola Galindo, residente en el número 37 de la calle Madero de Venustiano Carranza, Jalisco. Se incluye a los peritos químicos Carlos Miguel Núñez, Alfonso Villatorio Mendoza y al fotógrafo Mario Arochi para que expliquen los dictámenes de su inspección al restaurante-bar "La Langosta". Todos pertenecieron o continúan en el Instituto Jalisciense de Ciencias Forenses del Estado.

Alberto Arteaga García, Silvio Brussolo Torres y Jaime Cano Valdez, ex comandantes federales también fueron citados. Natalia González Méndez, Isabel Silva Rodríguez, Miriam Rivera, Eulalia Vargas y el radiólogo Agustín Rodríguez. Total, la anulación de la pena para "Don Neto" no le alegra. Pero sí preocupará a muchos.

Carrillo

En 1976 dirigía el periódico *Noticias* de Tijuana, allá por la avenida 16 de Septiembre. No recuerdo el día ni el mes cuando una pareja entró a la oficina. Hice a un lado mi silla. A través del escritorio extendí la mano para encontrarme con la suya y las palabras: "Rodolfo Carrillo Barragán, licenciado Rodolfo Carrillo Barragán a sus órdenes". A su lado, sin soltarlo del brazo, una damita menudita, guapa, de pelo negro hasta los hombros y dulcemente sonriente. Los dos iban felices, recién casados. Pero era más grande todavía su felicidad en ese momento. El licenciado tenía horas de haber recuperado su libertad. Estaba en la penitenciaría. Mientras estuvo internado y cuando supe de su caso investigué y lo publiqué al detalle.

Ésta es la historia: su cuñado era el capitán retirado del ejército Jesús Torres Espejo, comandante judicial en Tijuana en el gobierno del licenciado Milton Castellanos. Militares llegaron desde el Distrito Federal, lo sacaron de su oficina para transportarlo al aeropuerto y lo treparon en un avión oficial. La aprehensión fue ordenada por el general de división don Hermenegildo Cuenca Díaz, entonces secretario de la Defensa Nacional. Este señor supuso que el capitán pretendía a su joven amada y por eso lo refundió.

Carrillo se lanzó a la defensa legal. Le respondieron con una auditoría fiscal; luego, acusación por evasión de impuestos y, cuando pretendían detenerlo, cruzó la frontera. Alquiló un departamento en Chula Vista, California, para alejarse del peligro. Una madrugada llegó alguien conocido y tocó a su puerta. Carrillo abrió y tres hombres lo inmovilizaron. Fue metido a la cajuela de un auto. Así regresó a Tijuana, directo a la penitenciaría.

Escribí todo. Califiqué de injusto el episodio basado en pruebas. A punto de terminar Cuenca Díaz su misión como secretario de la Defensa, Carrillo quedó libre. Había entrado casado a la prisión. En su cautiverio se divorció. Al salir tuvo nueva boda. Así, recién matrimoniado y libre, llegó alegre a mi oficina para agradecer la publicación de mi reportaje. Desde entonces la llevamos bien. Reanudó su actividad profesional con éxito. Se asoció con dos excelentes abogados e ingresó a la Universidad Autónoma de Baja California como uno de los más destacados catedráticos en la Escuela de Derecho. Me sorprendió varias veces poniendo en mis manos casos notables tras el litigio. Le apasionaba explorar personalmente los detalles para aportarlos como pruebas durante el juicio. Muchas ocasiones obtuvo las sentencias favorables reforzando con investigaciones casi personales y combinándolas con el conocimiento de la ley.

En 1976 dejé *Noticias*. Luego se desató la bestialidad cetemista a las órdenes de Roberto de la Madrid. Nos expulsó de *ABC*. Carrillo no me cerró las puertas de su despacho, como otros abogados y personajes. Estuvo pendiente. Se preocupaba y preguntaba sobre los compañeros afectados. Compartía ese sentimiento con el excelente periodista don Manuel Buendía. Eran grandes amigos.

En 1983 me estremeció una noticia en *24 Horas*. La periodista María Antonieta Collins entrevistó en la Cárcel Pública Municipal a José Contreras Subías, recién capturado en Costa Rica, segundo de Rafael Caro Quintero, el más poderoso narcotraficante de aquella época. La reportera le hizo una pregunta y él respondió más o menos: "Solamente quiero hablar con el licenciado Rodolfo Carrillo Barragán". Efectivamente, se hizo cargo de la defensa, hasta que Contreras se escapó.

Al abogado le encantaba la fotografía y comentaba mucho sobre los detalles de cámaras, exposiciones y demás con mis hijos Ramón y René. Cuando me visitaba siempre llevaba un libro de regalo. Le encantaba usar pluma fuente, que a cada rato cambiaba. Pero siempre con tinta café. Fue de los primeros en llegar al hospital cuando me hirieron. Allí estuvo con su alumno, abogado y socio Joaquín Báez. Este hombre ingresó a su despacho cuando Carrillo le vio la gran capacidad como su alumno en la escuela. Después empezó a viajar y sus estancias en Guadalajara fueron prolongadas. Dejamos de vernos. Luego sucedió la ejecución de su sobrino Alejandro Torres Carrillo cuando estaba en un lavado de autos en la zona del río Tijuana. Alguien llegó y le disparó con una .38. Jamás se aclaró el caso ni él me dijo nada que no hubiera publicado *Zeta* sobre el desgraciado episodio.

Después sólo de vez en cuando saludaba a Joaquín. Su madre era mi vecina y él la frecuentaba. Una noche al llegar a casa nos vimos; entró al patio y conversamos un rato sobre libros. A los dos días fue ejecutado. Luego de acompañar el cadáver al cementerio y regresar a la casa de la señora madre de Báez, Carrillo me visitó. Insistí en preguntarle el motivo del asesinato, pero mis interrogantes chocaron una y otra vez con la misma respuesta: "No sé. No sé quién fue ni quién ordenó".

Supe que tras ese crimen, Carrillo contrató escoltas. "Por lo menos dos personas lo cuidaban", dijo un abogado que le conoció. Él iba en su BMW o minivan Odissey; los escoltas en otro vehículo inmediatamente atrás. Meses después despidió a la guardia. Comentó a sus amigos: "ya no hay necesidad", refiriendo: se hablaba tanto de los Arellano Félix como de sus enemigos que ya no sentía problema. El abogado que le conocía explicó lo no sabido. Estaba preparando su retiro. Cada vez más pasaba sus asuntos a otros colegas. Y al saberlo, caí en cuenta de que por eso le vi menos últimamente.

Por su forma de conducirse profesional y personalmente, nunca pensé que terminaría ejecutado. Sabía del respeto que le tenían los narcotraficantes. Me sorprendió la forma en que fue asesinado. Se salió de todo lo acostumbrado. Los pistoleros de la región disparan cuando el escogido sube, conduce o baja de su auto. También al llegar o salir de su casa u oficina. Las más de las veces con ametralladora, otras con pistola. Pero nunca un matón espera agazapado en el primer tramo de las escaleras en un estacionamiento bajo techo.

Me llama la atención la forma. Para el asesino fue bastante complicado enfrentarse a Carrillo en la escalera a pocos pasos del estacionamiento. Seguramente hubo un forcejeo rápido porque hay rastros de que fue jaloneado: le arrancaron dos botones de su camisa. Luego el balazo. Retumbó en la zona. Enseguida el pistolero bajó encarrerado la escalera para salir del edificio, cruzó el patio, abrió la reja y subió al auto que lo esperaba en el bulevar Agua Caliente, en una zona donde no se permite estacionamiento. Los asesinos arrancaron rumbo al este. Nadie sabe si dieron vuelta en el Monumento al Libro de Texto o siguieron hacia adelante. Otro hecho inusual: no abandonaron el carro cuadras adelante para tomar otro totalmente diferente. Esto sorprende. No tiene el sello de los pistoleros sinaloenses, bajacalifornianos o del Barrio Logan. Da la impresión de estar especializados en asalto, o de realizar la ejecución por una orden de último momento. No midieron la posibilidad de que un vecino bajara al estacionamiento u otro fuera llegando en esos momentos.

Carrillo acostumbraba caminar casi todos los días por la

mañana desde el edificio donde vivía hasta la entrada del Club Campestre para jugar tenis. Siempre solo. En ese tramo era un blanco fácil y con menos riesgos. Incluso pudieron dispararle desde el auto y no lo hicieron. Eso es lo que destantea. No recuerdo un crimen así, relacionado directa o indirectamente con el narcotráfico. Definitivamente, la forma no coincide con la costumbre.

Su ejecución provocó sorpresa, inquietud y desgraciadamente absurdas versiones luego de 72 horas de capturado Benjamín Arellano Félix. Profesionalmente relacionado como estaba con él y sus hermanos, solamente veo dos motivos para su asesinato: primero, debió decir con claridad a los hermanos del detenido la imposibilidad de lograr su libertad, las dificultades políticas y de ribete internacional más que legales. Me imagino que no aceptó la defensa. Y la segunda causa, como hipótesis también: un pistolero enviado por otro cártel para ejecutarlo e impedirle que defendiera a Benjamín.

Abogados

El 5 de noviembre de 1999, dos horas después del mediodía, el licenciado Joaquín Báez Lugo salió de su despacho, bajó por el elevador, recorrió el pasillo, las escaleras y llegó al subterráneo del edificio en Plaza Financiera donde tenía su camioneta. Condujo por entre los autos en el estacionamiento, llegó hasta la salida norte e hizo alto para tomar el bulevar Sánchez Taboada al norte. De pronto un auto le pegó levemente. Volteó. Fue lo último que hizo antes de ser ametrallado. El pistolero, profesional, disparó exactamente al cuerpo, ni una bala fuera del objetivo en aquel momento tan transitado. Nunca se aclaró quién lo mató. Las hipótesis terminaron centrándose en una: tenía a su cargo la defensa legal del hotel Oasis Beach. Se enfrentaba a la incautación de la Procuraduría General de la República. Ganó el caso en los tribunales, pero los agentes federales insistieron retomando la hospedería. Enojados, cercanos a los dueños oficiales le mataron. No les gustó nada la defensa. Una hermana, un sobrino y un cuñado de Joaquín tuvieron el mismo fin antes.

Eugenio Zafra era defensor de oficio en el Estado de México. Los abogados relacionados con narcotraficantes conocieron de su capacidad. Por eso lo asociaron y el hombre dejó la burocracia. En 2000, el 3 de marzo, detuvieron a Ismael "El Mayel" Higuera. Equipos especializados militares lo sorprendieron en una casona en las afueras de Ensenada. Los comentarios fueron que se le había encargado el caso, pero no pudo impedir la internación de este afamado mafioso a La Palma. Por eso la tragedia cayó en Toluca. Avecindado casi frente a los juzgados federales, Zafra llegó un domingo por la noche. Regresaba del paseo con la familia. Estacionó su auto y, antes de bajarse, un hombre se acercó. Le puso la pistola cerca de la cabeza y lo mató. La versión más popular: su vida por el encarcelamiento de "El Mayel".

En una colonia del Distrito Federal, encobijado, torturado y muerto, apareció el cuerpo del licenciado Gustavo Gálvez, bajacaliforniano. Yerno del ex narcotraficante Jesús Contreras Subías, realizó los últimos trámites para liberarlo tras ser deportado luego de 14 años de prisión en Estados Unidos. En marzo de 2001, Jesús Labra Avilés, "Don Chuy", fue detenido por militares en un campo futbolero escolar. Como su abogado, Gustavo tramitó un amparo. Oficialmente el único delito que motivó su detención fue portación de arma prohibida. Gálvez lo hubiera podido sacar libre, pero fue al cuartel militar y no lo encontró. En la PGR le dijeron que no lo tenían. Fue a la base militar y tampoco lo halló. En tanto ir y venir, despegó el avión con Labra, directo a la PGR en México. Gustavo se fue enseguida. Estuvo a las puertas de la FEADS con el amparo en mano. De madrugada sacaron a "Don Chuy" y lo metieron a La Palma. Al día siguiente amaneció torturado y muerto Gustavo Gálvez. Nunca se aclaró el crimen. La versión popular: su vida por el encarcelamiento de Labra.

Ramón y su identidad

Licenciado Vicente Fox Quesada: "Me parece que hay suficientes indicaciones para poder pensar que sí se trata de Ramón Arellano Félix. Las pruebas no deben tardar más que un par de días"; eso dijo el presidente de la República ante corresponsales extranjeros.

General Rafael Macedo de la Concha: "La próxima semana serán dados a conocer los peritajes que buscan confirmar la presunta muerte del capo del cártel Arellano Félix"; eso dijo el procurador general de la República el jueves a periodistas en la ciudad de México.

DEA: Silencio absoluto.

Juan S. Millán, el gobernador del estado de Sinaloa, se reunió con el presidente de la República. Trataron el caso a solas luego de que hubo una reunión con varios gobernadores del PRI en el rancho propiedad del mandatario en Guanajuato. Un informante de la PGR aseguró que vieron con mucho detalle un videocasete captado luego del momento en que sucedió la balacera. El mismo gobernador hizo un viaje a Estados Unidos el martes. Luego el miércoles se trasladó al Distrito Federal y se entrevistó con el procurador general de la República, Rafael Macedo de la Concha. Regresó el jueves por la mañana a Culiacán. No hizo declaraciones.

Contrario al presidente de Estados Unidos, George W. Bush, el de México se adelantó. Dejó ver que sí se trata del cadáver de Ramón. La agencia estadounidense DEA se encerró en silencio. Esto después de que periódicos de Mazatlán y el Distrito Federal señalaron a uno de sus agentes como el primero en investigar el caso. Pero la fuente que después de la balacera refirió a *Zeta* sobre el examen para identificar el cadáver comentó que tenía un 98 por ciento de seguridad sobre la identidad de Ramón.

Existe otro elemento clave: las fotografías que traía el presunto Ramón Arellano Félix en su cartera. Hay referencias de funcionarios de la Procuraduría General de la República de que se trata de las hijas del capo. Pero no las han dado a la publicidad. Tradicionalmente en estos casos, tales imágenes no se manejan públicamente, debido a que los niños no tienen ninguna relación con los delitos que persigue la autoridad, y difundirlos les provocaría un gran daño. Pero de todas formas han servido para acumular factores que permitan la identificación. "Son de sus hijas", comentó a *Zeta* un relevante funcionario de la PGR.

Pero lo que viene resultando más importante en este momento es la declaración del presidente Fox. Alguien de tan importante nivel no puede aventurarse a decir: "me parece que hay suficientes indicaciones para poder pensar que sí se trata de Ramón Arellano". Éste es indicativo que induce a considerar positiva la identificación. Si no fuera así, el presidente hubiera dicho tal vez: "El caso se encuentra en investigación. La Procuraduría General de la República tiene a su cargo ese trabajo y se ha coordinado con las autoridades de Estados Unidos para llegar a un resultado". Pero no fue así. El presidente en ocasión de reunirse con los corresponsales extranjeros todavía se extendió en el tema sobre las pruebas "basadas en tejidos, basadas en la ropa, basadas en las muestras de sangre que se preservaron y que dan toda la oportunidad de tener una certificación de quién se trataba". Fox fue todavía más determinante que el embajador de Estados Unidos en México, señor Jeffrey Davidow. Su respuesta a los periodistas fue diplomática. No lo aseguró pero lo manifestó como un deseo no propio ni afirmativo personal. Fue, como lo calificó *Zeta*: expresión diplomática.

Macedo de la Concha, en cambio, fue más amplio que el presidente de la República. Al ser entrevistado en la ciudad de México dijo que la Procuraduría General de la República ya tenía muestras de sangre para compararlas con las de Ramón. Se negó a decir si las habían obtenido del hermano Francisco, recluido en La Palma. Esto aparentemente es obvio, pero no debe olvidarse que Benjamín estuvo preso en Estados Unidos, particularmente en Downey, California, en junio de 1982. En las prisiones de Estados Unidos se obtienen sus huellas, muestras de sangre, orina. Al respecto, las autoridades estadounidenses no han afirmado nada. Tampoco la DEA en concreto.

Entre tanto, la pregunta ha sido repetida por los lectores de *Zeta*: "¿Y ustedes qué creen? ¿Es o no es Ramón?

Antes de responder, en algunas ocasiones comentaron: "Ni modo que no sepan".

Pero la realidad de las cosas es que en un asunto tan delicado como éste, no hay otra luz en el túnel que el anuncio oficial que hagan las autoridades. *Zeta* como siempre se atiene a los hechos. Las hipótesis ya las dio a conocer.

Fox dijo que en un par de días. El procurador, la próxima semana. La DEA ha callado. Y el gobernador de Sinaloa ha tratado el caso con quienes debe: presidente y procurador.

La cirugía

Sorprendió a todos en 1995. Debió ser julio o agosto. Nunca avisó y se hizo la cirugía plástica en la nariz, un poquito más recta. Casi no se le notaba, pero desde hacía rato tenía la tentación de quitarse lo achatado. Decía verse "más carita". También el cirujano le desapareció la "papada". Total, quedó contento con el trabajo del médico. Y claro, cómo que no. Si fue en Beverly Hills, debió ser uno de los mejores, pero también de los más caros, allí donde los artistas van a darse su "restiradita". Cuando lo dieron de alta y dejó de lucir los "parches", tomó otra decisión: se dejó crecer el bigote sin arreglárselo, como si no tuviera rastrillo; también el pelo y hasta los hombros, grueso, lacio, negro y rebelde. Así fue a un salón unisex en Beverly Hills, California. Iba de camisa blanca y *short* caqui, y una "cangurera" con su pistola bien cubierta. Pidió que lo atendiera una estilista que hablara español y le indicó: corte natural a los lados, dejando la patilla un poquitín larga, redondeado bien tras la oreja; rebajar el casquete hasta casi corto, pero no al frente. Al contrario, lo suficiente para un "flequito" sin llegar a "tupé". Luego, dejarle todo largo atrás, pero rizarlo. Ordenó teñir todo de rubio, hasta las cejas y el bigote, nada de "rayitos". Me imagino un trabajo laborioso. Por eso, cuando la estilista dio el fin, debió recibir una propina superior al costo del servicio.

Transformado el hombre, abandonó el sillón y con toda

seguridad se acercó al espejo aproximando un poco la cara hacia adelante. Como todos después de un corte de pelo, pasó las palmas de las manos sobre los lados de la cabeza. Tocó un poco el "copetito", mientras la estilista le acomodó los rizos. Sus pistoleros-escolta vieron asombrados la transformación y solamente por eso la creyeron. Debió salir rápidamente del salón. Ya estaría a orilla de banqueta esperándolo el BMW negro con el chofer de lentes oscuros y seguramente la pistola entre las piernas. Infaltable bromear en el camino con sus acompañantes. Y cuando llegó a su casa, abriendo los brazos y posiblemente dejando un escapar "y ahora ¿qué tal me veo?", su esposa, la suegra y su madre se quedaron admiradas. Me las imagino llevándose las dos manos a la boca, alzando las cejas y abriendo más los ojos. Azoradas. Y repuestas de la impresión, tal vez soltaron lo primero que se les ocurrió: "¡Ramón! ¡Qué facha! ¡Ahora si nadie te va a conocer!".

Aquel 14 de septiembre de 1995 fue la primera ocasión en que Ramón Arellano Félix se dejó ver en público transformado. Lo hizo a propósito. Al otro día se iría con todos los familiares, amigos y pistoleros a Las Vegas. Fue al box. Quería ver la pelea de su amigo Julio César Chávez. Le llamó la atención como a muchos aficionados. Era la número 100 del campeón y su cuate del alma. Las carteleras resaltaban por todos lados. Pelearía contra el africano David Kamou. Julio César estaba en sus mejores tiempos. El negrito le resultó de acero y no lo pudo tumbar, pero le ganó la decisión. Ramón Arellano fue uno de los miles de aficionados que retacaron el gimnasio del hotel y casino *The Mirage*. Naturalmente, le puso muchos billetes en apuesta y, aunque no se le multiplicaron, sí un poquito. Ocupó una localidad de primera fila. También sus acompañantes. Debió visitar al campeón en los vestidores y luego la festejarían. Pero Ramón no se ancló en un hotel conocido. Llegó al Del Río. Prácticamente lo rentó completo para su familia y sus guardaespaldas. Todo mundo estuvo alegre.

En aquel entonces, Ramón todavía no se metía a la tormentosa baja de peso. Pesaba 120 kilos, su piel blanca, los ojos negros; los párpados tirándole a cerrarse ligeramente, la nariz recta y fosas regulares, la boca chica y los labios delgados. No se cambió ni esa vez ni en otras el resto de la cara, siempre fue redonda. Entre chacoteos, se compró unos lentes, de esos que simulan ser fondo de botella, y así anduvo en Las Vegas, y luego de vez en cuando. Lo único que no podía cambiarse era la voz, delgada y con acento muy de Culiacán. Desde que era chamaco le encantaba usar cachucha beisbolera y también se compró una de mucho tipo turista antes de ir a la pelea.

Esto no es una novela. Es apenas una pequeña parte del tupido documento oficial. Simplemente tomé los datos desde hace meses con base en las declaraciones de un arellanista y he tecleado según lo imagino. No tenía pensado publicarlo. Esperaba mejor ocasión, pero ahora se presentó cuando las noticias desde Mazatlán nos atiborraron.

Ramón siempre tuvo gusto por la ropa cómoda. De allí el *short*. Cuando no hacía tanto calor, le encantaba fajarse pantalones "livais", gorra de beisbol y botas vaqueras. No se le caía su "cangurera" con una de las varias pistolas cachas de oro. También traía un radio. Se supone conectado a cierta frecuencia de la policía federal o a algún circuito especial. Solamente cuando había una fiesta o algo especial presumía sus camisas Versace y pantalones con mocasines italianos. Casi no le gustaba el saco.

Normalmente le acompañaba Fabián Martínez, "El Tiburón", con su "cuerno de chivo" y una pistola .38, y otro hombre de confianza: le decían o dicen "El Chalín". Y cuando pasaba a territorio mexicano, por lo menos cuatro agentes de la Policía Judicial del Estado de Baja California lo custodiaban, que nadie se le acercara a molestarlo.

Emilio Valdés Mainero era otro de los grandes amigos de Ramón. También Everardo "El Kitty" Páez. Allá por 1987, él se encargó de presentárselos a los Hodoyán Palacios y a otros jóvenes de familias pudientes. Fue cuando empezó a redondearse el llamado grupo de los narcojuniors, identificados absolutamente por *Zeta* años después. Aquella presentación sucedió en la casa de Alfredo Brambila, en la calle Buenaventura del Fraccionamiento Chapultepec. Para esas alturas, Ramón ya tenía fama de alebrestado, de pocas palabras, violento y certero con la pistola. Al que le apuntaba, lo mataba.

La desgracia persiguió a los amigos de Ramón: Emilio Valdés Mainero fue capturado por la policía de Estados Unidos cuando estaba en su apartamento de Coronado, una de las zonas consideradas del *jet-set* californiano. Todavía le faltan como treinta años para salir de prisión. En su sentencia no se le aceptó ni fianza ni quedar libre antes por méritos. Los hermanos Hodoyán: uno desaparecido; otro, prisionero en La Palma. Everardo "El Kitty" Páez está en alguna cárcel estadounidense. Y Brambila, tres metros bajo tierra. Pero ninguno se hizo la cirugía plástica como Ramón.

Defensa

A Manolo Tirado le decían "El Manotas". Operaba en Mazatlán. Lilí Rochín y Aldo Torres eran sus "correos" vendiendo, transportando y entregando droga a quien mejor la pagara. Un cliente especial era Fabián Martínez, "El Tiburón", histórico ya por su renombre como pistolero en el cártel Arellano Félix. En 1987 hizo un pedido: 200 kilos de cocaína surtidos inmediatamente, pureza garantizada. Pero cuando cruzaba la frontera Tijuana-San Ysidro, ya lo estaba esperando la "migra", aduanales y los de la DEA. Cayó fácil. Como *out* por elevadito al *fielder*. Se extrañó. Tantas veces pasó y nada le sucedió. La cocaína se la decomisaron. También pistola y ametralladora. Me imagino su dolor al ser visto por tantos tijuanenses cuando cruzaban la frontera. Esposado y con las manazas de los policías en sus brazos. Ésa no era su preocupación seguramente. Le calaba más no poder zafarse de los agentes tal y como fácilmente acostumbraba en México.

Total, se lo llevaron a prisión. A la hora de ir a la Corte, de mucho le sirvió su experimentado abogado. Terminó con una sentencia de 18 meses en la céntrica prisión federal de San Diego, California. Fabián apechugó conformado. Por esa cantidad de cocaína muchos pasaron y pasan años enrejados. Todavía no me explico por qué tan bondadosa condena. Y más: normalmente le cancelan el pasaporte y deportan de por vida a los sorprendidos acarreando droga. Fabián no tuvo ese

315

problema. Quién sabe cómo le haría, pero tuvo nuevamente la forma legal para cruzar la frontera cuantas veces quiso.

Durante su estancia obligada ni la lucha le hizo por escaparse, escandalizar o querer dominar a los prisioneros. Le conformaba por lo menos que la noticia de su captura no se supo en Tijuana. Para su ventura, los estadounidenses no informaron a los periodistas. En la cárcel le llegó la novedad: acompañado de un mentado Alfredo, Aldo Torres ejecutó a Lilí Rochín. Así se apoderó de un buen cargamento que andaba negociando en territorio californiano. Pero la policía capturó al tal Alfredo y, cosas de la vida, lo refundieron en la misma celda con Fabián. Se conocían de vista y por eso empezaron a tratarse. Y en una de ésas el nuevo prisionero se sinceró: Aldo Torres estuvo en la Policía Judicial de Baja California. Era informante de la DEA. Andaba en dos aguas. "Él te puso dedo con los gringos" y eso encorajinó a "El Tiburón". Seguramente pensó en la venganza; tal vez: "en cuanto salga me las pagará".

Fabián cumplió su condena. A los pocos días, Aldo Torres estaba por entrar a su casa en Tijuana. No pudo. Hasta allí le llegó la vida. Tres hombres armados con ametralladora lo ejecutaron. Fue en la tarde. Huyeron. Nadie vio para dónde ni fueron perseguidos. Y como miles de asesinatos, el de Torres terminó en el olvido.

Supe de otra ejecución. "El Chino" Díaz vivía en el fraccionamiento "Las Palmas" y era hijo de un diplomático. Tenía varios autos con escondrijos para acarrear mariguana y cocaína a Estados Unidos, pero no supo administrar los dólares: gastaba más de lo que ganaba. Por eso terminó endeudado con "El Tiburón", que era el dueño de la droga. Fabián no quiso vivir de promesas ni sudar camiseta ajena. Congeló a "El Chino": no más cocaína ni mariguana hasta que pagara. Entonces alguien le fue con el chisme a Fabián. "Díaz está trabajando para 'El Mayo' Zambada". Otra vez hizo berrinche "El Tiburón".

Fabián llamó a sus amigos Alfredo Miguel Hodoyán Palacios, Gustavo Miranda Santacruz y Merardo Francisco León Hinojosa. Era febrero de 1995. "El Chino" salió de una peluquería en el bulevar Agua Caliente. Estaba por treparse a su Grand Marquis blanco cuando le cayó el grupo. Otro manejó el auto y todos arriba. Rodaron por la carretera libre a Ensenada. Llegaron hasta la desviación terregosa de un llano a donde iba a practicar el tiro al blanco. Bajaron y empezaron a recriminar a "El Chino". Parecía que todo quedaría en "echarle la aburridora". Para su desgracia apareció un Toyota negro y veloz. Bajó como de rayo Emilio Valdés Mainero, colérico y maldiciento. Se plantó frente a Díaz, le sacó la pistola que traía fajada y sin decir nada le disparó en plena cara. Allí murió el famoso "Chino". La policía lo conocía cuando llegaron "al lugar del crimen". Sabía con quiénes andaba. No necesitaban preguntar por qué y quiénes le mataron. Pero como siempre: ejecución a la luz del día. Así, los Arellano y sus pistoleros casi nunca se escondieron para matar. La soberbia y el amparo de la policía se los permitía. Estaban desatados. Siguieron el ejemplo de Ramón. Después no pudieron controlarlos. Mataron tanto y se mataron entre ellos mismos.

Fabián "El Tiburón" Martínez, después de arrebatarles la vida a muchos, se quitó la propia. Acorralado por la policía, prefirió muerte y no prisión. Emilio Valdés Mainero está encarcelado en Estados Unidos. Quedará libre casi a los 70 años de edad. Uno de los Hodoyán está en La Palma y otro fue secuestrado frente a su señora madre. Gustavo Miranda Santacruz vive inmóvil del cuello a los pies luego de ser balaceado por Valdés Mainero. Nada se sabe de Merardo León Hinojosa.

El 10 de febrero quedé sorprendido. Ramón Arellano Félix fue muerto en Mazatlán. Ninguno de sus pistoleros estrellas le acompañó. El 9 de marzo el ejército mexicano capturó a Benjamín en Puebla. Tampoco lo protegían sus preferidos matarifes del Barrio Logan. Eso me empujó a preguntar aquí y allá. Pero no tengo informes donde anda "El Calaco", Merardo y Arturo León Hinojosa; tampoco sé sobre los desalmados loganeros. "Los mataron antes que a Ramón", me comentaron unos compañeros periodistas. "Se escondieron", supusieron otros. Y la repetida hipótesis: "Son testigos protegidos en Estados Unidos". Pero como sea, no hay razón ni rastro de ellos.

Muchas personas han sido ejecutadas en Tijuana y Mexicali, pero no en el clásico estilo arrellanesco. Aparte, la mayoría de las víctimas son desconocidas. Y a los identificados ni los reclaman para darles cristiana sepultura. Terminaron en la fosa común, señal de fuereños. Personas harto conocidas fueron asesinadas, pero el motivo se acerca más al secuestro y se aleja del narcotráfico. Esto me empuja a considerar primero la ausencia de los tradicionales matarifes de Arellano Félix. Y segundo, las víctimas serían en su mayoría de los cárteles Carrillo Fuentes y Cárdenas Guillén. No tantos de Ismael "El Mayo" Zambada. Casi nada o nada de "El Güero" Palma o "El Chapo" Guzmán, en razón de los decomisos grandes de mariguana o cocaína realizados por el ejército mexicano. La mayoría venía de Monterrey, no tanto de Sinaloa.

Después de todo, es preciso aclarar el lenguaje oficial transmitido por prensa, telediarios y radionoticieros. El gobernador del estado, licenciado Eugenio Elorduy, y sus colaboradores, afirmaron: las ejecuciones son por el reacomodo de los narcos. Totalmente falso; eso sería si algunos o muchos fueron desbancados y reclaman su lugar. Simplemente se trata de una nueva forma del cártel Arellano Félix. Menos violencia en las calles. Más ejecuciones luego de tortura. Están enfrentándose a los intentos de invasión, nada de reacomodos.

Olvido

Siete disparos a la cabeza y por lo menos veinte agujerearon su cuerpo. Andrés Meza Buelna se llamó. Dirigió la escolta del procurador general de Justicia en el estado, licenciado Marco Antonio de la Fuente Villarreal. Despreocupado, llegó a la pista jardinera del fraccionamiento mexicalense Jardines del Valle. Allí se reunió con dos personas. Nada más empezó a trotar y se le apareció por atrás un joven. Dicen quienes lo vieron que tenía apariencia de "cholo", pero realmente es un hábil matarife. Utilizó una ametralladora Uzi; es más difícil controlar la clásica AK-47, "cuerno de chivo". Con la tranquilidad como se le aproximó el rufián, también escapó. Su camarada lo esperaba; estaba al volante de un auto no muy nuevo. El asesino se trepó y el vehículo desapareció. Todo sucedió cierto atardecer de junio en 1999. Desde entonces y oficialmente, nadie sabe quién fue el matón. Tampoco el motivo. No se intentó una investigación seria, ni siquiera porque Meza perteneció a la Procuraduría General de Justicia en el estado. Pasó una semana, dos, tres y el asunto fue otro de los que el viento se llevó. Pareció calcomanía de tantas ejecuciones con el rótulo del narcotráfico. Casi estoy seguro de que en la policía supieron quién ordenó matarlo y de qué mafia era. Pero precisamente por esas razones, los detectives prefirieron no entrometerse.

Meza tenía un hijo, Héctor. También navegó con bandera

de policía en la ministerial. De repente desapareció. Los díceres eran públicos: andaba con los narcotraficantes; servía a dos amos. Y cuando eso sucede, con alguno se queda mal. Entonces su cuerpo terminó achicharrado. Fue por capricho, afirman, de Ismael "El Mayel" Higuera, el celebérrimo asociado del cártel Arellano Félix. Nadie desmintió en aquel tiempo tal versión. Tampoco las aparecidas alrededor de su padre.

El procurador salió con la cantaleta de "vamos a ir hasta las últimas consecuencias". Pero lo retiraron del puesto y no cumplió su temeraria afirmación. Lo suplió el licenciado Juan Manuel Salazar Pimentel, que ni siquiera intentos hizo para tocar el asunto, igual en su momento el siguiente fiscal.

He visto a madres afligidas hasta el llanto desesperado, padres encorajinados y hundidos en la impotencia, hijos o hermanos deseosos de venganza. Todos, familiares de ejecutados o desaparecidos. Unos de plano saben quién los perjudicó. Otros simplemente se desahogan mencionando "a la policía" o "a esos funcionarios". Pero todos desembocan en lo mismo. Las procuradurías no investigan.

El primer lunes de este septiembre recibí un mensaje electrónico: "A un año de que perdiera la vida el ex secretario particular de Alejandro González Alcocer, Alejando Manjarrez Llanos, sus asesinos siguen internados en la Penitenciaría del estado aún sin recibir la sentencia por el artero crimen que cometieron". Envió el mensaje su amigo Mario Alberto Martínez Castillo. Los dos trabajaron para el licenciado Alejandro González Alcocer cuando fue gobernador sustituto. Mario era su secretario particular. Lo ascendieron a contralor. Entonces Manjarrez lo suplió. Por absoluta injusticia capeada de corajina despidieron a Castillo. Fue una sucia venganza. Manjarrez se quedó, con tan mala fortuna que una madrugada persiguió a dos malandrines. En la carrera, le dieron un balazo en la cabeza para quitarle la vida.

El mensaje electrónico incluye estas líneas: "De alguna manera contraria el proceso se estuvo deteniendo por razones que aún se desconocen". Pero Mario culpa y echa en cara a la procuraduría dos pecados: "Está directamente relacionada" y "existe un conflicto de intereses". También machacó sobre la poca voluntad en el Juzgado Séptimo de lo Penal en Tijuana. Afirma que en ese tribunal "falta cooperación" y sobra el retraso. Aunque Mario no lo menciona, su consideración es harto conocida: descalifica el peritaje realizado por el licenciado Francisco Castro Trenti, quien primero lo realizó como litigante y ahora como funcionario. Lamentablemente, en el fondo hay más enemistad personal que diferencias técnicas.

El asunto es peliagudo. No está claramente definido el motivo por el que Manjarrez perseguía a los malosos, si los conocía o le amenazaron. Tan grave la versión de que cuando le dispararon y como en contraataque, algún acompañante del funcionario lo hizo desde el interior conducido por Manjarrez. Nunca se justificó por qué, siendo propiedad oficial, traía esa camioneta para su uso personal y a deshoras oficiales. A eso se suma una versión no tocada por los investigadores pero tan conocida en la policía ministerial: aparentemente, el mismo asesino de Andrés Meza Buelna fue el de Alejandro Manjarrez.

Tanto enredijo en las investigaciones como la tardanza de los tribunales compiten con sus pares federales. Una esquela recientemente publicada nos recordó el asesinato del licenciado Guillermo Castellanos. Fue hace dos años en Playas de Tijuana. La Procuraduría General de la República atajó el caso apantallando con una pronta solución que se ha tardado más de lo debido. Me imagino el expediente arrumbado en los archivos y a los investigadores sin tan siquiera tocarlo. Cayeron en el cochambre de la indiferencia.

Los bajacalifornianos en general, pero los habitantes de

Tijuana en particular, somos testigos: ejecución sin resolver a los siguientes días de cometida normalmente termina como muchos cadáveres de no identificados: en la fosa común del olvido. Sobre ellos cayeron las paletas de la desobligación oficial.

Ejecutaron a Juan José Palafox en Tijuana. Como todas las víctimas mencionadas en este espacio, era funcionario. Ocupaba la jefatura local del Centro de Inteligencia y Seguridad Nacional. Viajaba solo en su automóvil sentra. Frente a la calle Coronado del fraccionamiento Lomas Hipódromo lo rebasó una camioneta. Cuando se emparejó a Palafox, le dispararon. Seis balas atravesaron su cuerpo y allí terminó muerto. Eran las diez y media de la noche. Junio 26. Igual a los casos aquí tratados, éste también va camino al olvido.

No creo que se demuestre lo contrario. Es evidente cómo en las mismas corporaciones policiacas impiden la investigación para aclarar los casos de sus compañeros ejecutados. Pero la verdad, todavía hay muchos agentes vendidos al narcotráfico. Por eso tantos dolientes tienen razón cuando disgustados reclaman justicia. Si tal pasa con las personas de casa, no se puede esperar más con los extraños. Vale terminar estas líneas acomodando a las procuradurías la vieja conseja mexicana: "En la casa del herrero, azadón de palo".

Muerte o cárcel

Tenía una novia en Tokio. Era modelo y muy hermosa. Estaba muy encariñado de ella; iba hasta allá para verla. También viajaba a Hong Kong. Pero cuando regresaba a Tijuana vivía en el *pent-house* de la calle G, número 539, con sus padres, hermanos, demás parientes y amigos. Cómodamente y sin pesadumbre. Ahora Alfredo Miguel Hodoyán Palacios se la pasa en una celda y en los patios de La Palma. Allí estará cuando menos hasta 2047 o 2050. Si Dios le permite vivir, será libre más o menos a los 80 u 80 y pico de años.

Desde chamaco le decían "El Lobo". Era uno de los renombrados narcojuniors, identificados así por *Zeta*. Se trataba de numerosos jóvenes, todos hijos de matrimonios decentes y pudientes por su honesto trabajo o herencia, conocidos en los llamados "altos círculos sociales". De pronto aparecieron acompañando en asesinatos y narcotráfico a Benjamín y Ramón Arellano Félix. Los utilizaron ventajosamente y de paso ellos abusaron de la organización criminal. Fueron notables hasta fines de los noventa, cuando su aparente buena estrella se desplomó. Luego unos terminaron muertos, otros prisioneros, algunos desaparecidos. Y dos que tres desterrados por su propia familia para salvarlos de escándalo y cárcel.

En 1978, Alfredo conoció a Fabián Martínez. Estudiaron en la misma escuela pero en diferente grado hasta 1986. Estoy convencido de que no era su propósito meterse a la mafia, pero las malas compañías y la amistad los llevaron ahí. Atraídos por el poder, primero gozaron el delito. También la influencia para matar y tener como servidumbre a la policía. Se treparon en la impunidad y cayeron en la desgracia.

En mayo de 1992 me impresionó impericia y saña de quienes mataron a los hermanos Estanislao y Gregorio Olmos. Iban en taxi tijuanense. Nunca vi tan desordenado tiroteo; balazos por todos lados, claro vestigio de inexpertos matones. Pero de todos modos acribillaron a los hermanos. Es dramático. Alejandro Hodoyán Palacios declaró oficialmente ante la Procuraduría General de la República: su hermano Alfredo mató a los Olmos. Le hicieron compañía su condiscípulo Fabián Martínez, "El Tiburón", Emilio Valdés Mainero y Gustavo Miranda Santacruz. Todos actuaron nada más porque a Ramón y Benjamín se les antojó.

Precisamente por la inexperiencia fue un secreto a voces la autoría. Entonces Fabián y Emilio solicitaron amparo federal contra cualquier orden de aprehensión. Pero brotaron los hechos inexplicables de la justicia: se la negaron a "El Tiburón", pero "El Lobo" sí fue favorecido. Así, después de aquel terrible episodio el saldo es patético:

Fabián Martínez, "El Tiburón": se suicidó en Zapopan, Jalisco, en 1998. Fue acorralado por la policía tras ejecutar a un cristiano. Prefirió matarse que vivir encarcelado.

Emilio Valdés Mainero, "El Cabezón": primero fue detenido en Coronado por posesión de arma de fuego y encarcelado por tres años en San Diego, California. Luego sentenciado a 30 más por tratar de traficar con droga en el penal. Vive en alguna cárcel de Estados Unidos y no es testigo protegido como equivocadamente se dijo.

Gustavo Miranda Santacruz, "El Tavo": inmóvil desde el cuello hasta los dedos de los pies. Así quedó luego de ser tiroteado al tratar de cruzar a Estados Unidos desde Tijuana.

Alejandro Hodoyán Palacios: detenido por el general Gutiérrez Rebollo; torturado, enviado sin los trámites oficiales a Estados Unidos. Abandonó el país. Regresó a Tijuana. Frente a su señora madre lo secuestraron y desde entonces no se le ha visto. Como es natural en estos casos, hay dos versiones: lo ejecutaron o está como testigo protegido en Estados Unidos.

Alfredo Miguel Hodoyán Palacios, "El Lobo": prisionero en La Palma durante los próximos 50 años.

Alfredo mató a otro amigo de la infancia y juventud: Jesús "El Bebé" Gallardo. Todo por una simpleza que desembocó en venganza. Lo agarraron desprevenido y sin arma, ni cómo defenderse. Salía del baño del restaurante en un hotel de Toluca. Estaba comiendo con el equipo del entonces campeón mundial Julio César Chávez. Otra vez, con Alfredo apretaron el gatillo "El Tiburón", Valdés Mainero, Francisco Cabrera Castro, "El Capitán", actualmente encarcelado en La Palma, y un personaje especial: Fabián Reyes Partida, "El Calaco", hasta hoy desaparecido. Posiblemente como Alejandro Hodoyán, lo mataron o está protegido en Estados Unidos.

Alfredo también asesinó al doctor Ernesto Ibarra Santés. Este hombre era subdelegado de la PGR-Tijuana. Igualmente acabó con la vida de sus guardaespaldas y un taxista que no la debía ni la temía. Hodoyán fue acompañado en esta matazón por sus mismos camaradas. La ejecución sucedió en la avenida Insurgentes del Distrito Federal.

Un mes antes de esa múltiple ejecución, hubo una curiosa reunión: llegaron los asociados del cártel Arellano Félix al *pent-house* de Alfredo Miguel en Tijuana. Allí decidieron matar "a la gente de 'El Chapo' Guzmán, 'El Mayo' Zambada y 'El Señor de los Cielos' en Guadalajara". Entonces formaron un "equipo". Hasta rentaron una casa cercana a donde tenían la de seguridad sus oponentes. No tengo constancias si fue el mismo conjunto de narcojuniors matones, pero existen pruebas oficiales del plan.

Después de tantas desventuras para estos jóvenes, sigo tanteando: fueron ellos quienes les dieron poderío a los Arellano Félix. Su posición social los inmunizó contra el gobierno. Se mezcló la vanidad, el ansia de poder, el soborno. Y todo eso los encaminó al crimen y los encarriló al narcotráfico. Estoy seguro: si Ramón y Benjamín no hubieran conocido a estos jóvenes, seguramente no hubieran llegado a ser la mafia más poderosa de América.

Triste infortunio de sus familias. Entre muertos, encarcelados, desaparecidos y testigos protegidos están: Fabián Martínez, Federico Sánchez Valdés, Alejandro Weber, Emilio Valdés Mainero, Everardo Páez, Daniel Huerta, Gustavo Miranda Santacruz, Pedro Monir Reséndez, Ramiro Zúñiga, Fabián Reyes Partida, Francisco Cabrera Castro, Merardo Francisco León Hinojosa, Luis León Hinojosa, Carlos Pineiro, David Corona Barrón, Héctor Cabrera Monraz, Ángel Gutiérrez, Alfonso Villaseñor, Alfredo Brambila Álvarez, Juvenal Gómez Buenrostro, Alejandro Cáceres Ledesma, Dante Espartaco Cortés, Jesús Gallardo, Erik Rothenhusler y Rogelio Berver Campos.

Otros que no eran o son narcojuniors pero sí asociados al cártel Arellano Félix y que también corrieron la fatal suerte, cárcel o muerte: Ismael Higuera, Fausto Soto Miller, licenciado Miguel Ángel Rodríguez, Francisco Fiol Santana, Sergio Sandoval, Albino Lizárraga Osuna, Juan Carlos Sánchez, licenciado Joaquín Báez, licenciado Rodolfo Carrillo Barragán, licenciado Eugenio Zafra, licenciado Gustavo Jesús Labra Avilés, Manuel Aguirre, Lino Quintana, Amado Cruz, José Alfredo Ramírez, Humberto Rodríguez Bañuelos, Fernando Castaños.

El drama de Tijuana ha sido superado en Brasil: la mafia

está utilizando a niños de 10 a 12 años de edad. Los arman. Matan sin discusión a enemigos del narco. Y según lo anota *El País* en un artículo: "Son ellos quienes, en un asalto en plena calle o a un ciudadano parado con su coche en un semáforo, no dudan en matarle a bocajarro si no logran lo que desean. Y a veces hasta matan después de haberlo conseguido para demostrar que son fuertes".

Hay sin embargo un rasgo parecido al de narcojunior. Juan Arias, reportero en Río de Janeiro, escribió: "Muchas de las muertes de estos niños y adolescentes no sólo se producen durante las acciones criminales por ellos perpetradas, sino por los mismos narcotraficantes, que se deshacen de ellos con dos tiros cuando no les funcionan y los entierran en cementerios clandestinos". La diferencia es que aquí los ejecutaban y dejaban tirados a media calle.

Transcribo textual: "Pero hay más. Según estudios de varias ONG y del mismo ISER (Instituto Superior de Estudios Religiosos), la impunidad contra quienes acaban con la vida de estos niños y adolescentes armados y criminales es proverbial en este país. Nunca un policía ha sido condenado por haber matado a un menor. Y ha habido jueces que han sostenido que, al fin de cuentas, es un bien que mueran 'antes de llegar a ser bandidos adultos'".

En Tijuana sí alcanzaron esa edad a un gran precio: muerte o cárcel.

Ramón Arellano en televisión

La policía mexicana y la televisión estadounidense aseguran que esta imagen es de Ramón Arellano Félix. Una videocámara lo captó en el área de segunda revisión en la aduana de Tijuana, recién cruzó de Estados Unidos hace por lo menos un año. Un domingo 28 de febrero la cadena televisora Fox transmitió este video en su programa *American Most Wanted* ("Los más buscados en América") y con Ramón encabezó la lista de los diez criminales más peligrosos y perseguidos en el mundo.

Si la imagen es del famoso hermano cabeza de los Arellano Félix, entonces resulta una evidencia innegable de que este hombre puede con toda facilidad cruzar de un lado a otro de la frontera sin ser molestado. *Zeta* fue enterado hace meses sobre este famoso video. Incluso que lo tenía en su poder la Procuraduría General de la República, pero nunca fue ni exhibido ni confirmado por la delegación de Baja California. Sin embargo, a raíz de su proyección el domingo pasado, *Zeta* recibió la confirmación de esa versión.

Aunque en la imagen no se ve la cara con exactitud, el peinado y la complexión coinciden con los de Arellano. Pero hay algo que no cuadra: Ramón manejando el automóvil. Es de suponerse que normalmente lo hace otra persona y él viaja al lado del chofer o en la parte trasera, siempre y cuando el vehículo sea de cuatro puertas, por si acaso hay necesidad de salir en un caso de emergencia. Pero la policía mexicana y la televisión norteamericana lo han dado como un hecho.

La exhibición de esta imagen en todo Estados Unidos casi coincidió con la extradición, desde Estados Unidos a México, del joven Alfredo Hodoyán Palacios, popular por su apodo de "El Lobo" y ampliamente conocido en Tijuana. Según la Procuraduría General de la República y la DEA, Hodoyán fue gatillero de los hermanos Arellano Félix, pero en realidad cobró fama al ser incluido en la lista de los famosos narcojuniors, hijos de familias pudientes de Tijuana que se aliaron al renombrado cártel de Tijuana. La Procuraduría General de la República lo acusa de ser transportador de importantes cantidades de cocaína entre las fronteras de México y Estados Unidos. Según la PGR, Hodoyán se movía principalmente entre las ciudades de Tijuana y San Diego. Ocasionalmente se trasladaba a la ciudad de México o a otras partes de la República para comerciar con la droga o para ejecutar enemigos de los Arellano Félix.

En septiembre de 1996 fue asesinado en la ciudad de México el subdelegado de la PGR en Tijuana, doctor Ernesto Ibarra Santés, tres de sus escoltas y el chofer del taxi en donde viajaban. La PGR apuntó como culpables a Hodoyán y a dos de los famosos narcojuniors de Tijuana: Emilio Valdés Mainero y Fabián Martínez, "El Tiburón". Ibarra Santés viajó desde Tijuana a la ciudad de México en avión comercial. Según los antecedentes oficiales del caso, pocas personas sabían de ese traslado. Pero cuando el funcionario llegó, sus verdugos ya lo estaban esperando en el aeropuerto. Una llamada desde Tijuana los alertó sobre en qué vuelo y cómo se transportarían desde la terminal. Lo siguieron. Y en la avenida Insurgentes, poco antes de la medianoche, dos vehículos acorralaron el taxi en que viajaba y ametrallaron a todos. Ibarra Santés días antes de morir dijo a la prensa que Tijuana era el santuario de los Arellano Félix, y que tarde o temprano estarían de vuelta y la PGR los capturaría. Su advertencia le valió la muerte.

Hijos de familias acomodadas, Valdés Mainero fue acusado de ordenar el asesinato del ex delegado de la PGR, Arturo Ochoa Palacios, mientras a Fabián se le agenciaron numerosos crímenes. Mariano Herrán Salvatti, director general de la FEADS, declaró en 1998 que "El Tiburón" mató a Luis Valero Elizaldi, escolta de Jesús Blancornelas, codirector de *Zeta*.

Alfredo Hodoyán y Valdés Mainero fueron capturados en Estados Unidos ese mismo 1996 y sentenciados. El primero a dos años y medio al encontrarle un "cuerno de chivo". Valdés Mainero a treinta años por introducir cocaína a Estados Unidos.

Es curioso: el destino unió a estos jóvenes pudientes alrededor de los Arellano. La persecución mexicana y la cárcel estadounidense los separó. Ahora, están bajo el mismo techo: La Palma, donde están presos dos notables miembros de la banda: Francisco Arellano Félix y Everardo "El Kitty" Páez, compadre de Ramón Arellano y harto relacionado con la sociedad tijuanense.

El 3 de enero de 1999, Valdés Mainero fue extraditado desde San Diego, California, a la ciudad de México y luego trasladado a Toluca e internado en el penal de alta seguridad. Se supone que será procesado y sentenciado para luego regresarlo a Estados Unidos, donde cumplirá su condena de 30 años. Cuando eso suceda, volverá a México para pagar su culpa por los asesinatos que le acredita la PGR.

Hodoyán fue extraditado hace días, precisamente cuando le faltaba un mes para cumplir su sentencia en Estados Unidos. De hecho estaba a un paso de la libertad. Ahora podría pasar muchos años tras las rejas en México.

Indudablemente, jamás en su vida estos jóvenes de Tijuana pensaron que terminarían en Almoloya. Pero aún hay más sobre el tema de los narcojuniors.

Alfredo tiene un hermano, Alejandro. El 5 de marzo de 1997, en Tijuana y 30 minutos después del mediodía, su madre manejaba el auto donde iba a la oficina del señor Enrique Hodoyán Ramírez en el bulevar Agua Caliente. De pronto se les atravesó una vagoneta Aerostar y se bajaron tres hombres con "cuernos de chivo". Un relato notariado de la señora señala textualmente que uno de los individuos empezó a golpear con la culata de su arma la puerta del lado donde venía sentado el hijo. Ella iba manejando: "mi hijo les gritó que se calmaran y me indicó que me bajara del automóvil. Al salir mi hijo del carro, el individuo que golpeaba la puerta lo jaloneó y lo aventó hacia la vagoneta, amenazándolo siempre con el arma que portaba. Cuando yo bajé del carro, me di cuenta de que el hombre que estaba a mi lado me estaba apuntando con su arma. La bajó cuando vio que ya habían subido a Alejandro, mi hijo, a su vehículo".

Desde entonces, nadie sabe dónde está Alejandro. Aquí se ha comentado que pudiera estar protegido por las autoridades estadounidenses como informante. La PGR ha declarado que lo busca, pero su madre asegura que lo raptaron y culpa a los propios policías encabezados por Ignacio Weber Rodríguez, entonces jefe de Inteligencia del Instituto Nacional del Combate contra las Drogas. Weber ahora está preso.

Alejandro arrastra una historia peliculesca que ha tenido como punto culminante que la organización estadounidense Human Rights Watchs haya incluido su caso como uno de los más destacados en su último reporte titulado *Abuso y desamparo. Tortura, desaparición forzada y ejecución extrajudicial en México*.

Popularmente, Alejandro fue ligado igual que su hermano Alfredo al famoso grupo de los narcojuniors allegado a los

Arellano Félix. La PGR lo sostiene, pero su señora madre lo rechaza. Alejandro fue detenido el 10 de septiembre de 1996 en la ciudad de Guadalajara, cuando hacía escala en viaje a Tijuana. Un amigo, apodado "Wicho Rodríguez" o "El R 10", lo llamó para comprarle una casa. Estuvieron en varios lugares y por la tarde Alejandro fue invitado a pasar a una casa mientras iba al aeropuerto. Según una plática del mismo Alejandro, notariada y atestiguada por familiares, no quiso entrar a esa casa porque se dio cuenta de que afuera había un plantón —policías al acecho—, pero que entonces Wicho lo encañonó con una pistola y lo obligó a meterse, donde lo esperaban policías, que de inmediato lo empezaron a torturar.

Aseguró que lo confundieron con su hermano y que lo interrogaron sobre el asesinato de dos militares y el subdelegado de la PGR Ernesto Ibarra Santés, abundando en las torturas. Que vio a otras personas que también las atormentaban y que a él le preguntaban seguido por los Arellano Félix. "Ya entrada la noche, accedí a que la mariguana que habían encontrado en la casa donde fui secuestrado era mía"; con la confesión le permitieron dormir. Permaneció muchos días detenido bajo la custodia del general Jesús Rebolledo. Lo trasladaron al Campo Militar y allí les permitieron a su esposa y a su padre verlo. El militar prometió que lo dejaría libre. Tiempo después de seguirlo torturando, fue visitado por funcionarios estadounidenses que le ofrecieron trasladarlo a Estados Unidos.

Aceptó y el 11 de febrero de 1997 fue trasladado a Toluca donde subió a un avión estadounidenses de la DEA. El vuelo fue directo a Brownfield, en Otay, del lado estadounidense y no pasó ni por migración ni por aduana. Lo llevaron a un hotel. Lo interrogó un fiscal y le ofreció protección a cambio de información. Dice que al no darla, el funcionario le dijo que lo iba a encarcelar por los papeles que firmó para regresar a Estados Unidos, o lo dejaría libre sabiendo que los Arellano querían matarlo. Alejandro decidió regresar a Tijuana y poco después, según la confesión de su señora madre, fue secuestrado. Jamás lo volvió a ver. Y así se llega a un punto de esta historia que no acaba de escribirse, pero donde los más notables de los narcojuniors terminaron en Almoloya, otro desaparecido y varios muertos.

Amenazas de la mafia

Para los mafiosos es muy fácil mandar a cualquier mensajero y amenazar de muerte a un periodista. Para la policía, es muy difícil capturarlos, aunque el atemorizado los denuncie oficialmente. Así le pasó y le pasa a Jesús Barraza, director del periódico *Pulso*, de San Luis Río Colorado, en la zona noroccidental de Sonora.

Apenas empezaba marzo cuando sintió de cerca el peligro: inexplicablemente fue liberado el narcotraficante Jaime "El Jaimillo" González Gutiérrez, popularmente identificado como autor intelectual en el asesinato del periodista Benjamín Flores, director de *La Prensa*, también de San Luis Río Colorado. El 15 de julio de 1997 fue tiroteado cuando bajó de su *pick-up* a las oficinas del diario. Barraza, que era brazo derecho de la víctima, temió por su vida luego de que González Gutiérrez fue liberado y de que lo amenazó a pocas horas de abandonar el penal. Estaba dolido por las publicaciones sobre el crimen de Benjamín hechas en los diarios de casi todo Sonora, Baja California, el resto del país y hasta en *The New York Times* en Estados Unidos. Simultáneamente, los hermanos del delincuente secundaron las amenazas desde su cómoda residencia en el estado de Arizona. A la par, en la región de Baja California, otros periodistas calcularon y coincidieron en el riesgo mortal. Pero ni por hacerlo público actuó la Procuraduría General de Justicia en el Estado de Sonora.

Ahora Jesús Barraza se encuentra entre dos fuegos: el reconocido mafioso Albino Quintero Meraz no anduvo públicamente de hablantín como "El Jaimillo". No. Le mandó un mensajero el martes 4 de este mayo "y me dijo que su jefe estaba preocupado por lo que publicamos hace tres semanas", dijo Barraza en referencia al artículo editado en *Pulso* y titulado "De Mexicali a Chetumal". Según Barraza, el nombre de Albino Quintero Meraz apareció en la lista de los relacionados con el ex gobernador de Quintana Roo, Mario Villanueva, acusado formalmente de narcotráfico por la Procuraduría General de la República. Eso le sirvió al periodista como punto de referencia para recordar las andanzas de Albino en Mexicali.

En 1989 hubo un enfrentamiento a balazos cuando la PGR cateó la residencia de Quintero Meraz y murió una persona. Aparte de muchos "cuernos de chivo" decomisados, la policía encontró bastante cocaína. Cuatro años más tarde, Albino golpeó a varios ciudadanos alevosamente en San Luis Río Colorado y Barraza lo publicó. El mafioso utilizó entonces a un periodista "para que le pusiera precio a mi silencio, ofreciéndome inicialmente cinco mil dólares como regalito inicial". Naturalmente, Jesús rechazó el dinero. Pues bien, ante el fracaso del periodista para silenciar a Barraza, la mafia envió a un comandante federal de apellido Paz, que tampoco pudo convencerlo, pero ahora y a la distancia del tiempo se confirma que los cárteles estaban prácticamente en poder de la PGR en las ciudades importantes para el narcotráfico.

Barraza recordó cómo en ese mismo 1992, pero en junio, la PGR ordenó la famosa Operación Frontera y se lanzaron a la persecución de Albino, a quien para entonces ya se le relacionaba con los cárteles colombianos. Dejó de ser un simple acarreador de droga para convertirse en un hombre clave de las grandes y poderosas organizaciones.

Pero el problema de Albino no estaba en Colombia sino en México, con el cambio de procurador: el doctor Jorge Carpizo McGregor fue nombrado titular por el presidente Carlos Salinas de Gortari. Enfrentándose primero a la corrupción en el interior de la PGR, el nuevo jefe ordenó la aprehensión de los más destacados mafiosos. Albino fue afortunado y pudo huir. Pero no desapareció así nada más. Uno de sus familiares convocó a una conferencia de prensa para revelar que el delegado sonorense de la PGR pidió un millón de dólares para no perseguirlo.

Toda esa información resucitó Barraza al enterarse el mes pasado de la relación de Albino con el ex gobernador de Quintana Roo, Mario Villanueva. La respuesta fue la amenaza enviada el martes 4 de marzo. Barraza recordó claramente el final del mensaje: le dijeron que si no se callaba, cualquier día de éstos aparecería muerto en un canal de los muchos que de riego existen en el valle de San Luis Río Colorado. Esta nueva intimidación obligó a Barraza a comunicarse directamente con el procurador de justicia en el estado de Sonora, que inicialmente se negó a protegerlo si no presentaba una denuncia, pero cambió su actitud cuando el sanluisino le anunció que acudiría ante la Sociedad de Periodistas A. C.

Ahora Barraza está escoltado por dos judiciales y su domicilio vigilado por tres policías municipales. Pero el peligro no desaparece. Podría darse el caso de que prófugos los dos mafiosos que lo amenazaron y enemigos como son, uno estaría utilizando el nombre del otro exhibiéndolo públicamente al perjudicar a Barraza, y de esa forma hacer creer a todo mundo de una culpabilidad obvia. Por eso debe protegerse al periodista de San Luis Río Colorado. No hay duda de que la mano empistolada de algún secuaz de Albino Quintero está en Sonora.

Lo increíble es cómo, con toda tranquilidad, el enviado de

un mafioso llegue hasta las puertas de cualquier periódico para amenazar al director. En la más simple de las observaciones, es obvio que la policía sonorense conoce los pasos de estos delincuentes, pero por razones que no hay constancia les permite andar en la calle con toda tranquilidad, cuando deberían encontrarse tras las rejas. Ni la policía de Sonora ni los agentes federales pueden alegar que no conocen a estos mensajeros de la muerte. Está claro que los tienen identificados, pero que no hay la voluntad, o sí hay mucho miedo, para hacerles frente y detenerlos. La lógica indica que si Albino Quintero Meraz se sintió ofendido por la publicación de Jesús Barraza, se encuentra tal vez en el estado de Sonora o en el de Arizona, como para tener la facilidad de enviar a un mensajero.

Casi al mismo tiempo sucedieron las amenazas contra Sergio Haro, del semanario *Sietedías*, de Mexicali, donde figuró como socio capitalista y fundador Benjamín Flores. Haro no recibió mensajero en persona. Afirma que la intimidación fue telefónica. Supone que la intimidación partió de Jaime "El Jaimillo" González Gutiérrez, pero hasta el momento no hay un hecho que así lo demuestre. El mensaje a Sergio Haro aclara en primer término que no existe —por lo menos en ese semanario— la supuesta intervención telefónica de las autoridades interesadas en conocer vida y milagros de los periodistas. En segundo lugar, no hay una pista clara que conduzca a confirmar la identificación del mensajero.

De cualquier forma, el hecho de la amenaza es grave. Si bien no perjudica de inmediato el ejercicio informativo libre, no deja de causar inquietud entre los familiares, allegados y compañeros del amagado. Las numerosas organizaciones periodísticas locales no deberían remitirse a enviar cartas de protesta a las autoridades y publicar censuras a los agresores. Es imperioso organizarse en la tarea de investigación para aclarar todos estos casos.

La evidente complicidad de las autoridades locales con la mafia es el punto de partida innegable para no confiar que prospere una denuncia de periodistas afectados. Por eso se insiste en la facilidad de cualquier mafioso para amenazar a un periodista, y en la dificultad de la policía para descubrirlo.

RESUMEN

1989: cateo en Mexicali a la casa de Albino Quintero Meraz, decomisándole ametralladoras y droga. Quintero Meraz no fue detenido. El periódico *La Voz de la Frontera* publicó la foto del mafioso.

1992: Albino agredió a varios ciudadanos y al difundir Jesús Barraza la noticia lo amenazó de muerte. Envió al periodista Luis Mario García para sobornarlo sin éxito. La PGR ordenó la persecución de Albino. Sus familiares declaran que le pidieron un millón de dólares para no perseguirlo.

1997: el 15 de julio fue asesinado el periodista Benjamín Flores. Señalan como presunto autor intelectual a Jaime González Gutiérrez, capturado con un cargamento de droga.

1998: el 12 de febrero fue asesinado al salir de la PGR en la ciudad de México Luis Mario García, enlace entre la mafia y periodistas.

1999: el 5 de marzo fue liberado inexplicablemente Jaime González Gutiérrez, presunto autor intelectual del asesinato de Benjamín Flores. Al día siguiente corren rumores de que se vengará matando a Jesús Barraza. El periodista mexicalense Sergio Haro recibió una llamada telefónica amenazándolo de muerte. Dijo que seguramente fue Jaime González Gutiérrez. Haro fundó el semanario *Sietedías* con Benjamín Flores. El 4 de mayo, Albino Quintero Meraz envió un mensajero para amenazar a Jesús Barraza. El 10 de mayo intervino la Sociedad de Periodistas A. C. y empezó la protección policiaca a Barraza y su familia.

Carta del Comité de Protección a los periodistas para Zedillo.

13 de mayo de 1999

El cardenal

El señor procurador de justicia, doctor Jorge Carpizo Mc-Gregor, me invitó a desayunar el 25 de mayo de 1993. Y en la ciudad de México una noticia acalambró a todo el país: asesinaron al señor cardenal don Juan Jesús Posadas y Ocampo. "Seguramente se suspenderá el desayuno", comenté con el licenciado Fernando Ortiz Arana, cuando me recibió en su despacho de la presidencia nacional del PRI horas después del crimen. Al salir de allí, supuse que llegando al hotel me encontraría con un recado cancelando la reunión. Pero no.

Al día siguiente hablé con mi compañero editor Héctor Javier González, que ya estaba en Guadalajara trabajando especialmente el caso del asesinato. Llegué a la procuraduría y en el filtro de vigilancia, a la entrada, estaba apuntado mi nombre para una audiencia con el doctor Carpizo. Entonces me recibió el licenciado Mario Ruiz Massieu. "El doctor me encargó atenderlo y que esperáramos un tiempo prudente y, en caso de que no llegue, podemos desayunar usted y yo", me dijo más o menos el entonces colaborador de don Jorge. Cuando ya estábamos a la mesa, llegó apresuradamente el procurador. Gentilmente ofreció disculpas por la tardanza. "Estuvimos en Los Pinos hasta las cinco de la mañana", fue lo que dijo cuando todavía ni se ponía, como acostumbra, la servilleta colgando de una de sus puntas sobre el nudo de la corbata para no ensuciarse mientras come. No se me olvida que llegó sin rasurar y se le notaba mucho, por la barba tan cerrada que tiene.

Naturalmente, bastó que le preguntara: ¿cómo le fue en Guadalajara?, para que entonces explicara todo con detalle, que solamente se detenía para sorber su café, comer su plato de frutas o leer las tarjetas que alguno de los auxiliares le llevaban.

Contó que, durante la balacera en el aeropuerto de Guadalajara, los Arellano Félix estaban allí y se fueron en vuelo comercial a Tijuana; que "El Chapo" Guzmán como pudo huyó del lugar pecho a tierra y luego en un taxi, pero que ya estaban por capturarlo. Y que aclararía el asunto. Meses después, ya siendo secretario de Gobernación, el doctor Carpizo acompañaba al entonces presidente Carlos Salinas cuando el nuncio apostólico Girolamo Prigione llegó para interceder por los Arellano Félix, a quienes recibió momentos antes en su casa y, según él, le dijeron que no ordenaron matar al señor cardenal.

Creo que si Carpizo no hubiera estado allí, Salinas habría cedido a la petición de Prigione. Pero don Jorge se opuso y lo hizo a gritos, vehemente como es, y hasta le dijo al presidente que no se podía tratar con criminales y narcotraficantes. Por eso el nuncio se fue de regreso a su casa y en fracaso. Pero la cosa es sencilla: si en Tijuana el padre Gerardo Montaño recibió la petición de los Arellano para que los llevara con el nuncio, por regla eclesiástica debió comunicarlo y pedir permiso al entonces obispo Emilio Carlos Berlié Belaunzarán que, como todo mundo sabemos, lo autorizó, naturalmente, después de hablar con Prigione.

Me imagino que cuando los Arellano le dijeron al nuncio que ellos no fueron, el representante del Papa les preguntó: "Si no fueron ustedes, hijos míos, ¿entonces quién fue?". Y naturalmente, le dijeron. Lo mismo sucedió con el cardenal

Sandoval Íñiguez. La señora madre de los Arellano fue a decirle que sus hijos no mandaron asesinar a Posadas y Ocampo. Lo más lógico es que don Juan también le preguntó: "Y si no fueron ellos, mi hijita, ¿entonces quién fue?". Naturalmente, el cardenal Sandoval Íñiguez debió informar al nuncio que recibió a la señora madre de los Arellano y por respeto a la jerarquía debió decirle todo. Entrando a otro escenario, cabría considerar que la doble confesión a Prigione y a Sandoval fue: "Nosotros queríamos matar a 'El Chapo', pero nuestra gente se equivocó y venimos a pedir perdón".

Por eso creo que, si alguien sabe, ese alguien está en los altos niveles de nuestra Santa Iglesia. Y don Juan Sandoval no debe andar diciendo que "mañana voy a dar nombres" y no los da, "que todo mundo sabe quién fue", pero deja la frase en el aire para que uno suponga que lo mismo fue Carlos Salinas que la CIA o la mafia.

Bueno, el otro día llegó al colmo: declaró a la agencia noticiosa France Press que los asesinos estaban protegidos por Estados Unidos en una prisión de San Diego. Y allí está lo malo. El señor cardenal ignora que las personas a las que se refiere fueron detenidas por crimen organizado. Y entre sus declaraciones mencionaron que acompañaron a Ramón Arellano desde Tijuana hasta Guadalajara para matar a Joaquín "El Chapo" Guzmán; que no lo pudieron hacer y al regresarse a Tijuana, en el avión de Aeroméxico, supieron que habían ametrallado a una persona y creyeron que la retaguardia de los Arellano logró darle a Guzmán y hasta lo festejaron. Pero al llegar a Tijuana les notificaron que el cardenal era la víctima y Ramón Arellano les dio dinero para huir. Eso no es un invento. Está en actas de los tribunales estadounidenses. Pero el cardenal Sandoval habla sin fundamento. Por eso, y que Dios me perdone, pero me dio mucho gusto que el doctor Carpizo le haya puesto el alto. Se lo merece.

El cardenal Posadas fue obispo de Tijuana. Demasiado conservador y alejado de los reflectores periodísticos, muy preocupado por el seminario. Un obispo que caía más en lo pasivo que en lo activo. Por eso me sorprendió cuando fue enviado a Cuernavaca para suplir a don Sergio Méndez Arceo. Comparativamente, se podría decir que Posadas era lo apacible frente a la tormenta, pero al fin y al cabo hizo la paz. Luego fue ordenado cardenal y enviado a Guadalajara. Desde que salió de Tijuana no lo vi más y cuando supe de su asesinato me dolió.

Durante la investigación periodística de *Zeta* nos quedó claro que hubo una confusión. No había vuelta de hoja. Eso de que fue un complot y que alguien hizo coincidir en el aeropuerto a los Arellano y a "El Chapo" es algo que no tiene sentido. Nada más y suponiendo sin conceder que alguien los hubiera citado con el fin de un pleito mortal, seguramente el concertador ya estaría muerto. Y dando por bueno que sí los reunieron, en todo caso se matarían entre ellos y no al cardenal.

Lo que puede tener un costo muy alto indudablemente, muy caro para la Iglesia, es que el señor cardenal no pueda probar legalmente sus acusaciones o no le permitan acudir ante los tribunales. Y de mucho desprestigio en lo personal para el doctor si existen las pruebas para confirmar los señalamientos en su contra.

Un hecho más puedo agregar a este ya dramático episodio: la señora M. Castaños entregó a *Zeta* una carta de su puño y letra dirigida a Ramón Arellano Félix. Le recriminó por ordenar matar a sus dos hijos y le recordó cuando uno de ellos le sirvió de guía para ir de una ciudad a otra en Estados Unidos en plan de fuga, luego de asesinado el cardenal Juan Jesús Posadas y Ocampo en Guadalajara. La carta fue publicada el 24 de octubre de 1997.

En fin. Mi pronóstico es que el encuentro cardenal-doctor, donde habrá un perdedor y desprestigiado, abrirá las puertas a la solución del asesinato del cardenal. Y nuevamente, los Arellano estarán en la cresta de la ola.

Cuarenta y seis años

A querer o no, pero en la historia de Baja California el maldito narcotráfico ocupa una gran espacio. Braulio Maldonado Sández, licenciado y primer gobernador constitucional del estado, contó en sus memorias que al principio no le hizo caso a la mafia, "hasta que comprobé en carne propia su poderío al sufrir agresiones, las que por principio de autoridad no acepté".

De eso, han pasado 46 años. Entonces, Maldonado trajo desde otros estados a gatilleros profesionales para protegerse de "atentados reales o imaginarios", según el prólogo escrito por Gabriel Trujillo Muñoz a la reedición de *Baja California. Comentarios políticos*, obra del propio Braulio. Lo bueno fue que el señor gobernador se puso a salvo. Real o imaginariamente nadie lo atacó. A poco de aparecer públicamente estos tipos y ser conocidos más por su fama que por su facha, alguien los bautizó y se popularizó el mote, "Los Chemitas", precisamente porque uno de ellos se llamaba José María.

Desgraciadamente, el objetivo del gobernador se desvirtuó. Por un lado, tenía a la más poderosa, temida e imbatible defensa. Por el otro, sus pistoleros impusieron el terror y la violencia. Mataban a diestra y siniestra más por gusto que por defensa de su jefe. Las cosas llegaron a tal grado que se desparramó entre susurros el comentario de que "Los Chemitas" convirtieron la Laguna Salada en su panteón particular y

347

clandestino. Así, nadie se daba cuenta de su escabechina. Ni los deudos. Por eso Trujillo escribió acertadamente que actuaban en forma "tan ilegal como la de las mafias que combatían", y así las cosas: "el remedio resultó peor que la enfermedad".

La historia deja ver cómo el poder creó una fuerza al servicio del gobernante nada más y sin control de nadie. Por eso hacían lo que les pegaba en gana. Y Braulio, montado en el gozo del poder, les perdonaba todo a sus gatilleros, o en ocasiones ni siquiera se daba cuenta de lo que hacían. Trujillo recuperó de la historia las líneas de un editorial del primer periódico ABC que hubo en Tijuana. Fueron demoledoras: "Nunca soñamos que Baja California llegara a estas alturas; pocas son las personas que no se encuentran inseguras y con falta de garantías; llegará el día en que cada ciudadano tendrá que andar armado para darse protección a sí mismo".

Otros gobernadores no estuvieron a salvo de ese problema. Ciertos policías, en el sexenio del ingeniero Eligio Esquivel, segundo gobernante, dieron muerte a tubazos en el cráneo al periodista Carlos Estrada Sastré en su cuarto del hotel Arreola de la avenida Revolución de Tijuana. Jesús Medina Fuentes hacía eso que por suciedad llaman el trabajo de cañería en el sexenio de Roberto de la Madrid. El espionaje fue su especialidad.

En el gobierno del licenciado Xicoténcatl Leyva Mortera abundaron los malos ejemplos: Luis David Bolaños Cámara y Arturo Alcocer Ahedo en la Policía Judicial del Estado cometieron barbaridad y media. Al igual que Braulio, el mandatario los mandó traer, solamente que los de Maldonado eran de Michoacán y éstos del Distrito Federal. Y es precisamente el de Xicoténcatl un antecedente más inmediato sobre la influencia de los famosos jefes de escolta. Pepe Osorio era el de Leyva Mortera y hasta se vio envuelto en un escándalo de asesinatos. No hay una precisión oficial, pero este hombre ya se dejó ver como uno de los puntos de referencia para quitar y poner agentes de la Policía Judicial del Estado.

Ernesto Ruffo, el primer gobernador panista, no estuvo a salvo de estos problemas. Carlos Félix González, uno de sus escoltas, está todavía bajo proceso por delitos federales y en meses pasados fue a parar hasta La Palma. Juan José Sánchez, otro de sus colaboradores, se vio de repente envuelto en los líos del narcotráfico cuando al mismo tiempo tenía el mando de la policía judicial. Y otra vez los jefes de escolta: Sergio Sandoval Ruvalcaba fue acusado recientemente por una multifuerza policiaca estadounidense de ser uno de los principales miembros del cártel de Tijuana. Ocupó la dirección de protección personal del licenciado Juan Francisco Franco cuando fue procurador de Ruffo. Igual que otros antecesores, era de los influyentes para suspender, dar de alta o elevar de categoría a miembros de la Policía Judicial del Estado. Siempre se habló de la venta de plazas, aunque jamás se pudo comprobar.

El segundo gobierno panista no se salvó: el licenciado Héctor Terán nombró como primer procurador al licenciado José Luis Anaya Bautista, quien tenía como colaboradores a Baldomero Juvera, hombre señalado en Estados Unidos como cómplice de los Arellano Félix, y a Miguel Ruvalcaba, que también quitaba y ponía agentes.

Así, al paso de los años quedó una huella profunda de que los encargados de procurar la justicia para los ciudadanos precisamente cometían la injusticia contra ellos. Y normalmente en lo que ya es un patrón, una costumbre o una tendencia, los gobernantes o los procuradores siempre protegieron a los públicamente señalados como actores de la ilegalidad.

Un escolta del gobernador sustituto del estado, Alejandro González Alcocer, agredió a un periodista del noticiero *Sínte-*

sis, pero fueron incapaces de protegerlo durante un zipizape con los maestros el 15 de mayo. Pero el reclamo desde la policía judicial y ahora ministerial fue contra Héctor Meza Buelna, el jefe de escoltas del procurador, licenciado Marco Antonio de la Fuente Villarreal. Las acusaciones públicas no fueron investigadas sino públicamente reprochadas. Al sostenerlo en el puesto, se le colocó en la mira de sus enemigos, y al defenderlo sin comprobar los cargos contra él, encolerizó a quienes afectó. Ésa es una hipótesis que además coloca en serio predicamento a la procuraduría. Está obligada a esclarecer a plena satisfacción pública este crimen. No puede quedar en el olvido, como han quedado otros y numerosos.

También existe la hipótesis del narcotráfico. Desde 1985, en los tiempos de Xicoténcatl Leyva Mortera, el escándalo de la mafia rodeó a todos hasta la fecha, salvo el temporal gobierno del último priista, Óscar Baylón Chacón. A Ernesto Ruffo le ametrallaron la residencia donde se alojaba temporalmente su esposa en Mexicali; y a González Alcocer le sucedió lo mismo con un funcionario que se han reservado su nombre.

Públicamente, funcionarios de la procuraduría han reconocido que la policía ministerial está infiltrada por el narcotráfico. La eficacia del gobernador camina a un ritmo superado por la delincuencia, y sus promesas, evaluaciones, prioridades, programas y plazos no tuvieron ni tienen resultados. Jamás en la historia de Baja California tantas personas fueron ejecutadas y secuestradas en tan poco tiempo, ni reuniendo a todas las víctimas desde que Braulio Maldonado fue el primer gobernador.

Se reclamó una coordinación con la PGR hasta el punto de la cantaleta y finalmente la hubo. Se pidieron recursos económicos a los cuatro vientos y el gobierno federal los concedió. Se habló de preparar a más agentes y así fue. Se fijaron plazos para reducir la criminalidad y fallaron. Por si todo fuera poco, el gobernador sustituto se enoja porque los empresarios reclaman seguridad. Les respondió que lo presionan y no se dejará. El líder estatal del panismo, que siempre guardó un silencio de complicidad ante la inseguridad, de pronto gritó que se politizó el tema de la violencia en lo que podría interpretarse como profundizar más la tumba del PAN en las próximas elecciones.

Los partidos no están para acabar con la violencia. Le corresponde a los gobiernos, pero no con promesas ni con declaraciones de banqueta que solamente sirven para enojar a los ciudadanos y hacer reír a los delincuentes.

Curiosidades

Es curioso: en San Diego o en Calexico, confiscan poca droga, pero identifican, capturan y persiguen a bastantes mafiosos. Y al contrario, en Tijuana o Mexicali, decomisan mucha droga, pero detienen a muy pocos narcotraficantes. Más curioso todavía: pasando la frontera, no hay ejecuciones. En cambio, de este lado ya pasaron de 300 nada más en lo que va del año. Siguen las curiosidades: el gobierno de Estados Unidos reclama al de México a varios importantes narcotraficantes. Y el nuestro casi nunca lo hace.

Para no abundar, nada más estas tres curiosidades son como un reloj: repite su mecanismo cada 24 horas. Basándonos en los hechos, el origen de esas diferencias está básicamente en la mentalidad de los funcionarios y en la conducta de los policías. Naturalmente, en Estados Unidos no todos los encargados de combatir el narcotráfico son unas blancas palomitas. Pero definitivamente no han sido tan corruptos como en nuestro país. La razón de que allá se detengan a más personas ligadas al narcotráfico es, para empezar, que el trabajo de la policía es más técnico.

Por ejemplo, hace poco en San Diego un agente encubierto logró relacionarse con casi treinta de los principales mafiosos considerados de segundo nivel. Casi todos encargados de transportar y en ocasiones comerciar con la droga en territorio estadounidense.

El agente terminó su trabajo entregando a la autoridad las pruebas legales para detener a los delincuentes. Conocidos todos esos detalles por un fiscal, se ordenó la captura. A unos les cayeron y confiscaron valiosos bienes, desde yates hasta residencias. Otros lograron huir, pero los boletinaron y ahora les resultará más difícil operar. Ya no podrán andar libremente en la calle y deberán cuidarse de otro agente encubierto. Pero llegará el día y la hora en que serán capturados.

En México no pasa eso. Los agentes de la Procuraduría General de la República, en su gran mayoría, no realizan investigaciones ni persecuciones de tal tipo. La mayoría de las ocasiones aparecen cuando alguien les avisa sobre un cargamento de mariguana en ruta a la frontera o una persona llevando cocaína o heroína. Simplemente detienen a los sujetos, les toman su declaración y los remiten a la penitenciaría. El vehículo quedó confiscado y a veces lo usan los agentes. La droga es quemada cada determinado tiempo y punto. Se acabó. No hay una tarea de investigación. No se procura saber quién o quiénes son las personas transportadores, ni a quién servían, si tenían amigos o dónde están sus familiares. Tampoco se preocupan por sus antecedentes. Si están fichados los agregan al expediente; si no, así se va el trámite para el proceso. Nunca se investiga quién es el propietario del vehículo, o si se hace, qué ligas tiene este señor o empresa.

Así, la tarea de los policías mexicanos simplemente está a la espera de dos sucesos: que un competidor de cierta mafia les hable para denunciar a su enemigo, precisándoles hora, vehículo, lugar y cuánta droga; o bien, que el ejército mexicano en sus retenes logre la captura, como ya es costumbre, de los cargamentos más importantes casi al llegar a la frontera. El ejército logra esos descubrimientos inexplicablemente, entre comillas; los agentes de la Procuraduría General de la República o de las policías estatales no se dieron cuenta cuando salió la carga desde Michoacán, Jalisco o el Distrito Federal. Tranquilamente recorrió unos tres mil kilómetros de carretera sin problemas. Ésa es una clara evidencia de la corrupción.

En tales condiciones, la PGR sólo captura a los mafiosos de más bajo nivel y a veces hasta pobres inocentes que fueron sorprendidos para transportar droga sin imaginar llevarla.

Así, en esto de investigar y perseguir, la PGR no puede afirmar que es un secreto y por eso no lo informa. En realidad no hay referencia de una acción realmente organizada para capturar a los principales mafiosos de este país o a sus segundos de a bordo. Los hechos lo demuestran. No hay capturas importantes. Todo se remite a las infanterías de la mafia.

Es más, cuando esas personas capturadas conduciendo un camión son encarceladas y sentenciadas, curiosamente nunca les falta nada cuando cumplen la sentencia porque los mafiosos se encargan de proporcionar el dinero necesario a ellos en prisión y a su familia en libertad. Por eso muchos tienen a su parentela y todas las comodidades. Pero eso no se investiga. La ausencia de investigación les permite comodidad en la PGR. Por ejemplo, ya pasaron de 300 las personas ejecutadas en Baja California nada más en lo que va del año. Para cualquier ciudadano está claro: fueron por narcotráfico.

Legalmente la policía estatal debe investigar esos casos, pero no lo hace por estar ligada a la mafia o ciertos agentes no quieren correr el riesgo de ser asesinados si emprenden con todas las de la ley una investigación que, entre paréntesis, les sería más fácil desarrollar y terminar porque saben perfectamente dónde están y cómo operan los mafiosos. Entonces la PGR no interviene porque su similar del estado no puede fundamentar los hechos para consignarlos al terreno federal y eso se ha convertido —como dice la vieja frase— en un disco rayado.

Así, por un lado tenemos a una policía estatal incapaz o ligada con el narcotráfico. Y por el otro a una federal indiferente y, figuradamente, lista a cachar lo que le caiga. La prueba de que no existe una investigación sobre la operación del narcotráfico es que, mientras Estados Unidos sabe hasta el más mínimo detalle de los mafiosos mexicanos, de este lado nuestra policía ignora los movimientos del narcotráfico estadounidense. Por eso ellos se dan el lujo de exigir a nuestra país la extradición de este o aquel delincuente especialmente cuando está libre, mientras los mexicanos no actúan en la misma medida.

El señor general de división don Rigoberto Castillejos declaró a la prensa con tono terminante que los hermanos Arellano Félix no están aquí. Comandante de la II Región Militar con residencia en Mexicali, encabeza una estrategia que ha logrado los más importantes decomisos en toda la historia de Baja California. Los reporteros que entrevistaron al señor general en uno de esos clásicos banquetazos reporteriles en Mexicali no le preguntaron por qué lo aseguraba ni si sabía dónde se encontraban. Pero la afirmación del señor militar fue contundente y confirma lo siempre anotado en *Zeta*: viven en Estados Unidos.

¿Por qué no los capturan allá? Yo los considero los jefes más inteligentes de su organización criminal.

Debutantes en el narcotráfico desde 1985, en los catorce años de su negocio han caído prisioneros Rafael Caro Quintero, José Contreras Subías, Joaquín "El Chapo" Guzmán, Miguel Ángel Félix Gallardo, Héctor "El Güero" Palma y hasta Juan García Ábrego. Pero no los Arellano, salvo uno de sus hermanos, Francisco, el 5 de diciembre de 1992 en Tijuana. Ni siquiera el FBI había podido: ubicó a Ramón como uno de los hombres más buscados en Estados Unidos y hasta ofreció una recompensa a quien lo denuncie.

Si Estados Unidos reclama con tanta exigencia extraditar a quienes introducen droga a su territorio y están en el nuestro, justo es reclamar a los estadounidenses la captura y extradición de los Arellano si se encuentran al otro lado de la línea. El señor general Castillejos, como siempre, está hablando en serio.

El gobierno mexicano debe actuar en el mismo sentido.

La diferencia

Durante nueve meses de persecución, el gobierno estatal de Nuevo León gastó 120 mil pesos para capturar a un narcotraficante y asesino. Después de seguirle los pasos por Saltillo, Cuernavaca, el Distrito Federal y hasta Chicago, lo ubicaron en Acapulco y desde allí pidieron refuerzos a su comandante, que se los mandó hasta sumar entre diez y doce agentes. Así detuvieron al pistolero José Ramón Pérez Nogueda. Tiene 20 años y le dicen "El Monche".

Armando Márquez Hernández fue su víctima. El asesinato alarmó a los regiomontanos. Para quienes conocen Monterrey, El Rey del Cabrito, en Gonzalitos, es un concurrido y famoso restaurante. Saliendo de allí y a punto de subirse a un taxi, Márquez fue ejecutado a balazos a la hora de la comida, cuando más concurrido estaba el lugar. Asesinatos así, pocos en Monterrey. Por eso el gobierno estatal puso empeño y tuvo éxito. Narcotráfico fue el motivo y los policías lo sabían. Armando no le pagó a "El Monche" droga valuada en 300 mil pesos. Pero si el homicida pertenecía a una banda y el comprador a otra, eso no le interesó a la autoridad. Tampoco los atemorizó. Simplemente cumplieron con su deber: perseguirlo, encarcelarlo y someterlo a proceso.

Es preciso recalcar que el de Nuevo León también es gobierno panista. Pero contrario al de Baja California cuando sucedió este crimen y otros, no se deshicieron en pretextos, ni escondieron su ineptitud culpando a la Procuraduría General de la República. Tampoco anduvieron con esa cantaleta de la "coordinación policiaca en los tres niveles". Simplemente se pusieron a trabajar y tuvieron éxito.

El 20 de enero, también Arturo Flores Loera fue capturado como testigo principal de la famosa ejecución del abogado Leopoldo del Real, cometida en el interior del restaurante Florian, frente al centro de convenciones Cintermex. Tampoco pusieron pretextos ni se asustaron por los motivos, menos cuando el testigo dio nombres empezando con el del ex gobernador del estado, licenciado Sócrates Rizzo, el ex procurador del estado, licenciado David Cantú, a quien extraditaron de España. Y cuando dijo que otro relacionado es el ex comandante de la Judicial Federal, Guillermo González Calderoni, afamado por sus relaciones con el narcotráfico, luego prisionero en Texas y finalmente asesinado.

A pesar de que en este caso los testigos han muerto inexplicablemente, el gobernador, licenciado Fernando Canales Clariond, sigue respondiendo con hechos al reclamo de los regiomontanos para aclarar y acabar con el crimen. Esta actitud, desde la distancia, se aprecia como la de un hombre empeñado en atender la demanda ciudadana, y en gobernados exigiendo el cumplimiento de la ley.

Eso no se ve en Baja California, pero nos revela algo muy especial: ya experimentamos con buenos y malos priistas, pero ni ellos ni los panistas en particular son garantía de hacer buen gobierno. En estos momentos, entre el de Baja California y el de Nuevo León la diferencia está clara y se llama gobernador. Así es, gobernador en toda la extensión de la palabra. Y lo que paralelamente cuenta son capacidad y efectividad. Ahora bien, si se toma primero como base el empeño y la decisión de la policía, luego el tiempo y el gasto de 120 mil pesos por capturar a un ejecutor, costarían entonces 2 millones 400 mil pesos detener a 20 asesinos. Si los referimos con el actual presupuesto de la Procuraduría General de Justicia del Estado de Baja California, que son 348 millones 480 mil pesos, entonces la lógica indica hay que tanto dinero como para capturar a los asesinos de este y el pasado gobierno. Bueno, dinero sobra, lo que hace falta es voluntad. Y siendo Nuevo León un estado industrializado superior a Baja California, ello significa la existencia y movilización de un gran número de empresarios que, tengan o no sus guardaespaldas, no son víctimas continuas del secuestro como sucede en Baja California.

En fin, los hechos nos demuestran que la diferencia está en el hombre, no en el partido. Una confirmación a esa realidad son los casos de Sinaloa y Tamaulipas. El señor Juan Sigfrido Millán tomó posesión como gobernador del estado de Sinaloa el 1 de enero. Hasta el domingo 14 de febrero ya eran 80 las personas ejecutadas. Sí, 80 y aparentemente por motivos de narcotráfico. Aparte, el hermano del secretario de Gobernación estuvo a punto de ser secuestrado. Se salvó gracias a sus escoltas, que mataron a dos de los delincuentes. Pero el señor Millán, con todo y ser del PRI, ni lo dejan los matones, ni puede gobernar. La diferencia de Sinaloa con Baja California es que contrario a Tijuana o Mexicali, en Culiacán ya salieron a protestar por las calles miles y miles de sinaloenses. No los encabezó ningún político, menos un partido. Fueron simplemente los ciudadanos que votaron por Millán y sienten que no les responde.

Otro caso es el de Tamaulipas. Tomás Yarrington es del PRI. En cuanto lo llegó, acordó reducir de doce a cinco las secretarías estatales. Y de mil 500 empleados de confianza que tenía el gobierno ordenó la reducción hasta 600. Simplemente dijo: "No va a pasar nada. Es gente que cada seis años llega, pero ahora no van a estar. Los que por su capacidad tengan que permanecer, se quedan". Así Yarrington se quedó solamente con las secretarías General de Gobierno, de Finanzas y Administración, Desarrollo Social, Desarrollo Económico y Desarrollo Urbano. La procuraduría no quedó en ese nivel, tampoco la contraloría. Contrario a esa medida en Baja California se aumentó la Secretaría del Desarrollo Social y elevaron la contratación de personal, dejándose ver una gran preferencia del gobernador por "tijuanizar" el gabinete.

Independientemente de la promesa para fomentar empleo e inversión, Yarrington se comprometió a resolver la inseguridad, la corrupción y el narcotráfico, como una garantía para el mejor desenvolvimiento empresarial. Esto es también opuesto a lo que sucede en Baja California. Los recientes secuestros de notables personajes de Mexicali y los pasados pero callados de tijuanenses así lo demuestran. Entonces, está claro: ningún partido puede garantizar un buen gobierno si no pone por enfrente a un hombre capaz.

La quema

A cada rato se ve en las películas el montoncito de polvo blanco. No llega ni a un puño. Casi siempre sobre mesa de centro con cubierta de vidrio, a veces en cuidado y pequeño espejo. Con tarjeta de crédito o navaja para rasurar "cortan" la polvorienta porción. Forman las llamadas "rayas" o "líneas". Enseguida sacan un billete. Lo enrollan como popote para tomar bebidas heladas, un extremo en cualquier fosa nasal, otro sobre el polvo. Aspiran de un golpe profundo. Al hacerlo cierran los ojos por el efecto inmediato. Lo sienten como dardo, doloroso primero, satisfactorio luego. Les llega hasta la coronilla. Baja para desparramarse por todo el cuerpo. Echan la cabeza hacia atrás sacudiéndola. Se enderezan. Retoman la mirada llenos de satisfacción. Con pulgar e índice aprietan la nariz como si tuvieran catarro. Se la restriegan gozosos.

Simulan muy bien así en las películas cómo consumen cocaína. Es el famoso "pericazo" o "pase". No faltan las escenas tradicionales. El ricacho en su residencia o auto último modelo. Siempre con una belleza al lado, copa de champaña, inhalador como los de vick-vaporub. A veces de metal, pero según eso lleno de cocaína. Así alejan las sospechas porque no se manchan la vestimenta ni les queda empolvada la nariz. También hay las escenas tradicionales: jovencitos de familias pudientes consumiendo en casa de alguno. El o la viciosa en el baño de un restaurante, bar o discoteca saca su sobrecito con el polvo a un lado del lavabo frente al espejo. Como que les gusta mirarse. Otros y otras no tan descarados se encierran en los privados. Inhalación en vez de evacuación.

Se tiene la impresión de blancura en la cocaína y eso nada más porque se ve en el cine, a veces en los telediarios. Hasta parece costumbre o ritual. Un policía descubre y muestra el paquete con la droga. Agujerea con navaja. Saca poquita para mostrarla al camarógrafo. Y si es drama, se moja el índice con la lengua. Luego lo embarra con cocaína. Y vuelve a la boca para decir muy ceremoniosamente: "es de la buena" o "no sirve".

En las películas el transporte de la coca se remite a valijas tipo ejecutivo rellenas con bolsas de plástico. Regularmente la intercambian por otra repleta de dólares, nunca moneda nacional. Los cinéfilos vieron en *Traffic* cómo figuras aparentemente de yeso fueron disueltas en agua y resultaron ser de cocaína. Catherine Zeta-Jones escenifica ese momento, pero también sucede en la realidad. Tanto como en aquella inolvidable película *Contacto en Francia*. Hay otras anécdotas periodísticas y novelescas. Muy repetida aquélla de la imagen religiosa transportada de una ciudad a otra. Por respeto, la policía ni siquiera la revisa. Pero en realidad va rellena de cocaína, realidad que se lleva a la ficción muy manoseada.

También le cantan a la cocaína. En ese terreno don Luis Astorga es un experto investigador de la Universidad Nacional Autónoma de México. Cierta ocasión me regaló un bien presentado folleto de su autoría, puritita cátedra sobre los narcocorridos. Por eso supe que en los años cuarenta surgió esa moda con "Carga blanca", compuesta por Manuel C. Valdés. Luego hay una larga nómina: "Entre hierba, polvo y plomo" y "Polvo maldito" fueron muy tarareados en los setenta. También "La banda del carro rojo", aparte "La piedrita colombiana". Mario Quintero Lara compuso "Mis tres animales".

De Octavio Ventura es "Entre polvo y metralletas"; sin autor, "Polvo colombiano". Y los que sí la tienen "Operación pesada", "El alacrán", "El cártel de a kilo", "Clave nueva", "Líneas de a metro", "Nariz de a gramo", "Me gusta ponerle al polvo", "Pista secreta", "La piñata", "La mesa servida", "El rey de la mafia", "El puño de polvo" y para no seguir más, "El corrido de Amado Carrillo".

Hay desdichados falsificando o adulterando la cocaína más de la cuenta. Causa más daño así que legítima. Tramposos, de poca hacen mucha o de mucha el doble como si fuera pura. En Estados Unidos le dicen "La Marrón" a la mexicana porque es un 25 por ciento de pureza. "La China" tiene más calidad: 80 por ciento. Y de la legítima es peligroso consumir más de la cuenta: mata.

"Rebajando" la cocaína es como los narcos "poquiteros" la reparten gratis en las escuelas para enviciar a los jóvenes. Es una práctica desde hace tanto tiempo y harto sabida, pero inexplicablemente no combatida por la autoridad. El licenciado Federico Benítez se dio cuenta cuando era director de Seguridad Pública en Tijuana. Año de 1994. La mafia se le acercó para llegar a un arreglo. Los rechazó y por eso fue ejecutado. Los narcotraficantes son tan poderosos que su crimen jamás fue investigado a fondo. Y eso que prestó sus servicios hasta morir a un gobierno panista. No le movieron.

Varias veces asistí a "la quema" de droga organizada por la Procuraduría General de la República en Tijuana. La presentan amontonada. Hasta tienen una especie de horno a cielo abierto. Y desde la distancia, con un largo mango de madera o cierto dispositivo eléctrico, inician la incineración. De lejos se ve el polvo blanco, pero he sabido que en muchas ocasiones no es realmente cocaína. La cambian por talco, harina o carbonato. Naturalmente, los agentes se quedan con la droga. Pero nunca si es de algún poderoso cártel. Porque entonces si les irá muy mal.

La destacada periodista Alejandra Xanic escribió un excelente reporte para la Sociedad Interamericana de Prensa. Julio de 2001 para más señas. En la tercera de las seis páginas me llamó la atención un párrafo: "Hace unos años la prensa fue llamada a presenciar la quema de un decomiso de droga supuestamente arrebatado al cártel de Juárez. Presentes los altos mandos de la Policía Judicial. Era un duro revés a la organización criminal, consignó el boletín oficial. Pero el testimonio que rindió tiempo después un testigo protegido de Estados Unidos durante un juicio en Houston, Texas, traería abajo la mentira. Lo que se consumió en el fuego no fue la cocaína decomisada (que él mismo ayudó a cargar en camiones, por orden de su superior), sino cajas repletas con madera y salpicadas por fuera con talco para bebés".

Pregunté y me dijeron detectives de Estados Unidos: también queman toda la droga, pero no públicamente. Utilizan hornos de compañías privadas. Primero es analizada científicamente. Elaboran un certificado de validez. Lo firman representantes de los gobiernos federal y estatal incluido el Departamento del Tesoro, un representante del FBI, naturalmente del escuadrón antidrogas DEA, policías de la región y el condado; en fin, una certificación. Y todos presentes en la incineración. Pero en México, si un documento así lo firma el delegado de la PGR, el jefe de la policía federal o ministerial, indudablemente se trata de falsedad.

La carreta

No sabía este cuento. Se lo escuché a mi amigo Guillermo: cierta mañana un joven fue invitado por su padre: "Vamos a pasear al bosque". Complacido, aceptó. Luego de una media hora de camino pararon en una curva de la vereda. De repente, el señor se llevó el índice a los labios en señal de "sssshhhh". Puso la mano izquierda sobre el pecho del joven para detener su paso. Se engarrotaron. Entonces y con voz suavecita el caballero preguntó: "Aparte de los pajaritos cantando, ¿escuchas algo más?". El joven paró oreja y rapidito respondió:

—¡Una carreta!

—Exactamente. Pero… es una carreta vacía.

—¿Y cómo sabes que está vacía?

—Muy fácil, entre más vacía está, mayor el ruido que hace.

Esta lección de la vida jamás la olvidó el chavalo. Por eso ahora adulto la recuerda cuando está cerca de una persona y ésta no para de hablar casi a voz en cuello. O interrumpe la conversación de otros, es inoportuna, presume hasta de lo que no sabe ni tiene. Entonces es cuando el chamaco aquel recuerda a su padre: "Cuanto más vacía la carreta, mayor ruido hace".

El reciente cacareado "congelamiento" de cuentas bancarias a mexicanos en Estados Unidos me recordó la vivencia. El anuncio del Departamento de Estado sonó a carreta vacía. Primero, el gobierno estadounidense no informó cuánto dinero hay en los depósitos paralizados ni en qué bancos. Indudablemente así lo dicta el sistema, aunque la verdad, me suena a chapuza. Para empezar estoy segurísimo: ni reuniendo el dinero de todas esas personas, depositado o no, se compara con los millones de millones propiedad de los Arellano Félix. Así de fácil. Además, ni un solo centavo de lo "congelado" es de ellos. Tampoco son dueños ni socios de las empresas mentadas. Únicamente existe parentesco con Enedina, que entre paréntesis es una buena administradora, pero no opera directamente en el cártel. Con los demás publicitados, los Arellano solamente tienen relación.

Funcionan más o menos así: el cártel Arellano Félix se puede comparar con una fábrica de computadoras. Las arman en México, Hong Kong, China o cualquier otro país. Igual que los tenis Nike. Pero la matriz escoge en todo el mundo a sus distribuidores basados en nombre, experiencia y respetabilidad. También son recomendados. A veces los financian cuando inician operaciones, y luego, en un trato normal, les conceden descuentos o amplían el crédito. Pero si los distribuidores en México, Hong Kong, China o cualquier otro país no pagan impuestos, rentas o fraudean, eso no es culpa de los fabricantes ni son afectados. Como tampoco si el representante vende billete tras billete 20, 30 o más computadoras a una mafia. Eso no los convierte en mafiosos. Vayamos al extremo; si un distribuidor mata a una persona por accidente automovilístico, los fabricantes no pueden ser calificados homicidas por imprudencia.

En el caso de los "congelados", no puede negarse. Todos o casi todos fueron "financiados" originalmente por la mafia. Crearon o compraron negocios. Luego el cártel los utilizó para "lavar" billetes. Pero fue como recibir computadoras y venderlas. Obtuvieron utilidades. Y ésas son las que había en los bancos, no dinero de los Arellano Félix. Actualmente, esos negocios de cuentas "congeladas" no tienen capacidad para transformar millones y millones de dólares. Por eso hay tantas casas de cambio. Por eso enormes hoteles lujosos sin huéspedes. Y aquí es donde aparece un punto muy interesante: pasaron más de 15 años y el gobierno de Estados Unidos falló: no se dio cuenta o no quiso saber que las ganancias del narcotráfico entraron fácilmente a sus bancos. Y el gobierno mexicano no tuvo capacidad o recibió mucho soborno para liberar al hotel Oasis. Tres veces lo incautó y otras tantas lo devolvió "legalmente". Para qué hacerse. En Tijuana particularmente todo mundo sabíamos y sabemos a qué se dedican las personas y en qué utilizan sus empresas. Nombres y negocios de algunos fueron publicados desde hace mucho tiempo. No son novedad.

Algo me parece curioso: pongámoslo en el punto realista. Las autoridades estadounidenses investigaron, les llevó mucho tiempo, descubrieron las cuentas bancarias y hasta allí todo irreprochable. Pero ¿por qué no esperar a los dueños del dinero cuando se presentaran a los bancos y detenerlos? No les hubiera costado nada, al contrario, facilito. Me mortifica mucho si no los capturaron a propósito y por temor a los Arellano Félix.

Recuerdo hace años la famosa "Operación Casablanca". Fue trama del gobierno estadounidense. Investigaron a un puñado de banqueros mexicanos. Según eso, eran "lavadólares". Haciéndose pasar como inversionistas, agentes del Departamento del Tesoro los invitaron a Las Vegas. Les hicieron gran fiesta en el hotel Casablanca, de allí el nombre de la operación. Cuando estaban a todo lo que daban, fueron detenidos, como en las películas. Luego los enjuiciaron, sentenciaron y están presos. No tuvieron una defensa legal efectiva.

En tales casos, los abogados en Estados Unidos cotizan mínimo 450 dólares-hora. Con todo y ser banqueros, no disponían de tanto dinero. Lo raro en esa ocasión. Capturaron con engaños a los supuestos "lavadólares", pero no a los dueños del dinero. Tampoco investigaron el origen y destino de la billetiza.

Al parejo, el gobierno mexicano sabía bien todo y no hizo nada. Esto del dinero mafioso siempre parece que trae anuncio con iluminación especial. Alguna ocasión escribí sobre el caso Monterrey. Indirectamente, el cártel Arellano Félix rentó costosas residencias en las zonas más pudientes. Fue plenamente comprobado. Inscribieron a sus hijas en escuelas costosas. Se probó absolutamente. Por eso los habitantes de tales chalets abandonaron la ciudad. El descubrimiento indignó a ciertos políticos regiomontanos. En vez de reconocer e investigar, negaron necios la realidad. Nunca investigaron por y de dónde habían llegado los arrendatarios; quién los recomendó o fue su aval; a qué nombre extendían los recibos de alquiler; cómo inscribieron a sus pequeñas en las escuelas, recomendadas o no; cuándo y a qué horas cubrían la colegiatura; tampoco origen, manejo y destino de sus billetes; si los recibían al contado o por traspasos bancarios. Nada.

Lamentablemente y con razón, los Arellano Félix podrían decir como don Manuel Bernardo Aguirre cuando era gobernador de Chihuahua: "Esto ni nos daña ni nos perjudica, sino todo lo contrario". Por eso a mí las operaciones "Casablanca" y "congelamiento" me siguen sonando a carreta vacía.

Tres

El licenciado Odín Gutiérrez tenía cuerpo de basquetbolista. Me lo imagino sobre la cancha, corriendo, frenándose, abriendo el compás, medio agachado y controlando el balón. Con la mirada hacia todos lados, ubicando muy bien a los compañeros y competidores, jugando más con la cabeza que con fibra. Sin hacerle caso a la gritería de los espectadores y concentrado en las instrucciones de su entrenador. Tenía la estatura para llegarle fácil a la canasta o para impedir que le llegaran. Se me hace que si hubiera coincidido en tiempo y lugar cuando los famosos "Dragones" de Tijuana, ahorita sería uno de sus históricos estrellas. Creo que le ayudaba mucho la condición física. Por lo menos nunca le vi fumar ni tomar. Se desvelaba por razones de su trabajo detectivesco, pero hasta allí nada más.

Nadie me presentó con Odín en un encuentro, cara a cara, saludo de por medio, ni formalmente. Simplemente un mutuo amigo nos habló a cada uno por separado y fijó día, hora y lugar para reunirnos. Fines de 1994. A mí —y supongo que a él— me convenció el argumento de nuestro camarada: "Es conveniente que se conozcan, que cambien impresiones".

Para el caso le llamé por teléfono, precisamente cuando esperaba mi llamada. Quedamos que pasaría por mí, detendría su auto frente a *Zeta* y me subiría. Lo hice pensando que iríamos a tomar un café por allí, pero simplemente anduvimos dando vueltas en su carro cerca de nuestra oficina. Lo primero que me cayó bien de Odín fue que no me hiciera referencia a que su padre Armando Gutiérrez Zamora es periodista. Me imagino que bien sabía del trato entre su jefe y yo cuando reportábamos hace treinta y tantos años. El día que le pregunté por él, lo reconoció con orgullo. Fue breve, pero como dicen por allí, sustancioso. No utilizó el tema ni me dio oportunidad para de allí partir una relación basada en la amistad con su padre. No sé si después de nuestro primer encuentro se lo platicó a Gutiérrez Zamora. Pero ni éste me habló para referírmelo ni jamás su hijo tocó el asunto.

Por su trabajo en la procuraduría de justicia estatal y su nombre, Odín me llamó la atención. Las primeras referencias que tuve resultaron optimistas: "Es un buen muchacho" o "fue muy aplicado en la universidad" y "lo escogieron por honrado". Es que el licenciado Ernesto Ruffo Appel, gobernando, lo nombró fiscal especial, para que nada más tratara asuntos delicados. Y se metía en ellos hasta el fondo.

Estoy seguro de que Ruffo no tenía pensado perseguir a los mafiosos porque no era ni es función estatal. En ese terreno como en otros se cuidaba mucho de no tener más enfrentamientos de los que le sobraban con la Federación salinista. Pero se vio obligado porque los señores del narcotráfico ni le tocaron la puerta: se metieron a la sala y casi llegaron a la cocina. Utilizaron primero a un jefe de la policía judicial y luego directamente a la procuraduría.

A Ruffo, como gobernador panista, no le hacían caso en la PGR y por eso buscó las pruebas y turnarles los asuntos, para demostrarles que los crímenes no eran nada más porque sí. Eran de la meritita mafia. Recuerdo que decía: "todos los asesinatos apuntan a la Policía Judicial Federal". Estaba plenamente convencido. Me imagino que entre otras cosas por eso comisionó a Odín. Y lo hizo conociendo primero su efectividad como investigador apoyada por sus estudios en Leyes. Tenía como antecedente la solución a un secuestro importante. Luego le "tomó la medida" a estos delincuentes. Los capturaba cuando planeaban el delito o después de que lo cometían. Pero no era por casualidad, sino por una minuciosa tarea acompañada de una mezcla de terquedad, entrega y pasión.

Sé que a los policías viejos no les caía muy bien. Primero porque no se movía al ritmo de ellos ni caminaba por la misma ruta. Y segundo, porque se dedicaba de lleno a su chamba. No le ponía peros. A lo mejor y por eso le pusieron su oficina fuera de la judicial del estado. Y tal vez por lo mismo hasta el procurador y licenciado Pedro Raúl Vidal Rosas no quería ni tratarlo. Me consta porque un día vi un oficio que firmó, dirigido al subprocurador en Tijuana, donde le dio instrucciones para no saber nada de Odín y —más o menos— "de la información de marras" que traía entre manos.

Cuando Odín y yo platicamos, nunca fue en el mismo lugar. A veces pasaba por mí y en otras yo iba en mi auto hasta donde estaba el suyo y cambiaba. En principio lo sentí exagerado. Me parecía como de película. Tuve muchos encuentros con otros policías tanto del estado como federales y hasta estadounidenses, pero nunca en esa forma. Mas sucedió entonces algo que nunca olvidaré. Cada vez que nos reuníamos se refirió a situaciones de las que en los últimos años nunca escuché a ningún policía estatal hablar así. Se trataba de asuntos que no eran precisamente un secreto, pero que no se acostumbraban tratar, y menos con un periodista. Indudablemente estaba pisando terrenos que sus compañeros de la procuraduría conocían, pero no se atrevían a caminar. Tal vez esa situación, mezclada con la delicadeza de los asuntos que traía y el tener que tratar directamente con el gobernador y no con el procurador, lo volvieron más reservado.

Entonces noté dos cosas: una, empecé a verlo más tenso. Y la otra, no sé si fue temor o precaución: cortaba cartucho a su escuadra, creo que era una .9 milímetros y la ponía bajo el muslo cuando iba manejando el auto. Creo que hubiera sido mejor tenerla a un lado. En caso de emergencia sería más rápido tomarla que sacarla de entre la pierna y el asiento. Podía disparársele en la prisa. Se lo dije alguna vez, pero no hizo caso. Él quería traerla así y ni modo. Y cuando iba al volante, no dejaba de ver por el espejo central interior o por el lateral exterior. Movía la cabeza como periscopio. Nunca me lo dijo ni necesitaba preguntárselo, pero era señal de saberse vigilado, de que le andaban siguiendo los pasos, de que no confiaba.

Para mí fue una señal más de que le hacía falta un apoyo. No solamente policiaco y de confianza. También con quien desahogarse. Por un lado, Ruffo no lo podía atender todos los días. Y por el otro, creo que no quiso preocupar a su padre. Dejamos de platicar antes de terminar el gobierno de Ruffo. La verdad, no sé si por su presión o mi desacostumbrado trato en tales condiciones. Nuestras entrevistas empezaron a brincar de un lado a otro, caíamos en la discusión y luego no podíamos encaminarnos a la conclusión. Las posturas se polarizaron. Nos amachamos. Además, lo sentí muy presionado. Publiqué lo que en ese momento sabía y aunque él no estaba de acuerdo, lo respetó y viceversa.

A principios de 1995 dejamos de vernos. Sin decírnoslo, creo que los dos comprendimos. Ya no tenía caso seguir platicando si aquello en lugar de intercambio de opiniones se convertía en diferencias. Pero no por ello tuvo tropiezos. Al contrario, se metió con más ganas a la investigación. Cuando vino el cambio de gobierno, en lo personal no me gustó que el licenciado Héctor Terán Terán retirara a Odín de la fiscalía especial. No sé ni me consta si Ruffo le informó o si el nuevo gobernador preguntó. Siempre he pensado que cuando hay un relevo de mandatarios y se hace en santa paz, pueden confiarse muchas cosas y darle continuidad a más. Pero creo que, en el caso de Odín, cambiarlo de posición era tan delicado como quitarle autoridad, placa y pistola para dejarlo como tiro al blanco de los malosos.

Después supe, en cortas pláticas con su padre, que personalmente le pidió a Odín dejar esa chamba. Gutiérrez Zamora sabía: por más derecho que fuera su hijo y buenas intenciones las suyas, no podría cambiar el mundo. Había muchos intereses. El padre lo sabía. Tantos años en el periodismo le enseñaron los lados de la verdad y la mentira. O como decía el veterano agente judicial Baldomero Juvera: "Si quieres llegar a policía viejo, hazte pendejo".

Cuando retiraron a Odín de la fiscalía especial y lo mandaron a un puesto de la procuraduría, me imagino que no estaba a gusto, que traía la inquietud por dentro. De todas formas, ya no volvimos ni a vernos ni a hablarnos. No había motivo para reunirnos.

El 3 de enero de 1997, mi compañero Héctor Javier González me llamó por su celular. Estaba en el lugar donde varios sicarios acabaron horrorosamente con Odín. Acostumbrado en este trabajo a saber de malas nuevas, en esa ocasión me dolió. Más cuando me enteré cómo lo emboscaron, cómo se defendió y cómo terminó. Si alguien supo quién le disparó fue Odín desde el momento mismo en que sacó su pistola para defenderse. Indudablemente, le miró a los ojos. Pero el que estaba enfrente traía una ametralladora y lo acompañaban otros. Le superaban en capacidad de armamento y en número. Empezando por la policía, me imagino que sabían y saben quién mandó a los sicarios.

Originalmente, el gobierno teranista ordenó que agentes judiciales lo custodiaran. Pero los retiraron porque no los quiso. Con esa justificación salió el procurador José Luis Anaya luego que mataron a Odín. Creo que no fue y no es pretexto válido. Primero, porque Anaya daba las órdenes y no el ex fiscal Gutiérrez. Una cosa fue que no quisiera vigilancia y otra proporcionársela sin que se diera cuenta. Y segundo, lo más importante: cierta persona hasta hoy no identificada advirtió personalmente al procurador la desgracia que le esperaba a Odín. El propio Anaya lo confesó luego del asesinato. Todo esto fortalece las hipótesis de que se pudo pero no se quiso investigar lo de Odín. Sobraban pistas, faltó decisión.

El primer lunes de enero se cumplirán años de tan monstruosa ejecución. Al licenciado Joaquín Báez Lugo lo conocí en 1979. Era pasante y tenía fama de ser un buen alumno de su generación. Por eso el licenciado Rodolfo Carrillo Barragán, que era su maestro en la facultad, se lo llevó a su despacho.

Recién quedé en el desempleo cuando nos cerraron el periódico *ABC*; todos los días, seguido por agentes de la policía judicial que me vigilaban por órdenes del gobernador, iba de cajón a dos partes: al despacho del licenciado Carlos R. Estrada García, en la calle Guanajuato, entre Agua Caliente y Brasil. Era nuestro abogado. Con él comentaba los pormenores de nuestro reclamo y sentíamos cada vez el peso de la represión. Luego llegaba a la oficina de Carrillo Barragán, frente al cine Roble en la calle Sexta, entre Revolución y Constitución, entonces asociado con los licenciados Luna y Salcido. Allí leía los periódicos del día. Comentaba algunos sucesos con los abogados, con la inolvidable Norma y fue donde conocí a Joaquín.

Le gustaba mucho leer *Proceso* y ése era normalmente el tema de nuestras rápidas pláticas. Luego me comentaba sobre algunos libros. Luego, titulado y de lleno en la abogacía, me regalaba de vez en cuando alguna novedad. Cuando los periodistas se me vinieron encima, especialmente con una serie de columnas perversas en *El Mexicano*, *El Heraldo* y lo que sobraba del ABC, elaboró una denuncia penal federal por su iniciativa. Me dijo que había elementos para encarcelar a los autores. Pero le expliqué por qué no hacerlo: convertiría a mis enemigos en víctimas. Lo aceptó y seguimos nuestra amistad. Jamás me habló de sus asuntos ni yo le pregunté.

Dos que tres semanas antes de su asesinato coincidimos cuando yo llegaba a mi casa. Nos saludamos. Iba con su pequeño hijo. Platicamos rápidamente de algunos libros. No lo volví a ver. Un amigo mutuo me llamó minutos después que lo ejecutaron al salir de la Plaza Financiera. No me cabía en la cabeza ¿por qué a él? Luego supe por mis compañeros reporteros y editores sobre la forma en que lo mataron. Vi las fotos y solamente pensé: "Profesionales". Y recordé a Odín. También Joaquín le vio la cara a sus asesinos. Por eso quiso meter reversa a su camioneta. Los conocía. Y también como en el caso del ex fiscal, la policía supo inmediatamente quiénes fueron y de dónde partió la orden, pero igualmente prefirieron no investigar.

¿Que Joaquín era abogado de los Arellano Félix? Así lo publicaron. Unos con un tono de "se lo merecía" y otros como hipótesis. Estoy seguro de que si se buscara en su oficina, no se encontraría en ningún documento el nombre de los jefes del cártel. Pero sí el caso del famoso hotel Oasis que manejó y sufrió dos reveses. El último, antes de su ejecución, supe que lo tenía muy preocupado. Mucho. Creo que Odín como Joaquín, abogados, en los extremos opuestos de la profesión, no merecían el fin que tuvieron. Aunque, suponiendo sin conceder, se hubieran equivocado en su tarea.

¿Qué hizo o qué no hizo José Contreras Subías para que lo ejecutaran también a punta de ametralladora y en Tijuana? Se llevó las razones con él. Y como Odín y Joaquín, también le vio la cara a sus asesinos. Hasta donde sé, le hablaron, huyó, lo persiguieron y le alcanzaron a las puertas de su casa, donde fue muerto a balazos. El suyo es un caso más dramático: su madre lo acompañaba y vio cómo lo asesinaron.

José, o don José, como le decían, fue narcotraficante. Pero catorce años en prisión lo hicieron no volver a ese quehacer. Por el contrario, se volvió tan espiritual que hasta a ministro llegó. Cuando abandonó la prisión, hice la lucha para hablar con él y no quiso. Todo lo contrario a cuando hace quince años me mandó un mensaje con su sirvienta, para explicarme cómo se escapó de la cárcel. Creo que Contreras Subías ya no quería estar en la mafia o le hizo la lucha —desde su religión— para que otros la abandonaran. Se me hace que por alguno de esos dos motivos lo mataron. Y como con Odín y Joaquín, la policía sabía y sabe quiénes dispararon las armas y por orden de quién.

Cincuenta y dos años

Villarreal, un policía honesto, iba por el camino a Bataquez en el Valle de Mexicali. De repente alguien salió al paso. Le soltó gran cantidad de disparos con una ametralladora Thompson. No le dieron oportunidad de sacar su pistola. La muerte le ganó a la sorpresa y allí quedó tendido, inanimado y sangrante en la terregosa vereda. Sucedió en 1948 y desgraciadamente la historia no anota el primer nombre del guardián. Por lo que leí, no tengo duda: el asesino anduvo tras sus pasos desde hacía días. Escogió lugar y hora. Calculó la ausencia de testigos, que su atacado no tuviera asidero para defenderse. Desde entonces las malditas ejecuciones con ametralladora.

Cincuenta y dos años después, en Tijuana, solamente la modernidad modificó la repetición del tan desgraciado suceso con el señor Alfredo de la Torre. Los sicarios estudiaron todo movimiento del jefe policiaco y, como el señor Villarreal en 1948, no esperaba la emboscada. Sus victimarios escogieron lugar y hora. Calcularon ausencia de testigos. Y, sobre todo, que su atacado no tuviera asidero para defenderse. Solamente hubo un par de diferencias: en el caso de don Alfredo, iba sobre una vía pavimentada en la ciudad. Sí hubo quien oyó y vio.

Otro señor, de apellido Moyrón, en aquel 1948, estaba en la delegación de la colonia Progreso, cerquita de Mexicali y en el camino a Tijuana. Era muy conocido. Estuvo bastante tiempo en el Heroico Cuerpo de Bomberos del lugar. Lejos de esa acción no rechazó el cargo de subdelegado de la comunidad cuando se lo ofrecieron. Le encantaba. Desgraciadamente, alguno de esos días y de repente hubo un escándalo entre personas alcoholizadas. El señor Moyrón trató de sosegarlos. Allí marcó el último instante de su vida. Cierto sujeto ametralladora entre los brazos le soltó una treintena de disparos.

A las orillas de Mexicali, una mañana, temprano y ese mismo año, encontraron muerto al comandante Meneses. No hubo testigos. Ni siquiera alguien escuchó el traqueteo del arma. Este señor estaba considerado como un hombre enérgico. La historia no anota su nombre. Quedó muy difusa. Únicamente pude enterarme de su formación militar. Por eso era muy recto. Se le tenía como hombre de mucha capacidad en el manejo de las armas. Y hasta donde supe, era demasiado rápido para usarlas. Seguramente sabiéndolo, el criminal le atacó por la espalda.

En aquel tiempo los recursos del gobierno del territorio no alcanzaban para un laboratorio. Pero el señor general José Pérez Tejada, entonces inspector general de policía, ordenó recoger todos los casquillos que estaban alrededor de los cadáveres. Se comunicó con el FBI de San Diego. Les pidió y envió para examinar todos, absolutamente todos los cartuchos vacíos. "Y cuál no sería nuestra sorpresa al leer el informe enviado, en donde se nos decía que el arma que había matado al comandante Meneses, al policía Villarreal y al subdelegado Moyrón era la misma".

El señor general cuenta todo eso en sus memorias tituladas *Los Revolucionarios* y relata que mientras llegaba el análisis de los casquillos avanzó la investigación. Todo apuntó a una familia de apellido Marrón, para variar, dedicada al narcotráfico. Inmediatamente el señor Pérez Tejada decidió lo que hoy no: comisionó a un militar que simulara necesidad de empleo, y lo pidiera a los Marrón. Dicho y hecho, el encubierto, muy valiente y leal —como se dice por allí—, se metió hasta la cocina. Luego el general mandó a otro y logró lo mismo. Le nutrieron de información "hasta el grado de tenernos al tanto de las armas que tenían los Marrón en su casa, entre las que se encontraba la ametralladora Thompson". También escucharon un comentario de don Refugio, el padre: asesinó al comandante Meneses. Creía que el policía lo denunció con las autoridades estadounidenses. Luego se enteraron de que Refugio Marrón hijo mató al delegado Moyrón. El motivo: nada más por meterse a sacar paz cuando el hijo del mafioso se divertía con sus amigos y con algunas damas. Por si fuera poco, los infiltrados descubrieron más: el menor de los Marrón asesinó al policía Villarreal en el camino a Bataquez. Le estorbaba para poder traficar. Bueno, los policías llegaron a tener tanta confianza de la familia Marrón, que hasta se dieron cuenta dónde escondían "bastante mariguana y otras drogas".

Los Marrón vivían en la colonia Progreso, cerca de Mexicali. Allí tenían su cuartel general. El general Pérez Tejada cuenta en sus memorias que "esta familia ya se había hecho temible y, como nada se hizo cuando cometieron el primer crimen, estaban ensoberbecidos, y con las armas que tenían, se sentían intocables". Con todas las pruebas en la mano, el coronel se lanzó a la captura de los Marrón. Nada más le faltó el jefe de la familia. Pérez Tejada justifica en sus memorias porque no lo hizo: hubiera sido necesario presentar como testigos a los militares infiltrados y no los quiso arriesgar a una venganza de la familia mafiosa. Consignados los asesinos al ministerio público, amenazaron de muerte al juez penal, licenciado Martínez Rojas. De todos modos les dictó sentencia de treinta años. Cuando el padre de los culpables supo del fallo del juez, sacó una pistola calibre .45 dispuesto a matar al general Pérez Tejada. Pero tuvo mala suerte: al cargar el arma se le fue un disparo, se hirió y ya no pudo moverse.

Sinceramente, apenas puedo creer que hace 52 años con tan pocos recursos, pero mucha valentía, honestidad y lealtad, el general Pérez Tejada y sus colaboradores lograran capturar a los mafiosos asesinos. Aquí es hora que todavía no se comparan los proyectiles ni se examinan las armas decomisadas. Lo que hicieron en 1948 ni de milagro ha sucedido en los últimos diez años. Ahora los jefes policiacos se amafian con los narcotraficantes. Los barones de la droga compran a los agentes investigadores. La procuraduría jamás ha enviado encubiertos para infiltrarse en el cártel Arellano Félix o en las bandas pequeñas, regulares o medianas. Estoy seguro de que conocen a los mafiosos y los lugares donde operan. Me han comentado de policías que informan a los cárteles y existen investigaciones mañosamente detenidas. Hay nombres de algunos en averiguaciones penales de Estados Unidos y la PGR se hace como que no ve. Me consta cómo agentes del estado desviaron investigaciones sobre las ejecuciones y engañaron a los periodistas con versiones contrarias a la realidad. Muchas veces me han dicho en mi cara o por teléfono, madres y padres de familia, llorosos unos, rabiosos otros, cómo ciertos policías son vistos en los sitios de venta, para cobrar a los mafiosos su cuota del silencio.

Mucho edificio y pocos resultados

Es un superedificio. Me imagino que costó millonada y media, pero lo vale. Nada más la ubicación es magnífica. Fíjese: el puritito Paseo de la Reforma en la ciudad de México. Por fuera impresiona, relumbra, impone con varias banderas en el frontis. Comparándolo con las oficinas del FBI en Estados Unidos, nada más no. Allá no tienen tanta vistosidad en la construcción. Simplemente paredes de concreto con ventanas normales, prácticos, no fascinantes. Todavía la matriz anterior tiene una estampa más gubernamental. Pero ahora ni hablar: nunca la Procuraduría General de la República tuvo tan elegante edificio.

Debió gastarse una crecida cantidad para acondicionarlo, desde muebles, teléfonos, alfombras, divisiones, plafones, iluminación, en fin, toda la comodidad para cientos de empleados. Tantos que no todos están al mismo tiempo. Se relevan para cubrir diariamente los obligados tres turnos. A propósito, tal vez sea la grandeza del edificio, pero da la impresión de tener más personal… y menos policías. Y curiosamente antes no había tanto narcotraficante y sí más detenciones. Como que el nuevo edificio no tiene el efecto de las viejas construcciones.

En esto del combate al narcotráfico, la política se mide por resultados: a la cárcel mandan carretadas de narcos por casualidad, sobre todo choferes. Unos ni sabían qué llevaban.

Y otros manejaron el vehículo por necesidad y riesgo. Pero cabezas de bandas, gavillas o cárteles, nada más no.

Años hace había más efectividad y menos lujo. Tomo los datos oficiales del sexenio del presidente licenciado Miguel de la Madrid Hurtado. Los agentes de la entonces Policía Judicial Federal detuvieron al poderoso mafioso Juan José Esparragoza. Desgraciadamente, cuando llegó a los tribunales lo liberaron por sospechosas fallas jurídicas. Pero sigue prisionero Ernesto Fonseca, "Don Neto". Sus hijos reclaman libertad porque se está muriendo. Pero no. Sigue en su calabozo. En ese sexenio la Interpol fue dirigida por el legendario Florentino Ventura. Tan discutido y discutible detective persiguió hasta Costa Rica y detuvo al celebérrimo del narcotráfico: Rafael Caro Quintero. Lo anduvo persiguiendo por todos lados, le obligó a salir del país y en Costa Rica lo detuvo. Rafael era un mafioso cautivador. Leyenda como Juan Charrasqueado, el personaje del corrido cuarenteño, "a todas las muchachas más bonitas se robaba, de aquellos campos no quedaba ni una flor". Pionero de la producción al mayoreo y no tanto del acarreo tradicional desde el extranjero. Gran sobornador de funcionarios y policías, repartió muchos billetes. Fue uno de los primeros en utilizar credenciales legítimas de Gobernación. Cuando lo apañaron, también cayó José Contreras Subías. Estos señores sí eran jefes de jefes, no como los de ahora, más de soborno y corrido.

En tiempos de Carlos Salinas solamente dos mafiosos fueron empujados a la celda: Miguel Ángel Félix Gallardo, patriarca del narcotráfico, indudablemente el más poderoso en la historia, traicionado por gobierno y policías sobornados; y Joaquín "El Chapo" Guzmán. Lo acorralaron en el sur luego de asesinado el cardenal Posadas y Ocampo. De otra forma ni lo tocan. Y otro personaje sin mucha etiqueta pero bastante nombre: Francisco Arellano Félix. Estaba en una casita mo-

384

desta de Tijuana, no tenía droga, solamente tres crapulosos armados le protegían. Ésos sí, buenos para nada. Total. Lo zambutieron en la cárcel cuando le llamaban Almoloya a la prisión Almoloya. Y sigue ahora que le impusieron el de La Palma. Según sus hermanos, abogados y allegados, legalmente agotó su condena. Pero no lo dejan libre.

Cuando el sexenio de Ernesto Zedillo, sucedió la entrega negociada: Juan García Ábrego se echó en brazos de la PGR y de allí al *jet* para extraditarlo. Nunca nadie del gobierno tocó a su familia y menos su fortuna. A Héctor "El Güero" Palma lo entambaron de chiripa. Nada más porque se desplomó su avión. Si no, todavía andaría libre. Igual que Francisco Arellano, "El Güero" acabó sentencia, pero sigue en la prisión de Puente Grande, Jalisco. Zedillo fue quien urgió al ejército para zarandear al narcotráfico. Inmediatamente habilitaron a militares para jefaturar delegaciones de la Procuraduría General de la República. Se retiró a los agentes federales viciados y colocaron tropa. Por eso capturaron a Everardo "El Kitty" Páez, Amado Cruz Anguiano, Fausto Soto Miller, "El Cocinero", todos del cártel Arellano Félix. También Hodoyán Palacios y hasta el general de división Jesús Gutiérrez Rebollo. De paso requisaron droga por toneladas. Y durante ese gobierno, salvo quien demuestre lo contrario, falleció Amado Carrillo Fuentes, "El Señor de los Cielos".

Pero entonces sucedió algo curioso: algunos gobernadores reclamaron al presidente: querían civiles y no militares en las delegaciones de la PGR. Decían que con los miembros del ejército se les dificultaba coordinarse. Pero la realidad era otra: el narcotráfico estaba metido hasta los mandos casi en cada estado. No era tanto la incomodidad oficial, sino la presión mafiosa. Soldadesca y oficiales estorbaban. Institucional como es, Zedillo los retiró pero comisionó al ejército para seguir persiguiendo mafiosos. Se ha dicho mucho y mal sobre el secretario de la Defensa Nacional en ese sexenio, general de división Enrique Cervantes Aguirre. Pero nadie ha podido probar sus denuncias. Las referencias periodísticas estadounidenses se derrumbaron. Del escándalo cayeron en el silencio. Lo único cierto: dejó encarrilada la tarea antimafiosa.

Durante dos años con seis meses, el ejército mexicano detuvo a 11 importantes narcos. La PGR a ocho en 18 años. Los motivos son harto conocidos. Al paso del tiempo la Policía Judicial Federal se convirtió en protectora e informadora de los capos. Muchos se adineraron, otros decidieron cambiar la chapa por el cártel. Bastantes son prisioneros y muchos descansan en paz.

La Secretaría de la Defensa Nacional ha zangoloteado más al cártel del Golfo. La nómina es notable. Todos operaban desde hacía años: Baldomero Medina, "El Señor de los Trailers"; Gilberto García Mena, "El June"; Mario Villanueva Madrid, Alcides Ramón Magaña, "El Metro"; Adán Medrano Vázquez, "El Licenciado"; Arturo Hernández González, "El Chaky"; y la cereza del pastel: Osiel Cárdenas Guillén, el capo. Del cártel Arellano: su jefe Benjamín, Jesús Labra Avilés, "Don Chuy"; Ismael Higuera, "El Mayel"; y Adán Amezcua. En este sexenio fue muerto en un tiroteo Ramón Arellano Félix. Punto y aparte, solamente un asociado del cártel de Juárez: Albino Quintero Meraz, "El Beto".

Faltan muchos por detener. Por allí andan los principales sobrevivientes del Golfo: Zeferino Peña Cuéllar, "Don Zefe"; Gregorio Sauceda, "El Goyo"; Jorge Eduardo Coss, "El Coss"; y Rogelio González Pizaña, "El Kelín". Del cártel Arellano Félix: Francisco Javier Arellano Félix, Eduardo Arellano Félix, Gilberto Higuera, "El Gilillo"; Manuel Aguirre Galindo, "El Caballo"; Efraín Pérez Pazuengo, "El Efra", y Carlos Francisco Cázares Beltrán, "El Quemado". Del cártel de Juárez: Ismael Zambada, "El Mayo"; Vicente Carrillo

Fuentes, Vicente Carrillo Leyva y anexos. Aparte están los grupos de Joaquín "El Chapo" Guzmán y Héctor Jesús "El Güero" Palma. También Ignacio "Nacho" Coronel y los gavilleros de Michoacán.

En fin. El señor general brigadier Rafael Macedo de la Concha ha logrado mucho al frente de la procuraduría. Por lo menos asear la casa es un gran mérito. Hay menos conexión y complicidad de su corporación con la mafia. La infiltración sigue. Pero sinceramente le hará falta algo más que un hermoso edificio para detener a tantos capos notables como el ejército.

Premio Mundial de Periodismo

Sr. Federico Mayor, director general de unesco.

Sra. Ana María Busquets de Cano, presidente de la Fundación Guillermo Cano.

Sr. Andrés García Lavín, presidente del Jurado del Premio Guillermo Cano.

Sr. José Facceto, presidente de la Sociedad Interamericana de Prensa.

Sr. Antonio Meza, representante personal del señor presidente de la República Mexicana, doctor Ernesto Zedillo Ponce de León.

Igual que don Guillermo Cano, yo debería estar muerto. Diez hombres me dispararon, repartidos en cuatro posiciones para formar una emboscada. Primero, apareció uno desde el lado contrario al chofer, atravesó su carro frente a nuestra camioneta para cerrarnos el paso.

Le vi la cara y a su pistola escupir con estruendo de relámpago las balas. Era una 9 milímetros. No la puedo olvidar. Por instinto, mi guardaespaldas que manejaba primero metió reversa. Luego con su cuerpo me protegió y me lanzó al piso. Mientras él recibió 38 impactos, a mí me alcanzaron cuatro. Terminada la balacera, alguien contó los orificios de las balas en nuestro vehículo: 138 de entrada con su respectiva salida.

Todas de calibre 9 milímetros o de AK-47. Hubo más que pegaron en paredes, ventanas y rejas de casas cercanas a la emboscada.

Mi escolta y yo sabíamos que nos atacarían, pero no cuándo ni dónde. Éramos y soy como venados en el campo o leones en la selva, con la desventaja de no poder enterarnos cuándo llegarán los cazadores. Igual que los animales, hermanos en este mundo, los periodistas nos convertimos en blanco del narcotráfico sin deberla ni temerla.

Acurrucado en la parte delantera y baja contraria al volante de la camioneta, no sé por qué puse mi cabeza sobre el asiento y vi con claridad el pecho de mi guardaespalda perforado en dos hileras como si las hubieran medido cuidadosamente en distancia y anchura. No sentí cuando dos balas abrieron otros tantos pequeños orificios en mi mano derecha. Pero no me quitaron la fuerza para tomar el radio portátil y comunicar a mi esposa en casa, y a mis compañeros en el semanario, que nos estaban balaceando y di la posición.

Empecé a rezar en voz alta: "Dios mío, en tus manos pongo mi espíritu y el de toda mi familia. Cuídalos". Lo repetí no sé cuántas veces. Entonces sentí como si me golpearan muy fuerte en las caderas. Como si lo hubieran hecho con un madero. Como si me hubiera dado un garrotazo. Y luego empecé a respirar con dificultad; por eso cuando me oyeron en la radio no reconocían mi voz.

La ambulancia llegó al parejo con mi hijo que es fotógrafo y empezó a tomar las primeras gráficas cuando me subían a la camilla porque ésa era su obligación antes que atender a su padre. Captó los últimos instantes de mi compañero y a la camioneta con todos los cristales rotos y perforada como las frutas cuando las picotean los pájaros. Cuando me depositaron en el quirófano, había perdido casi toda la sangre. No podían encontrarme vena para transfusión ni en brazos ni manos. Lo hicieron en un pie. Una doctora en medicina crítica me comentó que si hubiera llegado cinco minutos después, habría muerto.

Yo no sentía, pero llevaba todo hinchado el cuello y los brazos amoratados. Pólvora y sangre revueltos. Cuando recobré la conciencia días después, vi cómo la fuerza de las balas que me pasaron cerca cambiaron el color de mi piel a un azuloso como el de los sellos de goma que se estampan en el papeleo burocrático.

Una bala de AK-47 entró por mi costado derecho. Pegó con una costilla y la rompió, pero también el proyectil se partió en dos. La mitad me agujeró el hígado y un pulmón. La otra se elevó y se alojó entre la columna vertebral y el corazón. Primero el bisturí abrió mi abdomen hasta el pecho y bajó al lado derecho; 48 horas más tarde le tocó a mi espalda. Las doctoras, los médicos, maravillosos, expulsaron los proyectiles y también a la muerte. Cuando les di las gracias, me dijeron que mejor se las diera a Dios, por que Él guió sus manos.

Recién abandoné el hospital, el FBI y oficiales del ejército mexicano me notificaron: los narcotraficantes, enterados de que no morí, firmaron dos contratos de 80 mil dólares cada uno para rematarme. Eso pagan por quitarme la vida. Pero ahora dicen que lo harán con pistola y a la cabeza. Es que cuando fueron diez, hubo fuego cruzado y mataron a su propio jefe, que se disponía a rematarnos con una escopeta. Quedó recargado sobre el arma a poca distancia de nuestro vehículo. Llevaba guantes especiales para disparar y no dejar huellas. También chaleco antibalas. Pero una bala que rebotó del piso le entró por un ojo y murió.

Desde que salí del hospital, diez miembros del ejército mexicano me protegen y viajo en un auto blindado. No voy a ninguna parte. Solamente de mi casa a la oficina y vuelta.

Todos los fines de semana los paso en mi vivienda. No salgo para nada. Puedo ir a donde quiera, pero no lo hago porque siempre estoy rodeado de guardianes con ametralladoras y evidentemente causo incomodidad, susto y enojo. Por eso tampoco puedo ir a misa. Los que me cuidan tienen orden de estar junto a mí. Los sacerdotes me envían la comunión a mi casa y cuando viajo se asombran de verme rodeado. Revisan el avión antes de subir y al llegar al hotel, también inspeccionan primero mi cuarto. Hace mucho que no visito un restaurante ni voy a un centro comercial. Mi mujer me compra ropa o yo la escojo por catálogo.

Y para trabajar he tenido la dicha de que los funcionarios o particulares acepten hablar por teléfono en un país donde la creencia del espionaje es una obsesión. Otros me visitan en el semanario o en la casa. Mis editores y mis compañeros reporteros me auxilian. Otros que ni siquiera conozco me ayudan desde varios estados del país informándome sobre las actividades del narcotráfico. Ésa es mi vida a grandes rasgos. Por fortuna he vivido tanto que si me la paso encerrado, estoy resignado. Estoy en la tercera edad y no tengo gusto pendiente por satisfacer. Hoy más que nunca escribo y nadie me detiene. Tengo prisa por hacerlo, sabiendo que estoy viviendo horas extras. No sé cuándo se detendrá el reloj.

Por eso, como don Guillermo Cano Izaza, yo debería estar muerto. A él lo tirotearon por órdenes de la mafia y a mí también. Escribió sobre el narcotráfico y los capos. Y eso hice.

Él debería estar recibiendo este premio. Él se lo merecía. Por eso se lo dedico sinceramente y a mi escolta asesinado, Luis Valero Elizaldi.

Supe del asesinato de don Guillermo pero no de los detalles. He sido enterado de su coraje y eso me ha dado más fuerzas. Pero también estoy enterado de que, como a él, me apoyan hoy mis editores a los que manifiesto desde aquí mi gratitud.

Es irónico cómo un pistolero acabó con la vida de don Guillermo Cano, enorme, mientras diez sicarios casi le pusieron punto final a la mía, insignificante.

El 15 de marzo me llamó una reportera desde Holanda. "Quiero hacerle una entrevista por su último premio", me dijo. Pensando en una confusión le respondí: "Bueno, el último es el Moors Cabot, pero fue el año pasado, en la Universidad de Columbia en Nueva York. De eso ya pasó tiempo".

—No —me aclaró—, ése no, el de hoy.

—¿El de hoy? ¿Cuál?

A mis dos preguntas contestó con otra: "¿No le han comunicado nada?" Al responderle con un no, me aclaró: "la UNESCO y la Fundación Guillermo Cano, de Colombia, votaron por usted y recibirá el Premio Mundial de Periodismo". Me quedé turulato, pasmado, todo engarrotado y casi a punto del soponcio, como si a estas alturas de la vida el ginecólogo me hubiera llamado para anunciarme el embarazo de mi esposa.

Recordé entonces cuando, a los pocos días de recuperar el conocimiento tras la balacera, me fue a ver el señor obispo de Tijuana al hospital. Bendiciéndome, dijo que si Dios no había decidido llevarme era porque algunos pendientes tenía en este mundo.

Hoy creo que uno de esos pendientes era recibir este premio y honrar la memoria de don Guillermo. A lo mejor y él, desde donde esté, algo tuvo que ver. Pero también pienso en otro pendiente: seguir investigando y escribiendo sobre el narcotráfico.

Después de la balacera, muchos me aconsejaron retirarme y encamado aún casi lo decidí. Pero fui reflexionando y pensé en un par de cosas: si me retiro quedaré como un cobarde. Además, la mafia me tomará de ejemplo con otros periodistas diciéndoles: ya ves cómo le fue a éste, a ti te puede pasar igual.

Por eso decidí seguir, aunque ya no tengo necesidad de hacerlo.

Al tomar la decisión de continuar, lo más importante en mi vida fue el apoyo de mi esposa, de mis hijos y de mis compañeros de trabajo. No puedo olvidar especialmente a muchos periodistas de casi todo mi país. Hicieron tanto ruido que espantaron o frenaron temporal, pero no definitivamente, a mis atacantes. Por eso cuando me dijeron que el premio sería entregado en Colombia, mis amigos y algunos familiares me pidieron no venir. Me dijeron que aquí sí me iban a matar. Me dijeron que me iba a meter en la boca del lobo.

Y aquí estoy. Toco madera. Por lo menos hasta este momento, el lobo y el león tienen parecido. No son como los pintan. Es como cuando dicen que México se va a colombianizar. Yo les respondo que si aquí pasaron o pasan amargos momentos en su tiempo y ahora los tenemos nosotros, esto no tiene etiquetas. Son cosas de la vida. Yo les digo que en vez de pensar en eso de colombianizar, pensemos en americanizar periodísticamente para espantar el mal del narcotráfico y los malos gobiernos que los solapan.

Déjenme recordarles el párrafo de lo que en su columna "Libreta de Apuntes" escribió don Guillermo Cano a propósito de los mafiosos: "Se sabe quiénes son y por dónde andan los fugitivos de la justicia. Muchas gentes los ven, pero los únicos que no los ven o se hacen que no los ven son los encargados de ponerlos, aunque sea transitoriamente, entre las rejas de una prisión". Don Guillermo tenía mucha razón. Sus líneas son válidas en muchos países. La corrupción de los gobiernos es la madre del narcotráfico. Desde aquí hasta Alaska, en cualquier parte del mundo donde existe mafia es porque hay funcionarios corruptos. O como decimos en Mexico: la culpa no es del indio, sino del que lo hace compadre.

El narcotráfico ha crecido porque la política se ha rebajado. Y sin dar pasos sobre la nostalgia, hoy en nuestro continente es más fácil comprar un funcionario que un automóvil, sobre todo recién inaugurados los gobiernos o a punto de que se les acabe el calendario constitucional. La burocracia y la política de antaño no eran de una virginal pureza, pero sí les faltó mayor carácter, notable honradez y vida vertical, por eso vivimos las consecuencias. Ya lo escribió don Guillermo.

En octubre de 1998, cuando recibí en Nueva York el premio Moors Cabot en la Universidad de Columbia, dije que mientras los reporteros mexicanos arriesgábamos la vida frente a los mafiosos, los periodistas estadounidenses estaban más interesados en Mónica Lewinski y sus travesuras con Clinton. Y que los diarios de Estados Unidos dedicaban grandes titulares a las continuas ejecuciones de la mafia en México, pero no le ponían atención a los miles de jóvenes que diariamente mueren víctimas de las drogas. Por eso Estados Unidos no puede andar certificando a nuestros países si el suyo es el principal consumidor. Que no nos vengan con eso de que Colombia es de los cárteles y México de los narcotraficantes. Colombia y México son de sus hijos, no de maleantes.

Esto del narcotráfico visto desde la butaquería estadounidense es un *thriller* latinoamericano. Sólo ven y leen los apellidos como Arellano, Gallardo, Origel o Escobar. Pero desde un ángulo más continental, esto es como volver al viejo juego de qué fue primero, si la gallina o el huevo, pues los consumidores tienen otros apelativos: Williams, Marks, Smith o Sanders. Definitivamente Estados Unidos no puede ver solamente la causa sin reparar en el efecto. O en otras palabras, mientras exista demanda habrá producción.

México libra hoy una batalla como nunca. Me consta. Los propósitos y el esfuerzo del presidente Zedillo son notables y se apoyan fuertemente en el ejército. Pero no se puede acabar en seis años lo que nació hace muchos. En México recién formamos la Sociedad de Periodistas. No para publicar esos manifiestos con la clásica frase de "los abajo firmantes", que ya se hizo popular. En mi país ya pasaron los tiempos de la represión gubernamental y ahora somos víctimas de los particulares o del narcotráfico. Ahora el gobierno y el ejército nos protege.

Antes había más compañeros muertos. Ahora es mayor el número de penalmente denunciados o civilmente demandados. Somos menos víctimas del gobierno, y la libertad de prensa y la democracia que hemos alcanzado y estamos logrando son irreversibles y debemos aprovecharla. Nuestra sociedad, la Sociedad de Periodistas, no quiere ni hará manifestaciones callejeras ni desea publicar esquelas de compañeros. Quiere protegerlos. No dejar a nadie solo en su quehacer reporteril sobre el narcotráfico. Reproducir sus notas de inmediato para que la mafia vea que no es nada más un hombre o una mujer. Somos muchos. O como escribió don Guillermo, a nosotros nos repugna la paz de los sepulcros y por eso queremos que se ensaye la paz.

Invito a mis compañeros de Bogotá a unirnos y caminar juntos con el Comité de Protección a los Periodistas de Estados Unidos, con Reporteros sin Fronteras de Europa, con Periodistas en Investigación, con la UNESCO, con la Fundación Guillermo Cano.

Solamente unidos y organizados podremos seguir adelante.

Mi familia, mis compañeros editores y reporteros de *Zeta* y yo agradecemos a quienes me eligieron para este premio.

Dios bendiga a don Guillermo Cano.

Dios bendiga a Colombia.

Dios bendiga a México.

Dios bendiga a este continente.

Muchas gracias.

A manera de epílogo

Ya no era presidente de la República, pero el licenciado Gustavo Díaz Ordaz vivió algún tiempo en La Jolla, California. Y fue donde murió otro ex y general: Abelardo L. Rodríguez. También el magnate don Fernando González Díaz Lombardo, creador de *Ovaciones*. Allí vivió sus últimos días el torero regio y verdaderamente mandón Manolo Martínez.

La fama le viene al lugar desde hace muchos años. Allí nacieron el glorioso Gregory Peck y la sensual Raquel Welch. Es un asiento de chalets ensoñadores. Tienen al frente el bulevar. Ancho. Limpiecito. De tráfico tranquilo. Caminantes despreocupados. La mayoría setenteros. Tan bien vestidos, hasta la elegancia. Y la puerta atrás en cada residencia desemboca a las arenas del azul Océano Pacífico. Playas en planicie y sin basura ni vendedores ambulantes, rematadas al norte por colosal rocallosa. Muy cerca la zona comercial y hotelera. Remanso del *jet-set* mundial. Al sur, Coronado. Famoso condado por su legendario hotel. No ha perdido lujo desde hace siglo y medio. Allí fue donde el príncipe Eduardo conoció a la flaquísima Wallis Simpson. Tanto le importó su adoración hasta despreciar el reino de Inglaterra que le correspondía.

The Coronado Hotel fue escogido, entre muchas, para una película inolvidable: Marylin Monroe, Tony Curtis y Jack Lemon: *Una Eva y dos Adanes.* Por eso, siempre en La Jolla y

Coronado son los convites más exclusivos del oeste estadounidense. Si todo cuesta mucho, allí vale más. Sus restaurantes son refinados y no es fácil una reservación. Las residencias valen por lo menos un millón de dólares y sin entrar al regateo. Los departamentos son obligado lujo. Y en las calles se ven siempre personas bien vestidas. Cerca de allí, Hollywood. Los mejores estadios de beisbol y futbol. Arenas de basquetbol para las estrellas. Hockey sobre hielo. A media hora de la frontera con Tijuana. Además, los mejores acuarios y zoológicos. El estado más rico de la Unión Americana. Si fuera país, estaría entre los mejores diez. Por eso hay desfile de autos último modelo europeos, asiáticos, alemanes, británicos, estadounidenses.

El terremoto de 1985 en la ciudad de México espantó a los defeños. Muchos se encaminaron a La Jolla y Coronado. Políticos y editores. Figuras de telediarios. Magnates. Tuvieron unos y aún mantienen sus casonas otros. Recuerdo un día del siguiente año. Julio Scherer me llamó desde sus oficinas en *Proceso*. Le urgía un artículo sobre los mexicanos recién avecindados en La Jolla y Coronado. Eufórico, contagioso. Sin tener la nota, parecía que la estaba leyendo. La gozaba desde antes de leerla. Naturalmente quería "su exclusiva". Trabajé encarrerado. Todavía no llegaba la hora tope para enviársela y ya me la estaba pidiendo. Logré una nómina que me asombró. Empezaba con Díaz Ordaz. Seguía con Javier García Paniagua. Y de allí en adelante. Notables personajes. De pronto, aquella animación de Scherer cambió. Fue como si la moneda hubiera caído del lado indeseado. La nota nunca se publicó. Todavía no me lo explico. Estaba acreditada. Tenía números de registro oficial de propiedad. Direcciones. Valores. Pero ni modo. Nunca me dio ni le pedí explicación.

En 1985 fue enorme la avalancha distritofederalense. Por

eso le llamaron Taco Towers a dos edificios de apartamentos en Coronado. Muy cerca de allí le organizaron grandes fiestas a José López Portillo. Me sorprendí cuando, ya ex presidente, vi varias fotos de huateque. Esmoquin y posando con algún mafioso italiano que luego desapareció. Estaba en una casona de la exclusiva zona Coronado Cays. No cualquiera entra allí, solamente los inquilinos. Tapia alrededor y reja garigoleada de entrada con caseta de policía. Quien llegue, debe identificarse para cruzar la zona de seguridad. Cada residencia es hermosa y todas tienen en su desembarcadero, cómo quien dice "… en el patio trasero", por lo menos un velero pequeño. En su mayoría, un yate fabuloso.

Coronado está cerca de los astilleros. En La Jolla, hasta cuatro hoteles Marriots. Los más famosos centros médicos y universidades. La excelencia mundial en cirugía plástica. Hospitales, ni se diga. Allí donde el Dr. Salk descubrió la vacuna contra la poliomielitis y ahora en su nombre funciona un instituto de investigación biológica. Abundan museos. Excelentes campos de golf. Exclusivos eventos de arte.

A mediados de los noventa, la elegancia, prosapia, elitismo, arte y belleza natural se estremecieron en esa zona de ensueño. Como neumonía atípica les apareció el narcotráfico. Primero, los llamados narcojuniors de Tijuana se aposentaron en Coronado. Hijos de familias pudientes residiendo en Tijuana. Nacidos en Estados Unidos más por vanidad y con el pretexto de tener seguridad médica "que no había en Tijuana". Por eso podían cruzar la frontera, vivir y hacer. Empezaron a visitar las discotecas, a llenarse de fama por regalar droga a muchas chicas y vender a bastantes grandes. Matar en Tijuana para agazaparse en Coronado y La Jolla. Con el tiempo, algunos fueron capturados allí. Todavía están entabicados. Otros, tres metros bajo tierra.

Pero no terminó ahí para la ensoñadora región. Luego de

vivir entre artistas en Beverly Hills, los Arellano Félix decidieron acercarse más a la frontera mexicana. Desde hace años se apoderaron de algunos de esos milunochescos palacetes entre La Jolla y Coronado. Tal vez ocupando alguno antes propiedad de artistas, magnates o políticos... o ex presidentes mexicanos.

El lujo los absorbió y se hundieron en el *jet-set*. Si de todo el mundo llegan adinerados a La Jolla y Coronado, no es sorpresa ver a quienes, como muchos, dejaron el formal vestir a un lado. Prefieren la comodidad sin abandonar la elegancia. Usan Cadillac o Mercedes Benz o Lincoln limusina. Francisco Javier tiene un Hummer amarillo canario. Nadie se sorprende. Casi todos lo presumen. Dejaron para siempre Tijuana. Muy atrás, Sinaloa. También se alejaron de Guadalajara, pero siguen manteniendo grandes, numerosas y de lujo propiedades en Zapopan. El fraccionamiento Puerta de Hierro está plagado de chalets a 'nombre de la parentela. Por docenas.

Muerto Ramón en febrero y encarcelado Benjamín casi un mes después, en 2002, el cártel Arellano Félix se transformó. Diríase que "estrenaron" el año sorpresivamente. Se alejaron de la intensa violencia que los distinguía. "Jubilaron" a sus gatilleros preferidos. Algunos fueron capturados por la policía. Otros, asesinados en franca revancha por opositores.

El año 2002 terminó con la pregunta que se repetía como segundero: ¿A falta de Ramón y Benjamín, quién dirige el cártel? Mi primera apreciación fue: Eduardo y Enedina serían los más indicados. Recordé: tienen preparación universitaria. Uno, doctor. Ella, licenciada en contaduría. Los antecedentes, claros. Ambos sensatos y no atrabancados. Lejos de la petulancia. Jamás fui enterado de guardaespaldas a su lado. Nunca supe que anduvieran armados. Su rostro no era muy conocido. Aunque aparecieron en una foto familiar repetidamente publicada, las miradas se enfocaron a Ramón y Francisco Javier. Tampoco tienen órdenes de aprehensión pendientes. Son ajenos a matar para vivir. No existe referencia de ellos en las operaciones mafiosas de sus hermanos. Pero ante la falta de los líderes, me imaginé el fenómeno: dos hermanos murieron, dos los suplirán. Entonces, la familia vista como mexicana continuaría unida. Pero en términos de la mafia siciliana, cumplirían heredando el poder a sus parientes.

Nunca consideré como cabeza a Francisco Javier, "El Tigrillo", el menor de la familia. Con secuelas de adicción, creí y creo que puede caer nuevamente en el consumo de cocaína. Antes Benjamín se lo impidió. Ramón amenazó con matar a quien lo surtiera. Pero a falta de sus hermanos, ya no tiene freno. Por eso, dos veces el ejército estuvo a punto de capturarlo en Tijuana en 2002. La madrugada del 25 de agosto asistió a una discoteca. Saliendo, fue perseguido por patrulleros cuando su convoy rodaba a exagerada velocidad. Los policías Enrique Rivas Martínez y Carlos Enrique Martínez fueron ejecutados cuando se disponían a multarlos. Luego, el 16 de noviembre, salió violentamente de otra discoteca también tijuanense. Alguien le avisó: "El ejército viene en camino", y huyó. Las dos veces y según los lugares, solamente había tres salidas. A Mexicali pasando por Tecate. También Ensenada, haciendo escala en Rosarito. Y la más corta y efectiva: cruzar la frontera. Estoy seguro de que así lo hizo. Seguir las otras rutas era riesgoso. Debió irse a una de las casonas entre Coronado y La Jolla. Allí donde los artistas presumen de su riqueza.

Después de esas escapatorias, Francisco Javier desapareció. Me imagino que Enedina le llamó la atención y hasta las palabras: "Si ya mataron a Ramón y encarcelaron a Benjamín, no queremos que a otro hermano le pase lo mismo. O dejas de hacerlo o…". Por eso lo enviaron a las Islas Maui. Y después a Europa.

Entre tanto y sin ruidajo, Enedina empezó a trabajar. Farmacias Vida se llamaban más de treinta establecidas en Tijuana y otras ciudades fronterizas. Fueron descubiertas por el gobierno de Estados Unidos como propiedad de los Arellano. Precisamente en tiempos del embajador Jeffrey Davidow. Presumían que allí había lavado de dinero pero nunca se pudo comprobar. Entonces y oficialmente fueron alertados los estadounidenses. Si cruzaban la frontera a Tijuana, no debían comprar en Farmacias Vida. De hacerlo y ser descubiertos cuando los revisaran de regreso, serían penalizados.

Atrás de ese gran negocio estaba Enedina Arellano Félix. Creó una auténtica corporación en poco tiempo. Escogió con certeza el negocio. Antes, de honorables familias. Nadie sospechó el cambio. Fundó una empresa para importar los famosos, finos perfumes, lociones y artilugios de maquillaje europeos. Tanto así como para distribuirlos en las tiendas más grandes y lujosas de la ciudad de México y otras del país. Para eso estableció dos almacenes. Uno en el Distrito Federal y otro en Guadalajara. Manejaban millones y millones de dólares. Luego se ampliaron a otras ciudades de la frontera. Cuando el gobierno estadounidense señaló las farmacias, no hubo reacción. Siguieron trabajando. Tenían menos clientela pero no dejaron de operar. Siempre pregunté y nunca tuve respuesta. Tan celosos que son en la Secretaría de Hacienda y "jamás" les supervisaron. La señal de alerta lanzada por Davidow alejó a muchos clientes. Una publirrelacionista de la más elegante cadena de tiendas en la ciudad de México me llamó. Primero quiso desmentir. Pero no sabía que habíamos publicado las facturas. Luego aceptó y dijo ignorar quiénes eran los dueños. Y como si fuera promesa, aseguró que jamás les comprarían.

Pero muerto Ramón y encarcelado Benjamín, se vio la mano de Enedina. Las farmacias desaparecieron... de nombre. Ni Harry Potter podría desaparecer tan poderosa organización administrativa. Ningún antecedente de la empresa importadora de productos europeos. Se interrumpieron las ventas con grandes clientes. Pulverizaron la antes poderosa corporación. Ahora, hay nuevos ejecutivos, de manera individual. Tienen otro logotipo. Nuevos colores. Siguen funcionando. Pero fue borrado hasta el más mínimo detalle de relación con los Arellano. Indudablemente una tarea bien realizada por Enedina.

No hay una referencia sólida, pero sí la hipótesis: Enedina decidió transformar todo por su cuenta. Sus hermanos Ramón y Benjamín, sin mentalidad empresarial, debieron estar encaprichados en mantener las farmacias "por mis tanates". Pero la mujer actuó con más inteligencia. Lo irónico: Jeffrey Davidow se retiró de la diplomacia, ahora dirige un centro de estudios… en La Jolla. Y hasta podría ser vecino, sin saberlo, de los Arellano.

Todo indica que Enedina, y no sus hermanos, dirige el que para mí fue cártel y ahora corporación. Es que para empezar debió ser idea de la mujer "jubilar" a los tradicionales matones. La mentalidad empresarial otra vez: no había razón de mantener a un escuadrón de pistoleros. Si acaso alguien atacaba, contrataban matones para que "maquilaran" sus ejecuciones. Así, no hay una liga real entre los sicarios y algún Arellano. Todo triangulado. Los "jubilados" capturados como conocidos de esa mafia, fueron sorprendidos operando solos. Hay dos ejemplos indudables.

Lino Portillo se encargaba de ejecutar a los asociados. Encabezó la matanza en "El Rodeo", rancho ensenadense. Ametralló a la familia, hasta a los niños. Sólo una escapó de milagro y no se sabe dónde está. Entre comillas, inexplicablemente, fue capturado cuando estaba solo en Badiraguato. Debieron enviarlo a La Palma, era obligado, pero como en las películas de mafiosos, fue encarcelado en Sinaloa. Cuando supo del no traslado, él mismo dijo: "Me van a matar", y a los pocos días "se suicidó". Naturalmente, nadie creyó esto. Indudablemente una influencia muy poderosa lo mantuvo en esa prisión para matarlo. Uno menos que podría decir algo sobre los Arellano Félix.

Marco Antonio Jiménez, "El Pato", era otro pistolero cercano a Ramón principalmente. Fue uno de los diez que me dispararon. Lo capturaron en una gran residencia de Tijuana; se dedicaba al secuestro y comerciaba marihuana, poca. Cuando fue detenido, los abogados del cártel no se presentaron a defenderlo; y por esas cosas raras de la vida, jamás le han preguntado sobre pasados crímenes. Ejecutó a muchas personas en Baja California, Guadalajara, Sinaloa y la ciudad de México. Es un gran misterio por qué no lo interrogan.

Por eso, sin pistoleros, Enedina y Eduardo son menos visibles. A veces era más fácil saber si en un auto iba algún Arellano nada más por quienes los protegían. Y desde que murió Ramón y encarcelaron a Benjamín eso no se ve, salvo las dos torpezas cometidas por Francisco Javier.

Enedina y Eduardo no tienen órdenes de aprehensión y por eso se han cuidado más. Ni siquiera se sabe dónde están los demás familiares, empezando por doña María Félix Zazueta de Arellano. La única visible es Ruth, la esposa de Benjamín, por sus visitas a La Palma. De ahí en fuera, nadie. La parentela no se aparece.

Me sucedió algo curioso, fue meses después de muerto Benjamín y encarcelado Ramón. Primero a través de familiares y luego de su abogado, Miguel Ángel Félix Gallardo me pidió entrevistarlo. Preso desde los tiempos de Salinas y de los primeros encarcelados al inaugurarse La Palma.

Patriarca del narcotráfico mexicano. Quería, ante todo, declarar que no es pariente de los Arellano Félix. Siempre se dijo que era tío. Rechacé una plática por teléfono porque no le conozco la voz. Propuse, y aceptó, un cuestionario por escrito. Igual contestaría. Pero el tiempo pasó y mis preguntas quedaron sin responder. Respeto sus motivos. Tal vez algún día se anime a decirlo.

Pero en medio de todo, Enedina ha sido más inteligente. Ni andarse metiendo en las transas del narcotráfico, ni cerca de la droga entre pistolas y "cuernos de chivo". Para eso contó con la lealtad de dos asociados: Manuel Aguirre Galindo, "El Caballo", y Gilberto Higuera, "El Gilillo". Ambos de todas las confianzas cuando Ramón vivía y Benjamín era libre. Son los hombres que operan y no los nuevos capos como en cierta ocasión se aseguró en la Procuraduría General de la República. Nada de eso.

A ellos se debe la defensa del "territorio" tijuanense. Ismael Zambada, "El Mayo", de Sinaloa, pretendió pulverizar al cártel Arellano Félix. Perdió numerosos asociados: fueron ejecutados. No pudo llegar a la ciudad. Se quedó a 200 kilómetros, en Mexicali. Ha sido una larga matazón para tan poco resultado. Su gran problema: cargamentos de mariguana, por toneladas, de "El Mayo" son confiscados en su tránsito de Sinaloa a Mexicali; casi todos los más importantes fueron detenidos en Sonorita. El 22 Regimiento de Caballería Motorizada descubrió lo que otros retenes no pudieron. "El Mayo" debió recibir apoyo del cártel de Juárez, pero también descubrieron acarreos millonarios desde Monterrey. Si de esta ciudad a Nuevo Laredo hay poca distancia, no tiene caso recorrer más de mil kilómetros para llegar a Baja California. Pero los Arellano no entran por esa ruta. Prefieren la marítima o aérea. Siempre por la costa del Pacífico.

Las ejecuciones tan continuas entre Guadalajara y Michoacán son producto de la misma batalla. Los Arellano perdieron la "plaza" de Guadalajara, ahora en manos de Ignacio

"El Nacho" Coronel, "dedo chiquito" de Jesús Héctor "El Güero" Palma, pero no quieren dejar los cultivos en Michoacán; por eso las matanzas en los pueblos de uno y otro estados.

La inteligencia de Enedina debo considerarla mayor que la de los capos sinaloenses. Joaquín "El Chapo" Guzmán, Ismael "El Mayo" Zambada, Jesús Héctor "El Güero" Palma y "El Azul" Esparragoza no pudieron arrebatar el mando en la frontera tijuanense a la hermana de los Arellano Félix. Tampoco desbaratar sus negocios. Menos perseguirlos. Y por eso tampoco verlos para acabar con ellos.

Además, son absurdas las versiones de que una mujer motejada "La Reina del Pacífico" dominaba el narcotráfico, que tenía en su puño a todos los sinaloenses y hasta los había hecho desfilar por su cama. Pamplinas. Lo mismo eso de asegurar que el narcotráfico mexicano se asoció con guerrilleros; es una irresponsabilidad comentarlo simplemente porque no es cierto. Tampoco que los carteleros colombianos están ganándole el terreno a los mexicanos. Es un absurdo. Igual que afirmar la existencia de minicárteles superando a los tradicionales. Siempre han existido. No son novedad. El narcotráfico se transforma como muchas cosas en este mundo.

Por eso quienes oyen los Arellano Félix se imaginan a sanguinarios y poderosos. Pero se acabó. No es como antes. Ahora ni siquiera dan la cara. Tampoco dejan sospecha tras sus pasos. Viven entre el *jet-set*. La verdad es simple: Enedina es la mano que mece la cuna. Tendrá más poder cada día y será absoluto cuando Benjamín sea extraditado. La reunión de procuradores mexicano y estadounidense en San Diego, California, fue la clave: ese día, 8 de julio, quedó convenido: las autoridades mexicanas son incapaces de mantenerlo en prisión, por lo tanto Estados Unidos fincó cargos en su contra. Tendrá motivos suficientes de extradición.

Nunca un acuerdo político acabó con tan poderoso capo, pero al mismo tiempo le dio tanta fuerza a una mujer. Éste es, señores y señoras, el nuevo cártel.

Índice onomástico

409

Índice

Colofón

Horas extra. Los nuevos tiempos del narcotráfico,
de Jesús Blancornelas
se terminó de imprimir en noviembre de 2003 en
Litográfica Ingramex, S.A. de C.V.
Centeno 162-1, Col. Granjas Esmeralda
México, D.F.

Certificado No. 02-2082